播博滙

劉守安 題

博士生导师学术文库

A Library of Academics by
Ph.D.Supervisors

播博汇文论

（第一卷）

——— · ———

曾志华 阎亮 孔亮 编著

光明日报出版社

图书在版编目（CIP）数据

播博汇文论. 第一卷 / 曾志华，阎亮，孔亮编著
. -- 北京：光明日报出版社，2019.9
（博士生导师学术文库）
ISBN 978 - 7 - 5194 - 5553 - 8

Ⅰ.①播… Ⅱ.①曾… ②阎… ③孔… Ⅲ.①播音—
语言艺术—文集 Ⅳ.①G222.2 - 53

中国版本图书馆 CIP 数据核字（2019）第 211718 号

播博汇文论. 第一卷
BOBOHUI WENLUN. DIYIJUAN

编　　著：曾志华　阎　亮　孔　亮

责任编辑：宋　悦　　　　　　　　责任校对：赵鸣鸣
封面设计：一站出版网　　　　　　责任印制：曹　净

出版发行：光明日报出版社
地　　址：北京市西城区永安路 106 号，100050
电　　话：010 - 67078251（咨询），63131930（邮购）
传　　真：010 - 67078227，67078255
网　　址：http：// book. gmw. cn
E - mail：songyue@ gmw. cn
法律顾问：北京德恒律师事务所龚柳方律师

印　　刷：三河市华东印刷有限公司
装　　订：三河市华东印刷有限公司
本书如有破损、缺页、装订错误，请与本社联系调换，电话：010 - 67019571

开　　本：170mm×240mm
字　　数：287 千字　　　　　　　印　　张：16.5
版　　次：2020 年 1 月第 1 版　　印　　次：2020 年 1 月第 1 次印刷
书　　号：ISBN 978 - 7 - 5194 - 5553 - 8
定　　价：95.00 元

编　委：（按姓氏拼音顺序）

毕天娇　丛冠月　党　帅　樊　维　胡子豪　纪懋雷
姜秋再　孔　亮　赖冬阳　李峻岭　李　斌　李　颖
刘　超　卢　彬　马明扬　曲洪圆　时　淼　宋梓棉
苏凡博　孙　良　王瑞鹏　夏　帅　许成龙　阎　亮
杨颖慧　于文婷　曾志华　张　庆　张志刚

目　录
CONTENTS

第三编　时代之音

第一编 **01**

| 播博汇 |

写在前面的话——

"播博汇"始于 2015 年 11 月 27 日。

"播博汇"是在中国传媒大学曾志华教授倡导下，由中国播音学的几位博士与博士生共同创办的学术沙龙。

"播博汇"学术沙龙旨在关注、梳理播音主持及相关的理论热点和一线热点，探讨其背后的现实和理论依据，激发参与者的学术热情，营造良好的专业学习氛围。

我们的初心——

以播音学科为根本，

以学术研究为旨趣，

紧随时代主题，

了解业界问题，

探讨学科课题。

研讨成员主要来自中国传媒大学中国播音学的博士生导师和博士、博士研究生以及其他院校的博士、硕士研究生；同时每期定向邀约跨学科专家、兄弟高校专家、具有影响力的业界主持人、评论员和其他行业的一线实践者担任观察学者。

"播博汇"研讨流程——

1. 主持开场：{ 介绍主题　现场嘉宾　发言规则

2. 轮值学者针对选题进行阐述

3. 学术质询与回应

4. 与会成员发言

5. 自由辩论

6. 观察学者发言

7. 总评专家总结点评

"播博汇" 2017 年 11 月 13 日

"播博汇" 2017 年 11 月 13 日

"播博汇" 2018 年 5 月 31 日

"播博汇" 2018 年 10 月 15 日

"播博汇" 2018 年 10 月 20 日

"播博汇" 2018 年 11 月 24 日

"播博汇" 2019 年 1 月 5 日

一、人工智能对播音主持的挑战和影响

—— "播博汇" 2017 年 11 月 13 日

轮值学者：

　　阎亮（中国传媒大学中国播音学 2015 级博士、中国传媒大学教师）

主持人：

　　阎亮（中国传媒大学中国播音学 2015 级博士、中国传媒大学教师）

观察学者：

　　向志利（新加坡南洋理工大学博士生、中国传媒大学教授）

参会学者：（按姓氏拼音顺序）

　　胡子豪（中国传媒大学播音系 2015 级硕士生）

　　胡津瑞（中国传媒大学播音系 2015 级硕士生）

　　孔亮（中国传媒大学中国播音学 2017 级博士生、原上海人民广播电台新闻播音员、主持人）

　　李峻岭（中国传媒大学中国播音学 2015 级博士生、广东外语外贸大学播音主持系主任）

　　刘超（中国传媒大学中国播音学 2016 级博士生、浙江传媒学院教师）

　　赖冬阳（中国传媒大学中国播音学 2015 级博士生，新华社记者、主持人）

　　应佳君（中国传媒大学播音系 2016 级硕士生）

　　张志刚（中国传媒大学播音系 2017 级硕士生）

总评专家：

　　曾志华（中国传媒大学播音主持艺术学院教授、博士研究生导师）

主持人阎亮简要介绍了议题和嘉宾，拉开了本期播博汇的序幕……

轮值学者阐述

阎亮：

针对"人工智能对播音主持的挑战和影响"这一话题，我从四个方面进行阐述，分别是人工智能的概念、人工智能事件回顾、人工智能的未来、对待人工智能的态度。

人工智能（Artificial Intelligence），英文缩写为 AI。它是研究、开发用于模拟、延伸和扩展人的智能的理论、方法、技术及应用系统的一门新的技术科学。

人工智能是计算机科学的一个分支，但不同于以往人们对于超级计算机的简单理解（单纯对运算速度的无限追求），它企图了解智能的实质，并生产出一种新的能以和人类智能相似的方式做出反应的智能机器。人工智能从诞生以来，理论和技术日益成熟，应用领域也不断扩大，可以设想，未来人工智能带来的科技产品，将会是人类智慧的"容器"。重要的是，人工智能不是人的智能，但能像人那样思考，也可能超过人的智能。

现在我带领大家回顾一下三次人机大战的历史：1997 年 IBM"深蓝"与"棋王"卡斯帕罗夫的国际象棋对决，2016 年、2017 年 AlphaGo 与李世石、柯洁的围棋大战。在这一过程中，人工智能逐渐细化发展为狭义人工智能——某一领域发挥特长的，和通用人工智能——致力于通用学习系统的研发。而人工智能的核心特征也越来越明显地呈现在人们面前，就是学习与认知，模仿和创新。它的核心并不是人们以往认识的超级计算机那样，以人类无法企及的超强运算能力为特点，而是专门模拟人类，学习人类解决复杂问题的方法和习惯，目标是超越人类，并能对未来做出预期和判断。这也是 AlphaGo 之父杰米斯·哈萨比斯选择围棋作为挑战对象的主要原因。

在有声语言领域，人工智能可以开展语音识别、语音合成、机翻和机配等多种工作。其实不仅仅是近些年，人工智能运用于播音主持领域的步伐从未停止过。早在 2001 年，英国就制造了世界上第一个虚拟主持人——阿娜诺娃；

2004年，我国央视的电影频道《光影周刊》栏目也有了虚拟主持人小龙；2015年，英国BBC早间直播节目《早餐秀》中引入了人工智能机器人作为嘉宾；2015年12月我国东方卫视《看东方》栏目中微软小冰播报天气，甚至号称"小冰语音自然度与人声的接近水平已达当时同行业最高"。

相比真人的播音主持工作，人工智能呈现出的优势与劣势都很明显。比如优点：批量生产、不易疲惫，极少出现"口误"或者"忘词"，功能完善（人工智能主播对资讯类的报道精准高效，而且在视听效果上，能把资料、画面、音频等素材紧密结合），基于大数据分析带来的整合、筛选信息的及时性和准确性；缺点：逻辑简单，暂时无法深入分析和评论，语言略显生硬，不够生动；还有不知道是优点还是缺点的"鲜有'意外'""缺乏'人性'"等等。

近年来人工智能在播音主持中的运用越来越多，从新闻写作、配音到完整主持，包括智能软件整合、筛选信息，形成观点和态度，生成语言和新闻，甚至发展到分析评论、观众互动等。由此播音主持相关从业人员的担忧也越来越大。我认为，传统的有声语言工作中越是规范、规整、少变化，越容易被人工智能学会并应用。

对于人工智能的未来发展和运用前景有人唱好，也有人唱衰或警告。但无论大家怎么说，人工智能一直在快速前行。美国华盛顿大学的图灵中心研究认知技术，目标是未来让计算机能通过美国的生物考试。在中国，科大讯飞与几所985大学一起开发"超脑"，要参加北京高考，目标是考取一本同等水平的大学。2017年11月6日，临床执业医师综合笔试合格线公布，科大讯飞"智医助理"机器人取得了456分的成绩，超过临床执业医师合格线（360分），属于全国53万名考生中的中高级水平。播音主持专业的普通话训练也会是人工智能的应用场景，目前科大讯飞的语音技术已经应用于普通话水平测试考试。

著名的理论物理学家史蒂芬·霍金一直发出警告，他认为人工智能的发展可能会完全取代人类，成功创造出人工智能虽然有可能是人类文明史上最伟大的事，但应该要判断它的潜在风险，否则人类文明将会陷入绝境。

我想，因为担心"被取代"而停止对人工智能的研究，是大可不必的。我们也不用因为人工智能具有"模仿并超越人类思维的可能"而担惊受怕。当然，人工智能的发展让我们看到了自己的不足，从这个意义上来说，发展人工智能也可以让我们更加了解自己，了解我们思考和解决问题的方式，了解我们的思维极限和缺陷。我相信，人工智能的前景是广阔的。

自由发言

刘超：

牛津大学和美国劳工统计局发布的"最有可能被人工智能取代的职业"中，排名第一的是电话推销员。排名最后，即最不可能被取代的职业是教师。其中，艺术家、音乐家、科学家、律师、牙医、建筑师、公关人员、心理医生都靠后，这些职业都包含人类特有的审美、伦理和情感。

我认为，播音主持专业短期内无法被取代有如下几个原因。

第一，复制与再创造。目前，人工智能语音是对文本的简单复制，而播音员、主持人进行的语言传播属于二度创作。体现为目的明确、身份正确、基调准确、分寸精确。这些是人工智能语音短期内无法完成的。

第二，审美创造。艺术的作用在于通过"在场"的东西，显现出不在场的东西，也就是从"显"中看出"隐"。人的语言能够将文字与思维转化为有声语言，并将符号背后"不在场"的内容显现出来。要达到这种效果，除了艺术手法之外，还融合了阅历、性格、知识背景、气质、心理活动、生活环境等一系列复杂因素。而科学技术很难显示事物的"隐蔽性"，艺术的意蕴更是难以复制的。

第三，人文关怀。人类的思想可以通过后天学习形成"万物一体"的哲学态度。有了这种态度，就能够使艺术创作具有人文关怀。人工智能终究是人类创造的，它无法形成"天人合一""民胞物与"的精神，人工智能语音也无法体现播音员、主持人的"人文关怀"。

第四，个性。人类之所以有不同的个性，是由性别、民族、生活环境、血型、父母、朋友等多种内因与外因综合的结果。而人工智能并不具备这些复杂的因素。虽然人工智能语音也可以千差万别，但只是对现实社会人的声音的复制与模仿，难以体现真实的心理因素与个性。

孔亮：

弗朗西斯·巴勒曾对媒介权力有过一番论述，他是这么说的："这正是媒介'权力'的神秘之处，也是具有讽刺意味的地方。我们越是认为它弱小，它就越强大；我们越是认为它法力无边，它就越无计可施。"

人工智能也一样。当我们认识到它"法力无边"时，它就已经没那么可怕，倒不能说是"无计可施"，因为它已经实实在在影响着我们的现实生活，包括媒介生态。

因此，在可以预见的未来，人与机器更多是协同、共生的关系。算法虽然提高了信息整合与分发的效率，但也毫无疑问存在信息偏见与不均衡。媒体人基于自身的专业性比常人更多地保持对算法的警惕，这是我们的价值所在。换言之，机器的存在会让人重新思考人是内容生产流程中的核心的意义。

李峻岭：

人工智能浪潮下，越来越多的行业面临被消失、被替代、被颠覆、被洗牌的现实。无论是机器人记者写作的商业运用，还是多语种翻译设备的加速推广，以往被人们认为凭借"人"这一独一无二、不可复制特性进行优势生产的许多工种都面临巨大冲击。

"播音员、主持人"的存在意义面临重新定义，传统从书面文字到口语转换这一生成步骤被人工智能替换的可能性正在逐步加大。播音员、主持人的职业边界前所未有地松动和模糊化。当然，被人工智能这一技术性应用所替换的更多为工具性运用（比如交际中的信息传达和告知功能），播音员和主持人艺术性、审美性、思想性等创造性竞争力似乎是人工智能暂时还无法抵达的部分，人工智能对播音员、主持人这一传播主体所带来的"危"与"机"的确并存。

反观当下，传统播音主持角色的式微带来专业教育的式微与滞后：教学中局限于传统广电形态及节目分类的教学惯性过大、模式过窄、过于浅层，这些都直接影响到专业人才培养的深度与广度。如何令播音员、主持人队伍及其培养实现超越技术性的存在，让播音主持教育的对象最终实现"操千曲而后晓声，观千剑而后识器"，这将是一个意义被改写的过程。

赖冬阳：

今天这个论题的讨论应该先做两个限定：一是限定时间尺度；二是限定对人工智能的能力边界的想象力。如果没有对这两个限定条件进行锚定，讨论对播音主持专业的影响与挑战就会进入多重假设前提下的逻辑陷阱里，探讨就会漫漶无边，无法聚焦。如果今天我们讨论人工智能的时候，放到一个未来五十年、一个世纪或者几个世纪的时间尺度里去讨论人工智能的发展，那人工智能的发展程度可能就已经到了无所不能的水平。在那种情况下，别说是播音主持专业受到影响，所有专业甚至人类的生产方式、生产关系、生存方式等都将受到颠覆式影响。基于这个畅想性质的前提谈对一个专业的影响，没有大的意义；但需要指出的是，现在对于人工智能的探讨，往往不自觉地假设了以上的前提，于是得出很多耸人的结论。因此，讨论需要限定前提。

人工智能的影响，虽然进展惊人，但是我们必须客观地看到，人工智能并不是无所不能的。回到今天探讨的论题上来，我认为它突破性进展真正带给播音专业的挑战和影响在以下两点。

一是二度创作被替代，警钟敲响，未来已来。

那种基于给定文本的播报受到第一波的冲击。知名的配音员的个性化声音可以被合成，真实度、自然度甚至灵动程度，都取得突破性进展；新闻播报、天气播报的智能机器人可以替代真人的工作，甚至做得更好。故此，播音主持专业领域里，以二度创作为特征的有声语言工作面临被替代，这个趋势会越来越明显。

二是一度创作能力是核心，打造竞争优势，赢得未来。

正如阎亮阐述的那样，对于新闻的分析、评论、节目中即兴的主持与互动，这些体现创造性、人文性、艺术千般变化万般演化的精妙的有声语言一度创作，那是人工智能难以短时间超越的。反观我们教学，要把更多精力投入到主持、评论等以一度创作为特征的有声语言创作的能力培养上，真正聚焦，大力投入，真正夯实这个核心竞争力，从而赢得未来。

观察学者发言

向志利：

随着人工智能在有声语言领域的运用，智能语音系统也应运而生。比如开车时用的高德地图语音导航功能——包括我本人也一直在使用。在导航系统里面可以选择明星的声音来做导航语音，比如林志玲的声音，我很喜欢，所以就设置为导航的声音了。

还有各种读书软件的 App 等，有时看书看累了，就使用语音播放功能，有女声、男声等各种选择。听起来虽然不如真人诵读那么亲切，但也在可以接受的范围。由此我想谈两点自己的粗浅认识。

第一，人工智能语音来了，播音员、主持人的危机来了。对所有在播音主持岗位上的工作人员以及正在学习播音主持专业的学生都提出了新的挑战。该何去何从？如何给自己未来发展定位？是要迎难而上？还是退避三舍另谋出路？这是摆在大家面前亟待思考和面对的问题。

第二，语音可以替代，温度无法复制。人工智能来了，简单的解释似乎就是我们想听哪种声音，点击、选择、播放即可。但是这仅仅是模仿、复制，而非真的人声。就像我们的手机中有一项功能是人工智能语音助手 siri，她可以陪你聊天说话，可以查找手机中的资料，但是始终不如自己的知己、好友那般贴心。人工智能是人类创造的为人类服务的，但是人类的温度却无法复制。

人工智能来了，新的时代、新的气象、新的挑战，我们可以调整脚步、跟上新时代的发展步伐，开创播音主持的新天地。

专家总评

曾志华：

人工智能时代，我认为我们需要三个"变态"：

第一，改变心态，要主动拥抱现实。现实就是技术进步的事实，你承认也好不承认也好，你接受也好不接受也好，它就在那里！一如人们总说的那句话"历史的车轮不可阻挡"。

当然，拥抱现实，接受新技术，我们在享用人工智能语音合成为我们带来"劳动力解放"的同时，还应该意识到：多数简单、重复的播报，可以由人工智能所替代，但有温度、有深度的播报和报道，还是必须依靠人，至少目前是这样。此外，我们还应该警醒：人工智能语音合成技术一旦广泛使用，会不会带来精品的匮乏，语言艺术大师减少的结果？

第二，改变姿态，要重新认识学习的方向。一百多年前，爱因斯坦就说过"大学教育的价值不在于记住很多事实，而是训练大脑会思考"。播音主持专业的教学既要注重怎么说，更要注重说什么；既要注重基本功，更要注重多重能力的塑造；既要注重通识教育，更要注重个性的培养。央视新闻主播沙晨有一句话我印象特别深刻，他说"传统媒体'掉粉'不是因为专业，而是因为不够专业"。这里的"专业"指什么，我想，值得我们深思。

第三，改变语态，要学会建立个性品牌。阿尔文·托夫勒说，第二次浪潮以后，学校崇尚的是"守时、服从、机械地重复作业"，教师只是将教材上的知识灌输给学生，学生也只会将教材上的知识"转移"到自己的脑子中去。个人的观点创见、情感交流以及团队协作等，都难以呈现，都被这种"工业化社会的标准化、同步化"所淹没。现在，这些"标准化"的东西完全可以由人工智能所取代，我们怎么办？想象力和创造力是艺术创作包括有声语言艺术创作的必备，我想，我们应该致力于开发学生的这两个"力"，使得他们的语言呈现一种带有个性标签的表达。

人工智能技术确实对播音主持带来了挑战和影响（而且这个局面会一直发展下去），但是我想，至少目前，人类的思考能力、创造能力、审美能力，还是我们的"堡垒"，还是我们的"护城河"。

最后，与会学者们合影留念，本期播博汇的话题又延续到了晚饭的饭桌上……

轮值学者述评

2016 年、2017 年 AlphaGo 与李世石、柯洁的围棋大战，让人工智能成了人们街谈巷议的热门话题。随后，人工智能在人类从事的诸多领域展开广泛而深入的研究，特别是和大众传播、有声语言有关的一系列动作：微软小冰播报天气、科大讯飞普通话水平人工智能评测、两会报道时人工智能组织撰写新闻等等，让本属于围观群众的播音主持学术群体，突然间陷入焦虑、思考，甚至是恐慌当中。

播博汇，紧抓时代脉搏，紧跟前沿步伐，在 2017 年 11 月 13 日召开了关于"人工智能对播音主持的挑战和影响"研讨会。这次研讨会最大的价值，就是将播音主持置于科技发展的前沿代表——人工智能发展的大背景下，重新思考和研讨播音主持专业的核心特点、核心优势。

从超级计算机到云计算，从扫地机器人到智能无人机，从讯飞语音到 siri，从高德地图导航到无人驾驶汽车，从《星球大战》《普罗米修斯》到真人版战术危险操作机器人，从 1997 年深蓝计算机与卡斯帕罗夫的国际象棋对决到 2017年 AlphaGo 与柯洁的围棋大战，本期播博汇比较全面地介绍了人工智能的概念产生、发展历程、核心特征，及其在有声语言和新闻传播领域的初步应用。针对人工智能与播音主持结合带来的行业震动、职业危机、发展前景，与会学者展开了激烈地讨论。

从讨论中可以看出，与会学者对于人工智能涉及播音主持领域的研究，无论是唱好还是唱衰，都或多或少地表现出了一些担心和忧虑。其焦点是人工智能是否会取代我们现有的播音主持工作，造成大量人员失业和专业前景黯淡，也因此引发了大家对播音主持专业优势和专业性的重新思考。

专业优势固然存在，但是不能恃优而骄、孤芳自赏、傲世轻物；不惧变革、转变心态、拥抱科技，这些观点成为了大家的研讨共识。最后，本期播博汇借用马云提出的"看得见，看得懂，看得起，来得及"作为播音主持面对人工智能挑战和影响所应持有的积极态度，为本次研讨画上了句号。

二、"双一流"背景下播音学科的反思与重建

——"播博汇"2018年4月9日

轮值学者：

孙良（中国传媒大学中国播音学2013级博士生、山东师范大学播音主持艺术系副主任）

李峻岭（中国传媒大学中国播音学2015级博士生、广东外语外贸大学播音主持系主任）

主持人：

赖冬阳（中国传媒大学中国播音学2015级博士生，新华社记者、主持人）

参会学者：（按姓氏拼音顺序）

丛冠月（中国传媒大学播音系2017级硕士生）

孔亮（中国传媒大学中国播音学2017级博士生、原上海人民广播电台新闻播音员、主持人）

曲洪圆（中国传媒大学播音系2017级硕士生）

夏帅（中国传媒大学播音系2017级硕士生）

阎亮（中国传媒大学中国播音学2015级博士、中国传媒大学教师）

总评专家：

曾志华（中国传媒大学播音主持艺术学院教授、博士研究生导师）

"播博汇"现场实录

主持人赖冬阳:

通观播博汇的发展历程,我发现了一个有意思的事情,几乎每一次播博汇举行时都遇到"大事件"。拿今天来说,中央广播电视总台成立,这是一个大事件;同时,孙良与李峻岭参加预答辩,过程顺利。再有,前段时间李峻岭在"播博汇"群里发了一篇文章,叫作《重构中国传播学的时代场景和学术取向》,那篇论文指出了传播学发展的大方向,提出了大课题。再有就是孙良所说的"双一流"建设的大背景下播音专业感受到的阵阵寒风,对于我们来说,也是一个大事件。

这几个大事件凑在一起,似乎提出了这样一个问题:播音学科在当下是否面临去留的问题?我想起两句歌词,一句是"其实不想走",另一句是"其实你不懂我的心"。在"双一流"建设的大背景下,对于播音学科的合法性、合理性及其价值,应该如何理解?到底怎么才能让我们的学科适应新的发展形势,并且更好地生存、发展,获得学术自信?这就是本期播博汇要讨论的课题。

好,先请孙良开始。

轮值学者阐述

孙良:

好的。赖冬阳刚才提到了李峻岭发在群里的那篇文章。这篇文章的背景是这样的:《国际新闻界》最近组织了一批稿件,主题是"反思中国传播学"。也就是说,与改革开放同时肇兴的中国传播学,在经历了 40 年发展后正在进行反思。据我的观察,传播学科的反思并不是从今天才开始,事实上,这些年似乎从没有中断过。以此为契机,我提了一个题目,叫作《"双一流"背景下播音学科的反思和重建》。要探讨这个题目,首先要讨论的是要不要反思以及有没有必要重建。

要探讨这个问题,就涉及刚才所说的大背景问题,也就是"双一流"建设。必须认识到,"双一流"建设将是未来很长一个时期中国高等教育发展和高校建设的主旋律,对包括播音学科在内的各学科发展都将产生重大而深远的影响。

我个人认为，在"双一流"建设当中，不同高校的播音学科将经历一个类似于洗牌的过程，某些院校的播音学科可能会更加繁荣兴旺，而另外一些学校情况就不那么乐观，不仅会更加边缘，甚至可能被"驱逐出局"。这些问题，都值得我们充分探讨和正确认识。

要理解这个问题，还是要从对"双一流"建设的认识开始。

我们要看到，"双一流"建设同以往高等教育发展建设是不同的。过去的建设重点在学校，不论是"985"还是"211"，都是以学校为基本单位，以建设一流大学为目标。从"双一流"开始，既要建设一流大学也要建设一流学科，对很多学校来讲，这等于迎来新的发展契机。以我比较熟悉的一所省属高校为例，这个学校长期徘徊在全国高等学校综合排名100名到150名之间。如果去争一流高校，显然是有难度的。那怎么办？就在一流学科的建设上下功夫。而一流学科的建设意味着前期要投入大量的资源，在学校总体资源有限的情况下，它所采取的策略就有可能是"损不足而补有余"，说白了就是"杀贫济富"。那"贫"和"富"怎么来判断？不是看招生情况和就业情况，而是现有学术评价体系中各学科的学术生产力，具体来说就是高层次科研项目的争取和高层次论文的发表。显然，在这方面，以实践为特色、以能力培养为导向的播音学科处于非常尴尬的局面。我记得去年在广东外语外贸大学开会时，西北大学周东华老师说，综合类大学的播音主持专业普遍有一种焦虑的情绪。对这个看法，从个人感受上来说我是认可的。原因就是上面所说的问题。在一些综合类大学中，学术生产能力已经成为衡量学科生存发展状态的主要判断标准。在一些对于综合排名较为敏感的综合类大学中更加如此。相对而言，艺术类院校对排名不太敏感，情况可能会缓和一些，但是高校发展的基本逻辑并没有变化。

基于上面这些问题，我个人认为，播音学科有必要进行反思，以适应新的发展形势。至于接下来反思的目标、路径、依据等问题，大家可以展开讨论。

赖冬阳：

刚才孙良谈到，在高校"双一流"建设的背景下，播音专业的学术生产能力可能不是太强，这样有可能使播音专业的竞争力减弱。李峻岭，你有这样的反思吗？

李峻岭：

我先谈谈自己读硕士做论文时的感受。以前的硕士毕业生基本上是围绕节目或者说围绕主持人这个核心来做论文。这是因为当时不太清楚什么是学术。毕业之后做高校老师就会发现，高校做研究的思路不太一样，会更讲究研究方法和理论基础。现在回过头来看，感觉播音专业学生的论文，的确更像是经验总结式的感想感受。

对播音学科来说，存在着某种特殊性。广播电视的繁荣发展带动了对播音员、主持人的量的需求和质的发展，播音学科从培训班起步，发展到播音系，再到后来的播音主持艺术学院。所以它是存在一种由业界引领学界的历史性趋势。在媒体融合的现在，广播电视已经呈现出了疲态，主持人不再是大家认为的标杆性的、明星性的人物，至少主持人的身价没有办法和那些当红的明星偶像相比。

所以在这个时候，如果我们还是遵循着以前的套路就可能出现问题。当然我也不是说产学研或者说学界、业界联手不好，但是前不久跟一个在欧洲读博士的朋友聊天，他说欧洲大学的新闻学院就是做新闻学的研究。他不会说我要请业界的人过来，哪怕你很牛。他认为学术有学术的标准，有自己的路径和方法。业界是业界，学术是学术。我来观测评价你和自己做实操，这完全是两个不同的行当。

从这个意义上来讲，我们面临的问题是什么呢？就是在目前的情况下，学术是否能够去引领业界，以及如何去引领业界的发展？我觉得这才是存在的问题。以前如果你业务好、专业好，可能有人会问你为什么不去做主持人呢？为什么要去教学呢？当然这种问法最近几年已经少很多了。我觉得这里面有一种误读，就是教播音的老师你就是教学生学普通话，教学生语言表达的。事实上不完全是这样。做播音主持的老师，或者说做研究者，他一定要有贡献。这个贡献是创新性的贡献，具体到学术上来说，就是理论的贡献。如果说我们做学术研究的能够有理论产出，可以用理论来引领现实的发展，学者的意义和价值就会极大地呈现。

上个星期我分别去了复旦大学新闻学院、上海交通大学新闻学院和苏州大学传媒学院调研学科建设。我发现不管是"985""211"，还是其他一本高校，一个普遍现象就是看重学科建设。这里面第一个是看项目，像国家社科项目是最高等级的，然后是省部级项目；另外就是论文。在我们学校普通老师发表什么样的学术成果是记入评价体系的，我们只认可 CSSCI 的论文。其他的包括论文集、北大核心、C 刊扩展版，一律是不认可的。

在走访这些学校的时候，我发现复旦大学把他们的新闻学院放在一个很重要的位置上。在他们那里，很多非常年轻的学者已经是长江青年学者了。我想提一下上海交大。上海交大的新闻传播学院在 2005 年才开始本科招生，在最新一轮的学科评估当中，他们的新闻传播学竟然排到了全国第五。也就是说只用了十多年的时间，它就实现了跨越性的发展。所以从这个意义上来说，学术的优势固然有历史传承，但是并不排除有黑马能实现弯道超车。那么苏州大学的情况如何呢？苏州大学也有播音主持专业。他们院长的理念是，播音主持专业的老师如果再深造的话一定要实现转型，因为做播音主持是没有前途的。这说明什么？说明我们这个专业继续往上走很难产生学术增量。这种增量反映在什么方面？项目难拿！根据人大高贵武老师之前的统计，从新中国成立到现在，真正获得国家级社科立项的播音学项目可能只有 4 个，屈指可数。还有一个项目叫国家艺术基金，但是你会发现在里头很难找到播音专业的空间，因为它似乎并不符合独立存在于舞台上进行创作的申报要求。

　　如果以历年项目申报做一个量化统计，会发现播音学科占比很少。为什么？一个是因为申报人本身的基数很少，还有一个就是什么人来评。如果评项目的学者他不了解你这个专业，他觉得你这个是雕虫小技或者是很边缘的，他是不会把这个项目给你。因为国家社科的出发点就是研究重大问题，这就造成了我们播音学科目前成功申报的国家社科项目非常少。如果某一学科的项目长期缺席，自然而然就边缘化了，因为你不存在于别人的视野当中。

　　随之而来的便是我们的论文发表缺乏阵地。刚才我提到，我们只认 C 刊，C刊新闻传播学的，大家可以看一看，就十几本。刊发播音主持类学术稿件最多的是《现代传播》。对此我做了一个不完全统计，《现代传播》中刊发播音主持类稿件最多的是传媒大学的老师，其中不少还是在杂志靠近最后几页的"来稿选登"栏目里。大家可以去看看，以前还是两页，现在变成一页半了。据说这个栏目会减少刊发量。我之前在非 C 刊上发表过一些论文，我觉得自己写得还算用心。但是下载量、浏览量、转发量挺低的，对比我在 C 刊上发表的几篇论文反差特别大。核心期刊的意义也许就在于此。在目前的学术生态里，掌握学术权力和学术资源者是关注这些杂志的，你只要发了他们一定能看到。

　　大家看，目前我们的播音学科缺乏相应的阵地，全国这么多院校，这么多老师都要往上挤，就算有人能出来，这个体量和影响力也非常小。

孙良：

　　我觉得我跟李峻岭的发言互为补充。李峻岭谈的是以发展为主题，包括发展的方向、阵地、目前的缺失等。他谈到学术增量与发展之间的关系，我想提出存量上的问题。也就是说，现有播音学科的理论积淀是不是已经达到了一个学科应有的程度。

"双一流"建设中播音学科面临的根本问题是学科建设的问题。学科是个什么概念？学科、专业、课程这三个概念之间的关系是什么？都需要考虑清楚。简单说，课程是教育概念，专业面向社会，而学科则属于上层建筑，属于核心内容。我们现在有课程，也有专业，但是学科建设面临困难。某种程度上来说，也许是我们没有搞清楚学科和专业之间的关系。把很多属于专业的内容归到学科里了。另外，任何一个学科的建设都不可能靠一个人独立完成，像是传播学，也有几位祖师爷级别的人物，就是拉扎斯菲尔德等人，进行了大量的实证研究，后来由施拉姆集大成，这里面有一个历史发展的脉络。我们说对播音学科的反思，除了对现状的反思之外，还应该有历史反思，播音学科是怎么诞生的？它的诞生里头有哪些是必然性的东西？有哪些是偶然性的东西？要把播音学科这几十年来具有节点意义的人和事拎出来，看看我们怎么一步一步走到了现在。我觉得，这种反思与我们在《中国播音学》里谈播音学科发展史是不一样的。《中国播音学》里讲的内容是描述性和建构性的，主要谈合理性与必然性。

刚才谈到传播学的反思，他们反思的主题是什么呢？在我看来其实就是如何洋为中用，如何把西方的传播学理论中国化，而且要尽早尽快为我所用，这也要配合形势发展的需要。播音学科发展也配合国家的需要，也要讲政治。那么在讲政治的大前提下我们的反思如何开展呢？最后我们还要看看自己的家底。我们特别强调学术自信，播音学科的学术自信建立在哪里，这一点是需要认真思考的。

赖冬阳：

你觉得我们的学科建设需要价值的再发现，可以这么理解吗？

孙良：

我再简单说几句，一个学科的核心是什么？我觉得是元问题和元概念，以及围绕元概念形成的一整套元理论。这里的元，指的是这个学科独有的，是别人不考虑的，不可替代的意思。那么中国播音学的元理论是什么？我们的元概念是什么？我们的元问题是什么？这个问题仍然有待于进一步思考。

赖冬阳：

孙良提出了元理论的问题，李峻岭谈到为什么没发展起来的几个原因：一是我们没有论文发表的阵地，二是在主流学术阵地上的长期缺席。还有什么问题呢？请李峻岭再补充一下。

李峻岭：

大家可能会问，包括我刚才也在想，以前我们也没有什么阵地，怎么不觉得这个问题如此严重？这是因为现在的考核越来越量化。我们不能说非核心期刊上没有好论文，但是在这种量化机制下，大家的关注度会使得核心期刊的影响因子比以前更多，差异更大。刚才孙良提了一个问题，就是我们现在招生人数的问题。现在办播音专业的院校越来越多，这里面是有利益驱动的，包括一些合作办学的情况。有的学校播音专业第一年招生 80 人，第二年就扩招到 200 人。对于投资方来说，就是把专业做成一门生意，他不会考虑你作为教师会面对什么样的问题。

一方面是我们的招生数量节节上升，与此同时学科争鸣、学术关注点却没有增量。回溯一下历史会发现，我们最初研究什么是主持人、什么是播音员的概念就争论了很久。当时有张颂老师的论文，还有李东老师的论文。李东老师与张颂老师商榷的文章发表之后，获得了当年的全国广播电视论文评比的一等奖。在那个论战前前后后也发表了好多篇论文，提供了很多关注点，引起了大家对学科定位的关注。这就是学术增长点。后来陈鲁豫主持的"凤凰早班车"蹿红，关于所谓"播新闻"还是"说新闻"的探讨，又一次引起大众的关注，这也算一个增长点。我记得当时去台里录像的时候，工作人员甚至把提词器都拿掉了，为什么？他们说领导说了不能有提词器，都得"说"。这从一个侧面也体现出学术的社会影响力。之后，还有主持人需不需要表演、主持到底有没有艺术等等。所以你看，以前我们每隔几年就会有播音的学术争鸣，但是近期这种学术争鸣是什么？我觉得应该是华少的"博文"吧，主持人以后还需不需要？这就是为什么我们的学术缺少推进。在新闻传播迅速组建了他们的学术共同体的时候，我们没有跟上。

目前播音专业的高校老师，也就是播音学科学术生产者、学术创造者的主体，有一些是从业界转过来，还有一些是从播音本科或者播音研究生上来。他们做学问的方式跟目前的学术训练和学术生产，还是存在非常大的不同。当然我们也很有特点，但是从学术产出的角度考量，我们缺乏强大的具有代表性的学术共同体队伍。

另外一点就是我们缺少新的学术增长点。最简单的就是我们做硕士论文的时候，学生说不知道写什么，但老师说有很多可以写的内容。为什么学生不知道呢？是因为他没有这个意识。哪些是热点，哪些是热点之后值得深层次反思的问题，作为研究生来讲，是不清晰的。

学术共同体的缺乏和学术增长点的缺失，都造成了我们目前招生量很多、招生人数很多，看上去很热闹，但是学科建设举步不前。我觉得是有这个原因的。

参会学者质询

赖冬阳：

好，刚才两位轮值学者就现在播音学学科的相关情况做了一个分析，也进行了一定的反思。在座各位听了他们的阐述，一定有很多话想跟他们交流。每个人都可以提问，但还是以轮值学者表达为主，有吗？谁先来？孔亮。

孔亮：

其实刚才孙良说的树欲静而风不止，我有点没弄清楚，你觉得全国有几百所院校开设播音专业，这个现象正常吗？

孙良：

我不把它叫做发展，我管它叫透支。

孔亮：

那就是不正常。

既然不正常，在双一流的背景下，那些很边缘的学校，或者根本不适合办播音专业的院校有些缩减就是正常的。那我们为什么要反思？

孙良：

"双一流"刚刚开始，但是不会马上结束。

孔亮：

所以迟早会到我们头上。

孙良：

风暴总是在风暴眼当中酝酿起来的，眼下的平静不等于永远的安宁。就播音学科的发展而言，我个人判断是，在学术发展上我们处在一个"后张颂时期"，而面临的发展形势又是一个前"双一流"时期。这两个东西叠加在一起才是使我真正焦虑的原因。

孔亮：

因为双一流建设是要建设世界一流大学和世界一流学科，换言之，有参照系的前提下，我们才有比较的必要。

孙良：

对，我觉得孔亮这个问题是非常有价值的。

我是从切身的感受出发考虑这种焦虑和危机。但是易地而处，比如说在中国传媒大学，这种焦虑和危机似乎并不那么明显。而且之前我也说了，今天的题目有两个关键词：反思与重建。谈完了反思还要考虑重建。当然，重建的基础是必须要反思。

赖冬阳：

孔亮，你还有要继续说的吗？

孔亮：

我本身不是在高校做科研和教学，所以我的切身感受肯定没有孙良、李峻岭、阎亮这样强烈。我没弄清楚一个事情，就是播音学科有没有必要去跻身这个世界一流学科。如果没有必要的话，这种忧虑和反思实际上就是一种虚妄吧。就是说并没有危机存在，但是你感受到了自身的某种生存危机或者学术压力，就构思了一种危机感。

如果我们创建世界一流高校和一流学科，它的适用范围本身就不包括播音学科，那这个焦虑还存在不存在？我之前查了一下，入选一流高校的学校有42所，入选一流学科是95所高校、400多个学科点。它的标准是什么？就是人才培养、学科水平、贡献奖励、政策导向。换一个思路，如果是我们已经达到了国内一流，是不是有必要走向世界一流？

孙良：

我回答一下。我不是说是否需要把中国播音学建成世界一流学科，我说的是"双一流"会形成高校发展的基本逻辑。实际上，不论是从现有学术存量还是可预期的学术增量来看，任何一个学校的播音学科想发展成为一流学科都存在很大的难度。但是为了其他学科的发展，有可能采取"杀贫济富"的策略，这就有可能影响到播音学科的发展，这是我思考问题的逻辑。再有一个，是我们学科生命力的问题。中国播音学这个学科建立的目的是什么？至少其中一项是对播音主持实践中遇到的问题进行理解和解释。可是，随着媒介环境的改变，随着我们节目形态的变化，目前的学科理论的解释力是越来越强了还是越来越弱了呢，这也是需要提出的问题。

此外，我们可以想一想，为什么在美国，新闻传播事业那么发达，出现了那么多优秀的、具备一定话语权的主持人，相关学科理论也非常健全丰富的环境下没有产生播音学，反而是在我们国家，我们的传播环境、传播制度中诞生了播音学科，这本身就是值得思考的问题。即使说存在即是合理，那么过去我们建构了很多，解释了很多，到了今天我们能解释当下媒体语言与大众语言传播现象吗？现实的车轮滚滚向前，即使我们觉得自己是一流，但学术界不认可，社会不需要，我们又能做什么呢？

赖冬阳：

好，孙良的意思是要反思。

孔亮：

我想补充一句，如果只是从学术的角度去理解这种所谓的优势陷阱的话，是不是还只是一个单一的角度？我觉得更切实的做法和反思的价值在于，如何去改变这种培养路径的不合理性。那是不是可以谈得更现实一点，而不是说为什么在中国这片土壤诞生了中国播音学。

孙良：

鉴古的目的是为了知今，我们追索学科的诞生、发展不是做知识考古，而是找规律。看过去的规律是不是仍然在起作用。这是我们要思考的。比如说"双一流"建设当中所提到的文化自信和制度自信，实际上为播音学科未来发展提供了契机。如果我们认识到播音学科发展跟国家政治发展之间的关系，能够更加敏锐地认识到这个关联，就可以为学科发展寻找空间与出路。

阎亮：

我有一些补充。我特别能理解刚才他们之间的这番论战，因为这个问题每一个学播音的人可能都想过，就是为什么只有我们国家有播音学？我觉得一个学科诞生必然带有多方面基因。我们有自己特殊的历史。在美国的教学体系中，也有有声语言艺术层面的理论，但归类到修辞学门下。他认为我们讲的停连、重音、语气、节奏都是有声语言修辞。他也有发展成为一个学科的可能，有这样的基因存在，但是并没有被最终认定。

另外我想解释他们俩碰撞的观点。我以前看过一篇文章，名字叫《主持人溯源》，就是追究到底主持人最早来自什么时候。文章说最早是宋朝，有一个工作叫旗杆子，就是指挥大家进行现场演奏的人。这就是早期主持人的雏形。我们专业对播音主持的定义是有了广播电视之后，才出现主持人这个概念。所以这个"旗杆子"不能算主持人。因为我们讲的是在广播电视媒介诞生以后，才有这样一个专业的。宋朝的时候就叫旗杆子，但真的不能叫播音主持工作，不能完全抛弃它存在的土壤去溯源。

我特别同意刚才孙良一个观点，就是为什么很多人之前都不是学这个专业的，可是最后大家也都跑到这边来了，确实有一个不能回避的问题，就是这个专业相对比较容易。就如孔亮所说，不是所有的学科都可以培养成世界一流学科的。

我有一个疑问，刚才他们两位说互为补充，但是我觉得他们其实说的是两头。孙良讲专业的反思与重建，根源在于我们要深挖，看基础是不是有问题。李峻岭认为我们现在的困境在于增量的困难。我在想，增量的困难也许就是因为我们存量薄弱导致的。我觉得我们要再往中间聚焦一下，要不然你俩说的有点往两个方向走，并没有发挥互为补充的作用，这是我的感觉。

赖冬阳：

好，说得太好了。两个人两个方向，一个是建构学派，一个是批判学派。我更期待把这个话题引领到建构里面，也就是如何去面对当前的困境，我们有些什么样的法子，有什么对策？

现在还有时间，各位可以发表观点或者质询。

丛冠月：

我觉得批判是为了更好地建构。我注意听孙良说的，就是咱们这个专业是应该追根溯源，我们的不可替代性到底在哪？这是最应该讨论的一个问题，是最应该反思的一个问题。如果只是说话好听，声音好听的话，真的不可能再发展下去了。

李峻岭：

我们能不能聚焦一下我们的谈话，我们需要反思，就是反思我们这个专业真正的根基在哪里？

孙良：

对。播音学科非常年轻，理论积淀不可能一蹴而就。这里面有李峻岭讲的增量问题。这个增量问题的解决方案可能是我们寻求跟其他学科的结合，去写出符合更受认可、更加规范的论文。但是我们自己学科自身能挖的东西还有多少？我们现在最郁闷的就是看学生的论文，因为它无非又把原来书里的内容翻来覆去写了一遍。不单学生这样，老师也差不多。播音学科出了很多很多书，但是仔细看，这些书重合度非常高。似乎这个领域写不出更多的东西来。

现场观众：

我来质询一下李峻岭。李峻岭你在群里发的那篇文章我也细看了。我相信你肯定是很有感触的。那么关于中国播音学重构的时代场景究竟是什么呢？

李峻岭：

孔亮刚才提了一个问题，就是我们建设的标准是国际一流还是国内一流。如果是国际一流的话，那涉及到一个对话问题。刚才孙良说了，我们的出发点是喉舌，所以才有"不要播错一个字"的说法，强调导向意识。阎亮说国外也有修辞学、语言学，我在英国大学的图书馆里还借到了英国的发声光盘教材，只是他们没有往播音系列去划分。

我们今天的主旨是讨论学科建设，播博汇的主旨是关注学术的引领。那么如果你从学术性来看，国外更加量化，国外叫 SSCI，更讲究这些数字。回过头来看国内一流，中国传媒大学戏剧影视学是目前两个一流学科之一，当然我不知道中国传媒大学当时是报了什么材料，播音学院在人才培养方面一定是贡献了很多，我们的国脸、国嘴都在这里涌现，但是从其他的指标上来说有多少，这个还有待考察。

如果说我们就只做国内一流，不和国外接轨，这样好不好呢？我觉得有好有不好。什么叫好？独树一帜。比方说西方的神学，它也没和我们中国接轨……

赖冬阳：

时间到。经过刚才质询的阶段，相信大家对今天的话题都有了更深入的了解。现在我们进入抢麦自由发言阶段。

自由发言

夏帅：

我想说两点，一是，我们一直在说学术，学术落脚在行业上。而行业里面现在有很多跨界，没有播音专业功底的，可以跨界到播音的行业里面，那我们的核心内容是什么？是一些发音或者是发声的理论，他们也要来学。进修班的学生说，老师你教我发声就可以，我不想学那些学术上的东西。那我们的学术有没有可能再去拓展出来，去把那些跨界的东西囊括进来？二是，李峻岭说到的，上海交大的新闻传播专业冲到了前五。那我们有没有可能研究它的学术成长轨迹，能不能把它作为样本去研究我们的播音学科，看看能有哪些启迪，是否能够用他的那种路径去突围？

曲洪圆：

进入这个专业不到一年的时间，我觉得跟我本科学习时候研究的那种方法是完全不一样的。我本科学习的过程当中，就是像李峻岭提到的，是要往外延展的，每天在做实验，探讨新的方向。

我们讨论追根溯源，如何追根溯源呢？我觉得张颂老师之前把这些很有用的东西已经总结得很好，如何让更多的人去接受它，这才是我们这个学科能够继续走下去或者站稳的一个点。

阎亮：

我接他的话说两句，刚才也是李峻岭提到的，就是我们学界、业界之间的这种关系。我们专业以前一直是业界引领学界的历史趋势，过去一直是先有实践，才有了这个学科。就好像我们认为理论跟实践之间的辩证关系是一样的，都觉得理论应该是能够指导未来实践的发展方向才对，但实际上，大多数专业都存在实践和理论之间的脱节。业界在发展的时候没想到理论是怎么指导、怎么预期的，他可能没考虑，就自己发展自己的，也可能没有专门的某个人去引领他。我想这可能也是因为学科专业不一样吧。理工科专业，或者说自然科学专业很多时候都是业界在等待着学界做突破。但是人文科学里面很多时候都是业界引领着我们的理论发展，引领学界发展，学界都在追着业界去解释它。往往还没等解释明白，那个现象就已经没了，昙花一现。好像我们专业一直都是在干这件事，是吧？实际上建构专业基础理论的时候还好，越是发展前沿理论的时候，越是觉得我们在跟着实践跑，实践出一个什么，我们就说一个什么。包括刚才李峻岭提到的，出现了"播"新闻好还是"说"新闻好的争论，我们就开始研究到底"播"和"说"有什么关系。

我有一次讲大课的时候专门研究了一下这件事，把所有跟说话有关的词都列出来，比如说"念、播、读、诵、演、说"，全算在一起，看它们有什么样的区别？比如"念"，念就是完成任务。因为我并不想说话，你非要让我念一遍，我就念一遍。然后"读"的时候要去理解，"播"是比较规范地说话，而"说"是最自然的，生活中都有，"诵"可能就是更有架势的、更有范儿的朗诵了。这些形态并不是我们先去划分了层次之后才有的，而是在现实生活中，在语言的生存空间中就存在的。在此基础上才又出现了规范空间和审美空间。所以我认为，是因为已经有了这些现象，我们才去解释它，把它们分门别类。我感觉人文学科里边很多专业都是这样的。也许这就是孙良刚才讲的一种历史规律吧，未必我们都要像自然科学一样去引领着整个业界。

赖冬阳：

我也顺着一句话说，刚才曾老师说要反思。我认为播音的权力一开始就是来自政治赋权。播音学之所以能够存在，能有那么高的位置，都与政治赋权有关。播音员、主持人为什么会有那么大的影响力，大家会把它看成一个非常好的职业，也是因为有政治赋权。后来有了科技的发展，有了科技的赋权，有了场景的赋权。不管未来怎么变化，播音员永远是被需要的。

孙良：

我不太同意这个观点。当你谈赋权的时候，要明确赋权的对象是谁？技术赋权赋给谁？从来没有说赋给播音员、主持人，而是赋给那些原来没有权力的人。而目前我们努力建构的方向恰恰是对话语权的巩固。

从这个角度上看，技术赋权和播音学科主体地位的巩固在方向上是不一致的。为什么播音学科原来的理论对现在的传播现象解释力弱了呢？就是因为现在大众传播的多元化发展，大家都参与进来，以各自不同的价值取向、各自不同的审美观照、各自不同的利益需求来做这件事情。

赖冬阳：

关于这个问题我想分两个层面说，第一个层面，我不同意孙良刚才说的技术赋权会带来话语权的消解。相反，我认为技术赋权给播音主持带来的应该是机遇，因为占据话语权的永远是会表达的人。我之所以说要跳出播音主持这个概念，是因为我认为播音主持这个概念终将被时代抛弃。我们要培养的一定是好的表达者，而不是优秀的播音员、主持人。就是因为技术赋权的存在，使我有权不听播音员、主持人说话，而更愿意听好的表达者说话。因此，我们专业的培养思路和路径就应该不仅仅限于播音员和主持人，应当拓展为优秀的表达者。这是第一个层面。

第二个层面，我不反对孙良提出的历史反思，我也有反思的冲动。只是我感到更多的是无力大于冲动。我觉得什么都跟权力有关系，不止播音主持。学科的形态可能发生改变，变成另外一种形态，它是一种更广义的存在。另外我想说的是，我想听孙良继续聊一聊，因为刚才他一直没说话，我特别想知道你后面是怎么再去构想这个问题，你不会觉得无力吗？

孙良：

会觉得无力，性格使然，我应该属于乐观的悲观主义者，很多时候我会采取一种批判的态度。

赖冬阳：

我要说孙良这种反思的问题。他认为播音学现在的解释力不够，他希望在播音学这个领域当中继续深挖，然后试图从这里面找出一个对现在的各种场景有解释力的所谓的理论，所以他不断地在反思。我觉得像一个人提着自己的头发，想脱离地球一般的去不断地追问，我觉得这有点虚妄。这种反思叫什么？叫做自我的重复。反思是什么样的？反思应该有面镜子，要通过镜子才能看到我到底是什么样子。这个镜子一定是他者，就是从我走向他者。

李峻岭：

我想谈这样一个问题。播音主持既可以作为专业名称，也可以作为职业称谓。这一点就跟新闻学不一样了。学新闻的人不会说我学记者专业，但是播音主持就这样说，这说明这个专业的职业属性非常强。

现在情况发生了变化，所有的学科都往上发展，一个共性特征就是去职业化，因为职业化就意味着表层化和欠思考，只关注于职业最能够运用的那一部分层面。那部分层面是很重要的，但是它绝不仅仅是那些，那些是上面的叶子，下面的根一定要挖得很深。我觉得要理解这个很简单，去看一下北京电影学院或者中央音乐学院的学报，学声乐的很重要的工作就是视唱练耳，但是你看看他们的论文真的是可以和国际接轨的，他们研究的很多的声乐作品，包括导演的作品，全是西方的，因为音乐戏剧是可以共通的。

但是播音专业又有自己的特点。第一是我们的语言不一样，同时我们的意识形态不一样，所以有些理念你自己认为是这样，但别人不一定跟你有共鸣。所以我想当播音主持成为一种专业名称，同时又覆盖了一种职业名称的时候，它可能就会对我们的学术建设带来其他的一些影响。什么影响？最典型的是发论文和报项目的时候，如果你这个项目里头就写播音主持什么什么研究，人家就觉得你是框定在操作层面了。

我记得我们在读研究生的时候都不爱上大课，我们就想做业务，就想练。这样一种情绪惯性应该还会延续，特别是对于本科没学过播音，来了之后感觉一定要学看家本领，对不对？没有几个人觉得播音学院在理论方面令人神往，是冲着理论研究来的播音学院。所以这里头延展一个话题，就是播音主持高校的教师或者研究者这些年来的职业地位、社会声望发生了什么样的改变？值得去探究一下。

阎亮：

还有一分钟，我讲一下。这两天学校正在开各种讨论会，讨论修改本科教学计划。其中一条是要进一步减少专业课比重，增加通识课比重。我觉得目的就是进一步减少专业性。我记得广院入学时门口会拉一个条幅，说这里不是终点而是起点。实际上很多时候我们到这儿来就觉得我该学专业了，因为我的基础已经打牢了。但实际上目前这种发展趋势是增加通识教育，减少专业课比重。我觉得这是一个契机，虽然专业课在压缩，但是建立在通识教育基础上的专业教育，才是未来的方向，这正是播音主持专业"去职业化"的一个机会。

李峻岭：

我们一定要把主动权掌握在自己手里。台里的一位老师之前非常激动地跟我说，你们高校的春天来了。为什么这么说呢，因为现在你去台里做节目没多少钱给你，去学校参加活动，劳务费差不多是台里的两到三倍。现在各个学校普遍加大了经费投入，不管是"双一流"还是非"双一流"的高校。这个跟时代性有关，我觉得这种形态也表明学术共同体正在形成。大家都有心攒在一起，有一个学术共同体的气氛。像我们的播博汇就是一个特别好的小型学术共同体。我们在一起凝聚学术力量，交流学术精神，熏陶学术情怀。

专家总评

曾志华：

谢谢给我这个时间。

我这个星期过得特别愉快。前几天是硕士生的"时代之音"，今天是"播博汇"，特别享受！你们的发言对我来说是打开了好多扇窗。

我先说一下"双一流"的问题，孙良提出的问题我感同身受。"双一流"指的是世界一流大学和一流学科建设。我觉得我们应该走出去。当然，如何走出去？如何对话？找到一个什么样的交叉点来对话？这是我们这个学科要考虑的。我们今天是一个闭门的务虚会。刚才谁用"虚妄"这个词，说揪着头发想脱离地球。其实我觉得，作为一个学者、一个研究者来说，必须要有这样一个时候，就是揪着我们自己的头发脱离地球，稍微远观一下我们这个学科，兴许就会得到一些新的启示。今天其实就是这样，听到了来自你们年轻学者、青年教师的真知灼见，甚至带着切肤之痛。很烧脑，也很震撼！

这几天读了一些有关学科建设的文章，认同其中的不少观点。作为一个成熟的学科，应该有这么几点：第一点，不可替代的研究领域和方向。我们有吗？我们有啊。我们的元命题、我们的元理论、我们的元概念，有啊！我们独特的价值，有啊！这是第一点。

第二点，标志性的研究成果。有吗？我们也有——中国播音学。但是中国播音学是否得到了所有学科的认可呢？或者说中国播音学的建构是否稳如泰山呢？中国播音学的建构是否有新的东西加入呢？孙良今天有一个非常重要的贡献，他提出了一个概念，就是"后张颂时代"。我同意这个说法。我们需要跟进，需要埋下头来建构。比如对史论这一块的研究，我们还是"跛腿"的。所以我感谢阎亮，他选择以中国播音主持高等教育史论作为毕业论文。目前做了一半，做得很辛苦。他说不想急急忙忙完成了事，想做得扎实一些，所以申请了延毕。我同意了，我觉得这也是一个严谨的态度。

第三点，可持续的知识产出。人文学科有时候就是业界倒逼着我们去做一些研究，因为本来我们也是为一线服务的一个专业。所以我们可持续的知识产出这些年，有，但零零星星的，不成系统。所以博士生们要加油啊。

第四点，稳定的资源获取。我觉得这一点对于我们这个学科来说其实有着得天独厚的条件。比如说我们研究的对象永远都很丰富。过去是传统媒体的、是政府或者是政治赋权的播音员和主持人，现在技术赋权，人人都是记者，人人都是播音员，人人都可以做语言表达。所以我们的研究对象、研究渠道是稳定的。但资源稳定，研究成果却不大稳定。

另外从学科建设来说，我同意这样的观点，那就是应该有三个力：第一定力，第二合力，第三动力。

先说定力。一个学科的发展是一个循序渐进和逐步积累的过程，这个毫无疑问。新闻学从过去新闻无学到现在响当当成为"双一流"，也是一个循序渐进的过程。这个当中需要什么呢？我觉得是集聚学者的智慧，形成一定的合力。新闻学和传播学这些年产生了这么多大咖，他们努力地耕耘，努力地发声，这恰恰是我们所欠缺的。不过，这种情形开始有了好转。从去年至今，参加了几个学术研讨会、专业教育的研讨会，我觉得我们学科的文化氛围不错，大家都有很多的想法，都希望这个学科繁荣发展，强大起来。比如说峻岭广外（广东外语外贸大学）那儿召开的研讨会，比如说高贵武老师那儿召开的"主持传播论坛"，大家都非常踊跃，兴致勃勃。

我想聚焦一下，我们如何在"播博汇""时代之音"里，尽我们的能力做到定力、合力、动力呢？

定力一定是来自学术自信。我们这次的播博汇间隔了五个月。这五个月其实我是很期待的。尽管很忙，可是我依旧很期待，为什么？因为你们！我期待的就是每位智慧的闪光。现在我感觉到你们越来越成熟，所以我说希望寄托在你们身上。我也希望后来者，不管是今年来的博士，明年来的博士，我希望这个团队越来越强大，希望各位都要有使命和责任的担当。所以我们接下来是不是还要有更细致的一些规划？

合力是什么？人员以及各个方面的人才培养要有协调，要打组合拳。在我们这里，既有博士生的"播博汇"，也有硕士生的"时代之音"，有分别，但更提倡相互融合、共同参与。今天到场的四位硕士生，相信今天晚上会睡不着觉。夏帅刚才就说了"我都跟不上了"。跟不上，就说明你们还有提升的空间。

不过，硕士生也有他们的优势，比如说他们的执行力，他们的动手能力，另外他们眼观六路、耳听八方的能力，等等。我想，我们可以有一些组合拳，可以建立一个公号，尽我们自己所能去发声。硕士生的"时代之音"做了四期，做得很好，也可以发在公号上啊。我们可以开设不同的板块：学术的文章、播博汇综述、时代之音，包括一些历史的、经典的音视频的资料，等等。

最后一个是动力。我觉得学科发展的力量需要一种激励的机制。来自于自我内心的激励，信念的激励，来自于物质上的激励，来自于他人的激励等等。我们都要努力去获取。

总之，如果从这三个力的角度去建构我们的团体，是不是可能更有目标、更有程序？

我特别希望团队成员的每一个人都成为火种，撒出去，大家共同把播音主持学科的火点燃起来、燃旺起来。你们还年轻，以后也要带硕士、博士，你们就是一代一代传承的力量。大家一起为学科的建设培根填土，让学科的天空多一些"播音蓝"。希望寄托在你们的身上！

赖冬阳：

我特别感动！听得入神了。

听了曾老师说的话，我想到一首歌，叫《绿叶对根的情意》。不过，今天在这儿我不想煽情，而是觉得"播博汇"能够一步一步走到今天，最重要的是曾老师的重视。其实这一次本来是有点仓促的，但是曾老师说一定要做。

另外，今天孙良和李峻岭进行了博士论文预答辩。他们从千里之外、百里之外来到北京。所以，我们一定要好好珍惜这个场景，珍惜今晚一起度过的这紧张而激烈的三小时。

"播博汇"的口号是"专业创新，高扬学术"，每一次播博汇都在践行这八个字。

让我们用掌声来为播博汇加油！

接下来我宣布本期播博汇圆满结束！

轮值学者述评

播音学科的发展从来都与我国广播电视事业的发展息息相关。2018年4月9日，新组建的中央广播电视总台正式挂牌，意味着我国媒体融合跨入新的历史阶段。就在同一天，"播博汇"在中国传媒大学播音主持艺术学院会议室举行。与三台合并的历史性时间相比，几位博士生在导师带领下进行的一次例行学术研讨算不得大事件，但对于年轻的中国播音学来说，这次研讨所关注的命题却非常重要，这就是——"双一流"背景下播音学科的反思与重建。

在笔者看来，这次研讨最重要的价值就是把播音学科的发展放置在"双一流"建设的大背景下进行审视。党的十九大报告中明确指出"要加快一流高校和一流学科的建设"，这意味着在今后相当长的一个阶段中，"双一流"建设将成为中国高等教育发展的主旋律。如果说，在此之前播音学科一些固有的问题尚未得到解决——如学科定位不够清晰、缺少学术发表阵地等问题——已经对学科的发展产生了一定困扰的话，那么在全国高校争创双一流的背景下，在以量化生产指标作为判断学科价值的评价风向中，播音学科学术存量匮乏、缺少学术增量生长点等问题愈发凸显。在某些高校中，这些问题正在导致播音学科的日益边缘化，甚至直接面临出局的窘境。由这些问题引发，播音学科的发展是否应该匹配甚至引领业界的发展方向？如何厘清播音学科、播音专业、播音课程三者之间的关系，播音学科的元问题、元概念和元理论是什么？能否借鉴其他学校、其他专业的发展路径为播音学科的发展提供思路等一系列问题也引起了到会师生的关注与讨论。当然，就一次三个小时的学术研讨来说，很难对前面这些问题一一给出圆满的答案，但是从某种意义上来说，问题的提出本身就具有不可替代的价值，因为它为我们今后的思考与探索指出了方向。

与以往几期"播博汇"相比,这期的讨论格外激烈,每一位参与讨论的师生都表现出极大的参与激情。不论是冷峻的反思,还是热情的呼唤,不论是深思熟虑后的解说,还是灵机一动的回应,甚至是唇枪舌剑的争执,都体现出"播博汇"参与者们对学科的责任与热爱。在最后的总结中,"播博汇"学术顾问曾志华教授指出,一个学科的独立有这样几个标准:不可替代的研究领域和方向;标志性的研究成果;持续的知识产出;稳定的资源获取等。从这几项标准来看,播音学科都已经初步具备,接下来,就是要稳住定力,聚集合力,激发动力,尽快尽早让播音学科走向快速发展的轨道。

三、国家话语公共表达研究（现状与创新空间）

——"播博汇"2018 年 5 月 31 日

轮值学者：

赖冬阳（中国传媒大学中国播音学 2015 级博士生，新华社记者、主持人）

主持人：

李峻岭（中国传媒大学中国播音学 2015 级博士生、广东外语外贸大学播音主持系主任）

观察学者：

王文（中国人民大学重阳金融研究院执行院长）

白云峰（国能中电能源集团董事长、盘古智库学术委员会副主任）

沙晨（中央广播电视总台《东方时空》《24 小时》主持人）

张春雨（中国人民大学外交学博士生）

参会学者：（按姓氏拼音顺序）

丛冠月（中国传媒大学播音系 2017 级硕士生）

方佳康（燕京理工大学教师）

郭瑞佳（中国传媒大学新闻出版专业博士生）

胡子豪（中国传媒大学播音系 2015 级硕士生）

纪懋雷（中国传媒大学播音系 2017 级硕士生）

孔亮（中国传媒大学中国播音学 2017 级博士生、原上海人民广播电台新闻播音员、主持人）

李斌（中国传媒大学中国播音学 2018 级博士生、浙江传媒学院教师）

刘超（中国传媒大学中国播音学 2016 级博士生、浙江传媒学院教师）

李真（中国传媒大学世界华语传媒 2017 级博士生）

孙良（中国传媒大学中国播音学 2013 级博士生、山东师范大学播音主持艺术系副主任）

许成龙（中国传媒大学播音系 2016 级硕士生）

阎亮（中国传媒大学中国播音学 2015 级博士、中国传媒大学教师）

翟慧慧（中国传媒大学中国播音学 2016 级博士生）

朱瑞（中国传媒大学中国播音学 2015 级博士生）

总评专家：

曾志华（中国传媒大学播音主持艺术学院教授、博士研究生导师）

"播博汇"现场实录

主持人李峻岭简要介绍了议题和嘉宾，拉开了本期播博汇的序幕……

轮值学者阐述

赖冬阳：

公共表达就是表达主体在公共空间针对关涉公共利益的公共话题，以有声语言和副语言为载体，对接受主体进行传播与互动，从而引发接受主体认知、情感、态度和行动的改变的一种传播活动。从学科研究创新维度观照，公共表达的研究是学科研究的外延再扩大、内涵再加深、价值再发现、本质再回归。

公共表达在全球治理、国家治理、组织管理、个人成长与发展管理四个维度上具有广泛的普及应用性，体现着公共表达的四维效力；学界研究者要通过对这一领域的研究，为在全球治理维度上提升国际话语权、增强国家软实力，在国家治理维度上提升行政效率、构建政府良好形象，在组织管理维度上促进高效良性沟通、提升组织管理效力而努力。

但也应该看到，国家话语公共表达中存在观念欠创新、理念未启蒙、方法不科学、质效不高等问题，应通过学术研究与实践指导，身体力行做好诸如盲点提示、观念启蒙、体系构建、实操指导、效果评估等工作；在国家话语体系和话语能力现代化建设的大背景下观照播音学科新课题，既是学术研究格局的创新尝试，又是回应时代需求、经世致用的新探索。

观察学者发言

王文：

我曾经在《人民日报》和《环球时报》一共工作了8年，也关注了很多国家话语的案例并且亲身参与和经历过有关公共表达的过程。

首先，我们来探讨一下什么叫国家话语？我们能不能把题目限于"官方话语"？这样研究的过程就更有指向性了。其次，来探讨一下"话语"。其实话语包含很多层面，比如文字、画面、声音、综合形象、肢体语言等都可以称之为话语，但我想播音学科研究的"话语"主要内容还应该是"演说"。再次，就是"公共"，我想可不可以把这个词换为"公开"，让研究更有针对性；最后，"表达"的内容实则很多，表达不仅包含演讲，它其实还包括公益、公共外交等等。所以结合这四个方面，我建议可否把题目改为"官方演说的公开传播"，这或许可以让我们的研究范围更加具体。

另外，我认为各行各业公共表达力确实需要提升，也确实存在一些问题。我认为有以下几个原因：历史原因、社会原因、文化原因、教育原因等。比如在小范围传播和数量较多的众人传播过程中，人的表达往往会发生变化，这就是社会原因；再如，中国人的文化里经常会区分"公开、私下"等微妙的变化，这或多或少影响着人们的公共表达；教育方面，我们对于公共礼仪、公共素质的教育程度还不够合理，不够开放，比如很多小学生从来没有接触过有关公共表达的课程，或者教育内容上的安排还不够科学合理。

最后，我想我们应该务实、创新。对于中国未来的公共表达应该如何提升，我有以下建议：一是从学科的角度讲，播音系应有更加外延的研究，播音的研究应该上升到公共传播甚至是国家战略传播的层面；二是要提升社会公共表达的普及性教育，在时代发展过程中我们要强调基础教育及公共表达教育等；第三要进一步开放表达的限制性语境。

我曾经向央视一位主播请教过这样一个问题，我问她："什么才是好的表达？"她回答道："好的表达就是让人听得懂。"这句话对于我们探讨公共表达，不是很有启示吗？

白云峰：

首先我还是想探讨，究竟什么人能够参与公共表达？我认为是具有公共权力的人，比如公共人物、政治人物、企业家、明星，当然也包括一些普通大众，比如当他们参加论坛或节目录制，有媒体的参与时，就进入了公共表达。

接下来，我认为我们现在的公共表达实际上是效果不好的，或呈现负向的效果。我们不难看到这样的现象：我们眼中的中国和外国人眼中的中国是不一样的，外国人到中国以后发现的中国和他们在当地媒体看到的中国是不一样的。原因是什么？我们的国际传播能力要提升，国际传播力就是公共表达力，更多的是国家话语的公共表达。所以我认为，国家话语公共表达的研究很有价值，尤其在新形势下，媒体的传播形式已经发生变化，自媒体也可以发声，也可以作为公共表达的主体。这样的研究很有意义。

另外，我们要研究表达的话语体系。话语体系创新是一个大课题，话语能力提升与话语体系创新是相辅相成的，这些都是国家话语公共表达要深入研究的部分。我不提倡那些说教、批判、对抗式的语气。其实任何一种表达，只要是真诚的、善意的，即便你是有对抗内容的，我相信对方也会去理解你、去接受你，所以我觉得这也是一种非常重要的表达技巧。

再者，就是要体现表达的态度，尤其在中国国际影响力日益增强的背景下，态度的研究不容忽视。我们要怎样向世界说话，我们要如何传达中国的声音，如何让国际社会认识到一个善意的、真诚的中国，这些问题都值得我们思考。

最后我想说，这是应用型的研究，所以我提议聚焦到实操性的建言上，给大众提供一些工具，为政治家、官员、企业家、自媒体人和普通大众等提供有效的方法，不仅提供表达的框架和方式、还要研究表达的态度，表达的内容和思维逻辑等方面。

沙晨：

我们首先需要明确一下国家话语公共表达的根本任务是什么。从我的个人经历来看，不管国家话语表达的主体是谁，根本任务应该是国家利益最大化。如果再聚焦一些，是需要通过媒体的公共表达去维护国家利益，我认为我们研究这个课题就需要做供给侧的改革，要探讨通过什么样的方式来追求国家利益的最大化。

公共表达，我认为包含两个层次，一个是意识，一个是技巧。先来说意识，你要说给谁听，你想要传达的信息是什么，你希望接收者的听后感（观后感）是什么？这些都是你事先要明确的，这是你的意识。而在意识指导下，那就到了技巧层面。还有一点很重要，每个人需要衡量你在公共表达场域当中所处的位置。作为传播者，身份位置确定了，接下来再去思考说什么样的话。

国家话语公共表达存在需要提质增效的现状，我想是因为"正门"传播的缺位以及"偏门"传播的越位，所以创新很重要。而要提升国家话语公共表达力，应进行多维构建，从"道、法、术、器"层面全面创新和优化。

张春雨：

国家话语的公共表达是一个多维视角下的研究课题，具有融通各学科的特征，要从国际政治、国际关系、外交、军事、国际贸易、跨文化交流等多个学科视角进行统合观照，同时又牢牢抓住自身表达学科的立足点，这样才能产出有价值、有新意的新成果。在对外的国家话语公共表达中，要契合新时代大国外交的新定位、新风格，协调一致、同频共振，才能有所作为，进而大有可为。

参会学者质询

李斌：

提问赖冬阳。你认为当前公共表达有哪些突出问题，播音学科研究国家话语公共表达有哪些时代意义？

赖冬阳：

时光倒转到 70 多年前，延安新华广播电台的第一个声音响起，播音员、主持人的话语基因正是国家话语。中国播音学创立后的几十年间，播音学科除了研究国家媒体的声音，还研究各个层面，比如网红的话语特征、公共表达个体的话语权以及各类主持人的话语表达。可以说，这个生态已经是蔚为大观。在这个认知争鸣的背景下，我认为只有牢牢抓住"国家话语"这样的本质基因，再一次宣示出国家话语的本质特征，就是价值再回归，才能在学科发展的过程中站稳脚跟。

孙良：

国家话语公共表达是否存在非公共的形式？

赖冬阳：

在传播学里有组织传播还有公共传播。在组织传播里就不能算是公共表达了。公共表达需要几个要素：公共空间、公共话题、公共利益。所以说，国家话语存在着非公共的形式，比如组织传播，比如政治局的闭门例会、组织内下达文件，或者公务系统内的会议等，这些都是非公共表达的形式。非公共表达不在我们研究的范围里。

孔亮：

提问赖冬阳。你提出我国国家话语表达主体，比如政府官员的发言和报告，需要提质增效。也就是说，质量不够高，效力与效率不够。我想问，是否应该考虑到文化和制度上的因素呢？

赖冬阳：

文化与制度方面固然有各自的特性，但国家话语公共表达上也有大家都要遵循的科学规律，科学规律无国界。就像牛顿万有引力不管是在中国还是在美国，不管是社会主义国家还是资本主义国家，都会是一样的。公共表达也有很多共性的科学规律。比如，不管是哪一国，哪一位官员，只要进行公共表达，就要有效率，就要取得效力，就要沟通表达主体与接收主体双向的情感、信息、态度等。我们在讨论文化与制度的差异的时候，不能仅仅只是认可差异性，而不深究哪些差异性是要去改变的，哪些差异性是应该尊重的。一方面，存在即合理；另一方面，存在也有不合理。我认为，在国家话语公共表达的过程中，我们要做到提质增效，一些不合理的部分，要大胆摒弃。

朱瑞：

公共表达的研究对象是谁，国家话语的公共表达是指国家领导人代表国家发言，还是包括个体的公共表达？

赖冬阳：

在全球化的时代，在国际交往的背景下，每个人都代表着国家形象，每个人都有机会进行"国家话语公共表达"。国家话语公共表达的主体，有政府政党等官方主体、也有民间主体，还有非官方的企业、学术交流、民间外交、文化艺术交流等各方主体。所以国家话语公共表达的主体是多元的，不应仅仅理解为字面上的整个国家话语，那仅仅是官方话语而已，只是一部分。对于那些在国际交往中有着中国公民身份、有影响力的名流，他们的表达也是国家话语的一分子。原因是，国家话语公共表达的主体的确认，不仅仅是职务赋权、身份赋权，还有关系赋权。所谓关系赋权，就是你的中国身份，你在国际交往的大背景下，你的祖国与你的表达场景所在国的关系，这些就赋予了你国家话语公共表达的一种状态。

李真：

刚刚的讨论对于公共空间的表达效果概念的界定不是很清楚。我们知道舆论有传播力、引导力、影响力和公信力，这种影响大众的传播过程，它的效果是好还是不好，如何界定？

赖冬阳：

我个人认为，四力中的每一个力都不能忽视，虽然各有侧重，但是不能偏废，只有这样的传播才是有效率、有效力、有美誉度的。传播力是一个考虑因素，但是影响是好还是坏，公信力的树立是是积极的还是消极的？这些因素综合起来才能判断一个公共表达是成功的还是失败的，是优质的还是劣质的。

自由发言

郭瑞佳：

中韩大学生对于彼此形象做了一个问卷调查。调查显示，通过官方媒体、娱乐媒体通道去了解中国的韩国大学生，对于中国的评价是负面的，而通过网络媒体了解中国的韩国大学生对于中国形象的评价是比较正面的。尽管中国和韩国很近，但是很多韩国人了解的中国和实际上的中国是完全不一样的。反观韩国的国家营销就非常值得我们学习，他们把韩国的文化通过音乐、电视节目等多种渠道进行宣传。我认为，当前传播的媒体如此多元化，不仅要求我们的官方媒体要提升公共表达能力，还需要提升全民的媒介素养。

李峻岭：

我发现《人民日报》公众号的小编有一段时间，留言回复的风格突变，变得很活泼、很活跃，尺度口径也和过去不一样。我在这儿想提出一个问题，到底是谁在代表《人民日报》进行话语表达？所以，我们应该这样思考，公共话语的表达不仅是官媒做的事情，还关系到私媒，每个人都有机会参与其中的建构。

朱瑞：

传播效果上仍然存在"声音比较小""有理说不出""说了传不开""传了叫不响"这样的话语表达困境。不是我们的需求没有了，而是需求转移了。"正门"传播缺位，"偏门"传播越位。很多新媒体为了博眼球、赚流量，不是为了人民，而是为了人民币。如何让官方的话语和民间的话语相融，如何让政治话语和民间话语相符，如何让感性话语和理性话语相通，如何让内宣和外宣相应，怎么从表达方式上创新，这些是我们应该深入思考的问题。

孙良：

国家话语是一个综合而多层次的话语，跟表达主体有关系，国家话语不仅仅只是官方话语，还有国际传播中的民间话语、公共外交话语、全球学术交流中中国学者的话语、全球商业活动中的中国企业家话语、中国籍的雇员话语等。话语主体的多元化与多层次，是国家话语公共表达创新空间巨大的原因，也是创新必要性与压力的来源。

41

专家总评

曾志华：

今天的"播博汇"有新气象：论坛邀请了跨校、跨专业、跨领域的专家作为特约观察员，令我们耳目一新，并为我们打开了多扇窗户，非常享受，要感谢各位专家。

首先，我要说这个题目。"国家话语公共表达研究"是一个非常好的题目，它把时代命题和专业学科紧密结合在了一起。"国家话语＋公共表达"，一个是场景，一个是待研讨、待确定的词语概念，但是国家话语的需求在目前是史无前例的。随着国力的增强以及中国国际形象的不断提升，这个课题的研究是非常有必要的。一下午的讨论，大多是提出问题，指出问题，在解决问题上我们尚未能完全聚焦。但一如前人所言，有时候"提出问题比解决问题更重要"，尤其在学术研究上。另外，几个小时热烈、激烈的争辩，也正体现了"播博汇"的特色——鼓励创新、鼓励争鸣，更重要的是实现争鸣、呈现争鸣，这才是学术研究的好状态！从这个角度而言，今天这场播博汇到达了一个高度。

第二，轮值学者赖冬阳在刚才的阐述中提到当前国家话语公共表达有模糊、低效、质量有待优化等问题，确实存在。但是我们也要看到进步，看到中国的一些变化。国家话语是一个时代命题，把这个论题放到政治传播的视域下来看，从政治宣传到政治沟通再到政治营销都在使用着国家话语，进行着公共表达。在国外，领导人的公共表达更多的是政治营销的手段和形式。当然，从政治沟通到政治营销，还有很长的路要走。如果从营销的角度来说，要了解用户的心理，用户的习惯，要清楚你面对的是什么样的用户群体。

第三，公共是一个语境，表达是我们主要研究的落点。去年我听中央电视台评论员杨禹的一堂课，他说"怎么说"比"说什么"对于目前的中国舆论场来说更为重要。因为"怎么说"是一把钥匙，接受主体的认知、态度、情感等可以视为一把锁，只有知道"怎么说"才能更好地打开那把锁。我们过去一直觉得"说什么"很重要，可是现在"怎么说"有时候可能更重要，因为它关乎到用户、关乎到我们的语言样态。语言样态当中，最重要的是文本结构，文本结构不同，表达自然不同。

说到表达技巧，似乎有必要再次说明一下，播音主持学院教的不仅仅是普通话语音，不仅仅是用气发声、吐字归音，我们还研究话语策略、表达方式，技巧实际上就是一种工具。

我认为，国家话语公共表达，最后要达到的传播效果应该就是国家形象的构建。国家形象又关乎到硬实力与软实力、精神制度行为等方面。为什么会出现刚才一位研讨学者所说的，中韩的留学生会对彼此的国家形象有这么大的差别？我想，那是因为我们的国家话语公共表达还存在错位、偏位或者缺位的情况，所以我们今天的选题很有现实意义，我们今天的学术探讨与争鸣也很有价值。

李峻岭：

感谢各位与会学者的精彩发言，为本期"播博汇"划上了圆满的逗号。

之所以说圆满的逗号是因为本场"播博汇"精彩、激烈，有气氛、有干货、有担当，大家在学术与思想的旷野上酣畅淋漓地赛了一场；圆满的逗号也是因为本场"播博汇"播下了更多学术思考的火种，这些思考的火种，要留待各位学者会后继续去思考、去研究、去争鸣。

轮值学者述评

全球治理，离不开它。

每年新年来临之际，世界各国元首通过电视讲话，发表新年贺词；

联合国大会上，中国国家元首的演讲获得广泛认同；

瑞士达沃斯年会上，各国政要和来自商界、学术界的重要嘉宾发言、探讨、辩论；

一带一路国际合作高峰论坛、G20 峰会、APEC 工商领导人峰会、上合组织峰会、中非合作论坛，各国政要一一登场，发出全球治理的多元方案。

国家治理，离不了它。

一年一度的"两会"，部长通道、代表委员通道上，部长和代表委员接受中外媒体的群访，社会热点、民生痛点、治理难点问题，一一回应；

每周，国务院新闻办公室例行新闻发布会上，外交部、商务部等各大部委的新闻发言人，履职新闻发布。

经济建设，更需要它。

企业文化要传播、产品品牌要营销、公共关系要优化，从乔布斯到马云、柳传志、任正非，不管是企业领导人、创业者还是公司高管，都需要在媒体里、论坛上阐述发言和演讲。

以上场合，是国家、社会、国际多维交融的公共空间。

以上诸人，都是公共空间里的传播者。

综观以上事例，是超越了"口语"表象层面的"公共表达"。不管是传播主体、接受主体还是传播内容、场景、工具和渠道，都指向一个更为核心的特征，那就是"公共性"。如果说"口语"是人人皆可观察到的一种表象的话，那公共性是更为抽象，更为接近本质特征的概念。

让我们把观察的空间视域拓展开来。从全球维度观之，国际间政经关系的博弈互动，意识形态和文化的渗透或交融，各个参与主体要遵从公共性原则，受这个层级的公共性的约束；从一个国家维度观之，内政外交、治国理政，是在国家与社会、政府与民众等各主体之间进行协调以寻求到最大公约数的过程。不管是国家战略传播、国内的政府传播还是企业传播，公共性表现为基于公共空间、针对公共议题、关涉公共利益；公共表达就是表达主体基于公共空间，针对关涉公共利益的公共话题，以有声语言和副语言为载体，对接受主体进行传播与互动，从而引发接受主体观念认知、情感态度和行为变化的传播活动。

让我们把观察的时间纵线拉深。纵观中国播音学的研究，有两个限定边界：一是研究对象的边界，主要研究对象更多集中在播音员、主持人、评论员等职业从业者，对于职业从业者之外的研究较少涉及；二是把传播活动划在广播、电视等媒体渠道范围内。

与之相对应，公共表达是对这两个限定边界的拓展：一是把研究对象范围扩展到一切从事重要的公共传播职能的传播主体，把国家领导人、政府领导干部、央企国企负责人、企业家、新闻发言人等群体顺理成章地、合理地纳入研究的领域，在研究群体上进行了拓展；二是引入了公共空间的概念，把广播、电视的渠道层级进行扩展，不但涵盖了广播电视、互联网等渠道，也把现场讲话、发言、演讲等物理线下空间场景也纳入其中，实现了空间的扩展。

纵观我国的播音事业，从延安窑洞到开国大典的天安门广场，从中央人民广播电台的《新闻和报纸摘要》到中央电视台的《新闻联播》，从新华广播的蹒跚起步，到新时代的报、网、微、端、屏的全程媒体、全息媒体、全员媒体、全效媒体的融媒体事业，中国播音事业在讲好中国故事、传播中国声音、传播正能量方面功勋卓著。那是因为中国播音事业一直履行着自身的一个核心职能——传播国家话语。中国播音学培养声形俱佳、大气亲和的人才，塑造"堂堂正正、黄钟大吕"般的中国声音，国家话语是中国播音学的基因。

在中国从未如此走近世界舞台中央的新时代，在国家谋富强、民族谋复兴、人民谋幸福的征程里，不管传播格局如何演进、传播方式如何改变、传播手段如何迭代、话语风格如何多元，中国播音事业一直并将继续忠实履行着自己的使命——国家话语公共表达。

四、"专业"如何专业？
——新时代再议播音主持艺术的专业标准

——"播博汇"2018 年 10 月 15 日

轮值学者：

李斌（中国传媒大学中国播音学 2018 级博士生、浙江传媒学院教师）

主持人：

孔亮（中国传媒大学中国播音学 2017 级博士生、原上海人民广播电台新闻播音员、主持人）

观察学者：

王明军（中国传媒大学播音主持艺术学院副教授、硕士生导师）

参会学者：（按姓氏拼音顺序）

赖冬阳（中国传媒大学中国播音学 2015 级博士生，新华社记者、主持人）

李真（中国传媒大学世界华语传媒 2017 级博士生）

刘超（中国传媒大学中国播音学 2016 级博士生、浙江传媒学院教师）

谭菲依（山东师范大学新闻与传媒学院教师）

阎亮（中国传媒大学中国播音学 2015 级博士、中国传媒大学教师）

杨颖慧（中国传媒大学中国播音学 2018 级博士生、辽宁电视台节目主持人）

总评专家：

曾志华（中国传媒大学播音主持艺术学院教授、博士研究生导师）

主持人孔亮简要介绍了议题和嘉宾，拉开了本期播博汇的序幕……

轮值学者阐述

李斌：

我们先来关注这样一些现象：博士夫妻用"公式法"来挑战传统相声；某研究员在微信群组里公然抨击和贬损播音主持艺术专业；另外，蜻蜓 FM 推出"天声计划"主播大赛，连续两届冠军都不是播音主持专业科班出身。当然，非科班出身不是说不具备专业标准，然而"非科班出身"拿冠军，应该引起我们的反思……面对以上，作为播音主持专业的教师，我会思考这样一些问题：

一、为什么经常能听到质疑甚至贬损播音专业的声音？

二、播音主持艺术专业的标准究竟是什么？

三、新时代播音主持艺术专业标准应该体现在哪些方面？

四、当遇到质疑和贬损时，我们应该作何姿态，发出怎样的声音？

我认为，造成当下播音主持专业被诟病和质疑的原因主要在于以下几个方面：第一，媒介生态发生改变，传授关系升级换代，受众从被动接受到主动传播，人人皆可发出自己的声音和观点；第二，相对音乐、美术等艺术专业，播音主持专业入门的门槛更低，全国高校大量开设相关专业，造成人才市场泛滥；第三，主持人的专业门槛被逐渐打破，无论是"跨界主持"，还是"网络主播"，包括平民狂欢的"短视频创作"等，使得主持人队伍良莠不齐，素质堪忧。因此，我们的专业难免受到诟病和质疑。

关于"播音标准"，我们可以先来回顾一下张颂老师二十年前提出的五个方面的播音标准，分别是无差错标准、明晰性标准、真诚性标准、适应性标准、审美性标准。那么二十年后，这些标准是否应该发生变化呢，我认为答案是否定的。二十年后，这些标准更具深刻性，更具现实意义。那么，新时期我们应该如何体现播音标准呢？我认为有以下几个方面：一是技能标准亟需加强，业务扎实，一专多能；二是审美标准亟需提高，把握导向，健康向上；三是适应标准亟需调整，紧跟时代，开拓创新。

的确，播音主持艺术专业在不断发展的过程中遇到了危机与挑战，我们应该提出具体的对策。首先，新时代播音主持人才要以"加强专业能力"为引擎，通过"声音""形象""表达""思维""内涵"五个维度，全面打造播音主持专业坚强堡垒；其次，新时代播音主持人才培养要大胆变革，积极创新，以"能力基础—素质素养—实践发展"梯度式培养满足市场及时代需求；再次，播音主持学科建设需要在反思中厚积薄发，在质疑中不断成长，博采众长，方能根深叶沃。

自由发言

孔亮：

咱们今天议题的引子叫"专业"如何专业？第一个"专业"是咱们学的这个专业，第二个"专业"是怎么达到标准的意思，也就是专业性的问题。

什么标准？是衡量培养学生的标准？还是衡量培养播音员、主持人的标准？可能有人认为这是一回事，因为我们叫"播音与主持艺术专业"，我们这个专业的学生，当然我是指有条件的情况下，（专业）对口去做播音员、主持人是再正常不过了。但这么强或这么明显的职业导向会不会给一些学生带来困扰，尤其是自身条件没那么出色的学生。新闻专业没有叫记者专业，中文专业没有叫作家专业。我们的教育中有没有一些更基础的东西是可以教给学生让他能更好地面对在日后可能会出现的人生逆境中如何与自己相处的问题，艺术不该是这样的吗？如果把有声语言作为一种艺术的话。

还是回到"专业性"上。我理解的"专业性"是用来衡量播音员、主持人这个职业群体的，而不是播音专业的学生。因此，这也就很好理解越来越多所谓"非科班"出身的人做着播音主持工作，还做得很好，因为他们达到了这个专业标准，无论他们是通过什么方式方法补齐了播音基础这一课。更重要的是，他们能捕捉后真相时代的情绪，给出评论、观点、态度；他们能用技术思维去实现播音员、主持人这一角色在节目中的迭代，他们就能做到很多我们做不到的。这是我们必须要承认的我们的专业性容易遭到贬损的原因之一。

阎亮：

播音主持这个名称的职业性更强，它的专业性确实没有职业性强。为什么我们的学生对学这个专业的"技术"这么在意，因为他们认为这是个职业，就像蓝翔技校学的是挖掘机，人家没说学的是机械工程或者自动化，因为机械工程、自动化是大学里专业的名字，他学的职业就是挖掘机。我们的播音主持会不会是太多强调了职业属性？

现在中国传媒大学做了一个很大的改变，增加通识课的比重，进一步减少专业课的权重，但是学生有点接受不了。因为他们觉得来到广院应该是想象中那样一周上五个半天的专业课，而现在还要再压缩，说明高校的教育只是高等教育的一个开端，只是刚开始而已，仍然在打基础。

学理工科的大一都要学高数、大学物理，因为必须要打好这些基础，这些就是所学专业中最需要的基础内容知识。但是我们的专业从一年级开始学的都是吐字发声等技能性的内容，包括情感调动、语言表达等，这些都是围绕着职业需要的技术而存在的。我们作为专业教师，有时候也对这些概念理解得很模糊。

今天专业被质疑，还因为专业门槛的降低。有大量的非专业人士开始从事我们这个职业，并且使用我们的职业名称，比如主播、主持人。他们认为我们的专业标准是故弄玄虚，认为可以说话、说的话大家能听懂就足够了。这样的从业现状抢了这个职业以前拥有的光环，拉低了专业门槛。

赖冬阳：

对于如何认知我们这个专业的专业性问题，首先我想说的是播音主持这个专业很直观。有句话叫"名不正则言不顺，言不顺则行不端"，当我们不再去审视这个名称的真正内涵和所指的时候，我们很多的创新和探索都有可能是盲目的。

另一个观点是，用这样一个直观的专业作为专业名称是不明智的。我们在探寻播音主持专业的真正内涵时，必须对这个名称有更深化的概括，这个概括必须直指它的本质。"有声语言传播"可能是比"播音主持"更深化的一个概括，这个概括涵盖了三个"再"：

第一个"再"，是内涵的再深化。如果仅仅把播音主持专业理解为一项工种是不能涵盖内涵的，内涵的不足会造成技术变化时受众觉得不需要播音员、主持人。

第二个"再"，是外延的再扩展。外延的再扩展包含两个方面。第一方面，场景的再扩展。除了在主播台、话筒前创作之外，还有太多场景可以扩展，比如新闻发言人的发言，评论员的评论，企业家的公共关系处理等。第二方面，群体的再扩展。这个群体不仅指播音员、主持人本身，各种不同行业的人都需要进行有声语言的公共表达。切入这个场景，扩展这个外延，当电视式微的时候我们也不会与其一起沉沦，别人也不会拿某几个播音员、主持人的表现去质疑整个专业了，所以说外延的再扩展很有必要。

第三个"再"，是对专业的再认知。我想说适应性很好，但我们不仅要去适应媒介环境的变化，还要有更高的专业格局，要主动地构建专业形象。

李真：

第一，我认为这个专业标准不应变，而是应该加强。这是"接着说"理论，就是尊重成果发展规则，在最终成果的基础上，继续根据时代背景来发展规则。

第二，今天的主题是"新时代再议播音主持专业的标准"，那么应该先界定"新时代"，再界定"播音主持"，然后才可以推出以下的结论。我认为这个新时代的内涵和外延应该再进一步加强。

第三，现在是一个时间消费空间，直播、网红让空间变成了一个地球村的时代。所以在多元的人进入了互联网之后，从不同的维度之间互相补充，才能形成一个无影灯。所以，不排斥平民化，符合大趋势，不与市场脱节，这样才可以更加适应市场的发展。

回到原点，应该是从一元向多元发展，这样才可以依据这个理论上的"接着说"，把我们的专业不断扩展。研究问题一定要结合背景，所以我认为"不应变"。专业的路应该是越走越宽，而不应该局限和变小，应该在时代背景下"接着说"。

刘超：

第一，我不太同意这个平民化。我们的内容可以说是平民的内容，但如果说我们的专业平民化，那必然会导致被轻视。

被轻视的原因往往是评价的人高看了自己，才会轻视别人，把自己位置提高的原因是我们自己的位置反馈比较低。

第二，诋毁的原因往往是把自己作为标准。当以自己为标准的时候，就会诋毁别人，我们的专业也是一样。相信我们听到李易老师的声音的时候，没有人会诋毁这个专业；我们听到乔榛老师配音的时候，没有人会诋毁他们，因为他们在追求一种崇高的技艺。

从美学的角度来说，如果我们一味迎合市场，一味平民化，所有人都能做这个专业的时候，这个专业当然会被轻视。如果你追求的是一种艺术的、精英的、高超的、非经专业训练无法达到的技巧，那我相信不会有人诋毁，因为普通人离它太远。

谭菲依：

我觉得应当从时代背景和当下的传媒环境出发来讨论播音主持专业的专业性问题。题目中的"新时代"应该是当下的新媒体时代、融媒体时代或者叫全媒体时代。

关于专业性的问题，播音主持专业从业者的工作本质是传播者。关于传播样态，不能只站在传播者的角度去思考"我该怎么去传播"，而应站在受众的角度去判断。在这样的时代背景下，受众期待看到一种什么样的样态？我们是否合适？事实上这种受众期待的样态已经改变，或者说已经形成。

在新媒体时代到来之前，播音员、主持人的职业身份非常神秘，但现在媒体环境发生了变化，那层神秘的职业面纱被揭掉了，人人都可以是主播。在这样的背景下，我觉得不是大家在质疑这个专业，而是大家对这样的职业身份的认定弱化了。以前受众更加关注的是播音员和主持人的职业身份，而现在更多关注的是播音员和主持人背后的那个"人"。媒介壁垒打通了，失去了职业原有的神秘感，单靠职业身份去吸引受众变得很难。

张颂老师二十年前提出的专业标准是对专业的规律性总结，放在当下依然可行，只是在这个媒介环境日新月异的背景下，我们是否应该考虑赋予这些二十年前的标准一些新的含义，而不是去质疑它的可行性。

观察学者发言

王明军：

所有贬损是指那个人专业的某个样子，而不是对专业本身。专业是指专门从事这个行业的能力或者是基本素养，那些被诟病的地方实际上是样子的不准确或是不恰当。张颂老师谈到适应性和审美性的标准，是说这项工作很大程度上是让人"听"的。传播从诞生那天起就和接受连接在一起，我们没有去考虑接受者的感受，而是把它割裂开来，好像割裂开就更专业一样，其实不是，细分以后是为了回去。我们组装零件是为了让车跑起来，不是为了变成组装专业。

关于门槛低的问题。门槛低是我们的特点，因为说话本身就没有门槛。门槛是建立在"跟人不同"的前提下的，所以我们应该把这两个参照系先分清楚。和说相声一样，郭德纲说"说相声它有特点，这个门槛是在屋里头"。我特别同意这个观点，因为说话推门都能进，但是你进来之后会发现有不同层级。

另外，不是这个专业混乱和被贬低、被矮化、被质疑的问题，是我们没有发声的问题。我们应该把人才培养定位明确，教育训练系统要特别有针对性地将这些事情弄清楚，不能抱残守缺。大学之道，在明明德，要使之彰显，这才是我们的意义所在。

说到"跨界"，"跨界"这个词本身就是偏见，或者叫做溢美，溢美来自偏见。所有人都有表达的权力，尤其是现在技术进步了，行使这种权力更加容易、方便。也许我们的播音专业以后都是成熟的工作者，来跟诸位一起探讨提高认识的问题、解决理念的问题、引领风潮的问题、建立范式的问题，这才是播音主持艺术学院的意义。

改变专业名称没有意义，专业本身就不是普世的，所以我们定位应该分不同层级，可以有培养基本技能的，提高技能的，还有培养国家标准、培养审美典范的。中国传媒大学的使命和义务应该在后者。

行业标准应该是什么？张颂老师讲的行业标准实际上是一个职业的标准，还是内涵非常广泛的标准，比如无差错标准、明晰性标准、真实性标准、适应性标准和审美性的标准。其中，适应性标准是对受众的考量和尊重，是指达到的程度和接受的程度；审美性的标准谈到的是共享的程度和共鸣愉悦的程度。张老师特别关注到了传者跟受者的互相关系，而不是"关起小楼成一统"。我们的标准是"忘"，是"无我"，是节目。好的主持人是幻化在节目当中的，大众传播也是这样，润物无声，整体和谐，幻化在里面才是标准的。

专业应该是什么？专业是应该给从事这个专业的人养成的习惯。比如听的习惯、记的习惯、用心的习惯、逻辑的习惯、结构的习惯、材料的习惯、组织的习惯等等，当然还有语言标准的习惯。然后在这个基础上给它赋予可以更好的从事的能力。

关于认清本质的问题，不要把本质玄化、神秘化或者说臆断化。现在专业被别人诟病的很大原因是专业标准不清晰，本身就半推半就、雾里看花。玄而又玄的东西不是给专业添彩，恰恰相反是给专业带来混乱。应该明确一个认识：这些专业术语是改正问题的方法，而不是普世要求的状态。

分门别类把事情想好，然后拿出典范、制定规则，再进行普世教育，让人人都入门，并且有高峰，我们专业永远不会被诟病。这才是真正的专业。

专家总评

曾志华：

这个题目中第一个"专业"指的是我们这个专业，第二个"专业"是专业的标准和专业性。刚才大家在讨论时边界已经外扩了，讨论的不仅仅是专业性，还有学科的发展。

提出这个题目的原因，一方面是现在的媒介生态现实，那就是"人人可以做主播"；另一方面也是缘事而发——从公共事件的角度来说，那一对说相声的博士夫妻成功了，他们成了热点，成为网红。但我实在不能同意一种艺术的创作要用公式作为出发点。艺术是人的艺术，即便现在是 VR、AR 时代，AI 时代。技术可以作为一种手段，但真正能够打动你的一定是人。

我们的专业性是否可以从三个方面来认知：

第一，专业基础。尤其对于硕士研究生、博士研究生来说，学科的来龙去脉、学科的框架要知道，这是专业基础。

第二，专业技能。这是指我们每天需要练的语音发声、基本技巧、类型表达等。类型表达里有时代性，不同的时代有不同的表达。

第三，专业认知。我认为这是从"有我"到"无我"的一个最为关键的点。

比如说宏观层面，对于我们这个专业，它在整个艺术门类当中的地位、功能，以及与其他艺术学科、艺术专业的关联，还有与时代的关联、社会的关联，与经济、文化的关联，等等，但最最重要的是和人的关联。

中观层面，比如类型化。某一类播音主持的类别、栏目的类型、节目的类型，应该如何表达？这是一种专业的衡量，比如音色、语音标准程度、对话的融入感等。要清楚主持人在这档节目当中的角色、定位以及与嘉宾的关系、与用户的关系、与创作空间的关系。

微观层面，比如专业技能相互之间的关联，要融会贯通，浑然天成。

专业认知非常重要，这是由匠人到大师或者说到一种自由境界的标准。王明军老师演播的《我不是潘金莲》，那就是一种"忘我"的境界，这种境界是他在专业认知上从宏观到中观再到微观的一种综合体现。

其实，"专业性"是一个复合词，它不仅仅是指具体的"内三外四"。我经常说，早晨练声的时候可以分步骤解决你用气发声吐字归音的问题，但在话筒前、镜头前创作的时候要想稿件内容，或者你想要表达的内容。所以我认为专业性是一个复合词。

另外，专业性既体现在我们向内的修为，也体现在我们向外的告知。我们要向外界告知我们的专业标准是什么，要让信息对称。人人都可以当主播，是互联网技术赋权的结果，是一件大好事。但是，大多数网友的话筒前创作表现出来的往往是一种随意、随性、随便的行为。所以，我想说，准入的门槛降低了，并不意味着艺术创作的手段也要削弱降低。进入到创作领域之后，就应该遵守艺术创作的规律，应该运用专业的创作手段。

最后想说的是，专业性并不是以"是否是播音主持专业毕业的"作为唯一的衡量标准。不管是做什么的，有没有学过这个专业，只要进入了这个门槛，运用了艺术创作的手段并且成功了，我们就应该为他鼓掌，就可以说他具有专业性，因为他达到了专业的标准。

但是我还要说，作为我们这个专业毕业的学生，是否更应该具备专业性呢？

轮值学者述评

本期播博汇的选题源自综艺节目《相声有新人》的一期节目。节目中博士夫妻自创"公式法"挑战传统相声，由此引发关于相声"专业标准"的热烈讨论。无独有偶，某调研员在微信群里公然抨击和贬损播音与主持艺术专业，认为该专业"无用"，甚至用极其低俗的语言攻击该专业的学生。而在现实生活中，播音员、主持人也遭受着各式各样的危机与挑战，如演员、歌手"跨界"做主持人、借助移动互联网平台人人皆有机会成为主播……这些现象直击一个话题，那就是播音主持有专业标准吗？其专业标准是什么？新时期播音与主持艺术专业的坚守空间和创新空间何在？本期播博汇将围绕以上问题展开探讨。

本期播博汇的题目具有一定的现实意义并引人深思。"专业"如何专业，实际上这个问题是多维度的：对于播音与主持艺术专业的从业者来说，体现专业性、权威性和不可替代性，使"专业技能"达到"专业标准"是其追寻的目标；对于播音与主持艺术专业的学生来说，"播音标准"是其学习过程中的标杆和方向；对于社会而言，"专业认知"亟需客观、理性地确立和体现，它既应该达到一定的高度还应该还原为参与的深度和广度。因此，本期参会嘉宾，既有播音主持艺术专业的高校教师，也有该专业的博士、硕士研究生，还有紧贴一线积极参与有声语言艺术创作的实践者，各有所思，各抒己见，将论坛主题不断地定义、重构甚至开拓边界，呈现出了精彩纷呈的观点交锋。

　　轮值学者李斌以张颂先生提出的播音标准为理论基础，提出新时期在坚守该标准的同时还要提升技能标准、审美标准和适应标准；孔亮和阎亮由此展开有关播音主持"专业性"和"职业性"的思考；赖冬阳深入探讨了播音主持专业的内涵和外延；刘超则阐述了播音专业容易遭人贬损的理由和意见。观察学者王明军认为，播音与主持艺术专业人才培养应该定位明确，不能抱残守缺，需要拿出典范并制定规则。总评专家曾志华提出，应该从专业基础、专业技能和专业认知三个方面来认知播音主持的专业性。她认为专业性是一个复合词，既体现在我们向内的修为，也体现在我们向外的告知。

　　本期播博汇在思考中展开论辩，又在论辩中迸发思想火花。而有关播音主持专业性的思考则应在今后的学术研究中继续延伸、不断深化。

五、新时期（中国）播音主持教育的
时代场景与改革方向

——"播博汇" 2018 年 10 月 20 日

轮值学者：

孔亮（中国传媒大学中国播音学 2017 级博士生、原上海人民广播电台新闻播音员、主持人）

主持人：

卜晨光（中国传媒大学广播电视学博士、北京语言大学新闻与传播学院副教授）

李峻岭（中国传媒大学中国播音学 2015 级博士、广东外语外贸大学播音主持系主任）

观察学者：

杜晓红（浙江传媒学院播音主持艺术学院院长、教授）

高贵武（中国人民大学新闻学院广播电视系主任，教授、博士研究生导师）

曾志华（中国传媒大学播音主持艺术学院教授、博士研究生导师）

参会学者：（按姓氏拼音顺序）

顾熠男（江苏师范大学语言科学与艺术学院讲师、台湾世新大学传播学博士生）

赖冬阳（中国传媒大学中国播音学 2015 级博士生、新华社主持人）

刘超（中国传媒大学中国播音学 2016 级博士生、浙江传媒学院教师）

刘扬（澳门科技大学人文艺术学院博士生）

卢彬（中国传媒大学中国播音学 2014 级博士、浙江传媒学院教师）

宋扬（中国人民大学新闻学院博士生）

孙良（中国传媒大学中国播音学 2013 级博士、山东师范大学播音主持艺术系副主任）

薛翔（中国人民大学新闻学院 2018 级博士生）

对话嘉宾：

　　金重建（浙江传媒学院播音主持艺术学院教授）

　　齐贵来（衡水学院文化与传播学院院长、教授）

　　周东华（西北大学新闻与传播学院传播学系主任、教授、博士生导师）

　　胡黎娜（河北地质大学影视艺术学院播音系主任、教授）

　　李亚虹（河北大学新闻传播学院播音系主任、教授）

　　高祥荣（上海师范大学谢晋影视艺术学院播音与主持艺术专业主任、副教授）

　　赵娅军（山西传媒学院播音主持艺术学院副院长、副教授）

　　李峻岭（中国传媒大学中国播音学 2015 级博士、广东外语外贸大学播音主持系主任）

计时员：

　　孙雨佳（山东师范大学新闻与传媒学院播音与主持艺术专业讲师）

主持人卜晨光、李峻岭简要介绍了议题和嘉宾，拉开了本期播博汇的序幕……

轮值学者阐述

孔亮：

教育的时代场景和我们这个行业的时代场景有关，新技术革命带来的冲击颠覆了世界的根基，它被彻底地数字化和算法化。人与人、物与物、行业与行业之间明确的界限消失了，"播音与主持艺术"这个专业在无边界时代场景中面临"重塑"。

我认为可以从三个维度去理解这种"无边界感"：基于职业种类的主持人岗位和其他岗位职业技能的交叉；基于话语权力的主持人个体游走于不同媒介场景下的权力迁移；基于角色身份的主持人群体遭遇其他角色群体的入侵。在改革方向上，播音主持专业的职业导向太过明显，这导致相当一部分播音专业的学生其实没有达到播音员、主持人这个职业的专业标准。学科和专业培养有自己的另一套逻辑和标准，但行业的专业标准应该有更强的过滤功能。如果说条条大路通罗马，这条道上走的是播音主持专业的学生，而走在其他道上的人们通过各种途径补齐了这条道上的风景，他们也成功进入了罗马。播音主持队伍的分母越来越庞大，同时，队伍中播音主持专业和非播音主持专业的构成也发生了很大变化，但分子总体应该是保持稳定的。这仿若一个正态分布的结果。狭隘一点看，播音专业的"成色"就是这样被定义，像黄金一样。

参会学者质询

刘超：

播音主持根本没有边界。演员张国立可以当主持人，主持人中的谢娜、何炅、赵子琪也演过电影。表演专业也不会因为王宝强的成名而感到恐慌，因为他的表演符合要求。刘翔110米栏最快的纪录是12秒88，如果一个主持人110

米栏能跑到12秒88,他是专业运动员水平吗?当然是。所以,张国立的职业是演员。但在电视节目中,他能够把场面控制得非常好,让节目的每个环节都能够顺畅进行下去,且语言表达准确得体,能驾驭主持人需要的各种元素,那么,他就是一个合格的主持人。所以说,任何人都可以担任语言表达或者主持工作,比如路演、婚庆等。既然没有边界,那么专业院校需要干什么?我认为专业院校的意义在于形成专业的标准。虽然很多人进行语言表达或从事主持工作,但他们能被称为专业主持人吗?不一定,如果达到标准了,他就是;如果达不到,就不是。这就好比家庭主妇每天都在做菜,但不能被称为厨师。专业院校必须按照这个标准来培养学生,不能因为传播媒介变了、艺术大众化了而自甘堕落、降低标准。

赖冬阳:

本次探讨要围绕主题"新时期(中国)播音主持教育的时代场景与改革方向"来进行。前提是真正的破题,探讨最终要落点在"改革方向"的研判和改革路径的建言上。客观和准确地分析出时代场景的特征才能确知播音主持教育的时代方位;确知了时代方位才能找到正确的方向;获得正确的方向判断才能给出科学可行的方略。这必须是环环相扣,逐级依存的研判链条。

我不同意轮值学者所说,播音主持职业"边界消失""身份被入侵"作为对当下时代场景的判断性结论。我认为,对于时代场景的客观和全面的研判是讨论问题的起点,不能草率地就此得出以上结论。对当下播音主持教育所处的时代场景的分析应是全面而多元的,至少包括政治、经济、社会和技术等维度。政治维度上,习近平总书记在给中央广播电视总台的贺信里强调了引领力、传播力、影响力。引领力放在首位被强调出来,这给我们播音主持教育传递了一个信号,那就是以重大新闻的权威发布、带有国家话语公共表达者为特征的播音员、评论员的身份不但不能"边界消失""身份被入侵",反而要进一步强化和凸显。确实存在以下情况:以社会维度上看,为了更好地适应多元受众的多元需求,很多生活和职业类服务节目、综艺娱乐节目中,有不少非播音主持专业的传播者担当了主持人角色;从技术维度上看,由于网络与移动终端直播软件的普及,很多自媒体人和网红主播仿佛成了主持人和主播。于是,原来是"独享"的职业,现在要被很多非专业的进入者"分享",仿佛职业护城河的边界在消失。但我们恰恰应该理性地看到,这些进入者与本专业从业者比较起来,比例也是相对较小的。所以,不能就此片面断定播音主持的"边界已消失"。

顾熠男：

播音主持教育的时代场景不是消失而是迭代。所谓"播音主持过时"的观点来源于对学科概念的窄化。播音主持有依附性，需要依附于某种媒介传播。中国播音主持事业长期以来伴随着广播电视事业的发展而发展，因此很多人混淆了"播音主持"和"广播电视播音主持"的概念。在专业学习上也更注重吐字发声、创作基础等方面。张颂老师曾阐述过语言功力、语感通悟等概念，也就是说专业学习绝非仅限于声音形式的锤炼。而且语言表达形式会随着依附的媒介弱化而弱化，不会弱化的是信息的搜集、分析、整理和适应不同媒介传播特性的有声语言表达能力。

刘扬：

当前我们面临的状况与之前新媒体出现时大家高呼"电视将死"的状态是一致的。现在大家看电视少了，玩手机多了，但是以声音和图像进行传播的这种方式不会改变。播音主持这个工种是不会消失的。我认为无论当前院系叫播音主持也好，口语传播也罢，改什么名不重要，重要的是用什么样的模式和理念来进行教学，这是核心。

宋扬：

专业名字相对于专业发展而言是有滞后性的。比如我所在的中国人民大学广播电视系，教学上也不仅仅是广播电视的内容。专业名称乃至院系名称无论改或不改，我们专业的改革及变化，老师及学生，实际上都在进行相关的探索。

孙良：

本期"播博汇"讨论的主题是播音主持教育，这其中不仅有发展问题，还有生存问题。二十余年来播音主持专业发展速度很快。这其中，除了播音主持专业自身发展驱动之外，还有两个重要的外部条件：一个是广播电视大发展，一个是高校扩招。到今天，这两个外部条件都发生了变化。广播电视媒体已经失去了以往高速发展的态势，高等学校的发展也从外延式扩展转向内涵式提升。现在高校发展的主旋律是"双一流"建设。对此，作为高校教师是支持和拥护的。但也要看到，在新的发展形势下，相当一部分学校选择的发展策略是"损不足而补有余"，也就是压缩甚至是取消那些知识生产能力不足的专业，将更多资源投向优势专业。这就会给以实践性、交叉性为特点的播音主持专业带来很大压力。这个问题是客观存在的，应该受到重视。

赖冬阳：

在一个多元而丰富、挑战与机会兼具的时代场景里，播音主持教育的改革步伐应该迈得更大。要从培养目标、理念、内容体系与实现路径等方面进行创新。在学科定位的体制机制层面上，究竟是艺术学科还是新闻传播；在教学内容层面上，体系设计的适应性与前瞻引领性；在学生培养层面上，职业胜任力素质模型的丰富与动态扩展等，这些方面应该尽快取得实质性突破。比如，一些高校播音主持专业更名是一个很好的创新性探索。"播音主持"这个名称具有确定的职业描述特征，有时代背景因素。大部分学院沿用约定俗成、既成事实的合理性一面，而一些学校所用的"有声语言传播系""口语传播系"等新名称，也是对专业内涵的再深入、外延的再扩大、专业价值的再认知的探索。对于这些，我们应该少一些质疑，多一些支持，让探索自然生长，接受检验。对于不同学校在培养定位的特色探索上，在现有一些高校设立了综艺娱乐、法律、体育等基础上的播音主持教育之外，可以设立专门的以财经主持、国际新闻主持报道为特色的专业。这方面的主持人才很稀缺，也是目前播音主持人才培养上的一个很好的增长点。

刘超：

口语传播这种表述确实外延更广，但当前的播音主持艺术其一级学科是艺术学。我们每天接到的骚扰电话，这也属于口语传播；我们平时聊天儿、说悄悄话，这都是口语传播，但是忽略了艺术性。艺术应该是精英教育，是具有崇高性的。所以改不改名都不能失掉艺术的本质，不能让艺术专业降格为生活基本技能。

顾熠男：

当前最关键的问题是师资改不改，课程改不改，这才是真正核心的内容。

孔亮：

对于播音主持向口语传播的外延扩展，我是极度乐观的。原因很简单，我赞成弱化播音主持专业的职业导向。同时，我也极度悲观。我甚至认为未来的某个时代，"播音主持"这个概念也许会消失。然而，更本质意义上的"优秀的表达"一定不会因此暗淡。那时，播音主持的教学目标也不只是培养狭义的播音员、主持人，而是培养广义上的适应时代场景的优秀的表达者。这种关于表达的教育是激发"想表达"的欲望，探讨"能表达"的边界，培养"会表达"的能力的一整套系统的训练、培养和教育。

宋扬：

两个现实情况希望引起大家关注。一是专业改名是否具有可操作性，二是各个学校并不是铁板一块。

薛翔：

在之前的一场论坛中，有一位发言者谈的是网络主播的问题。当时有老师质疑网络主播是否可以被称为"主持人"。其实没有必要纠结于概念本身，因为网络主播概念的产生是与其时代背景相关的。如果不承认这个概念，那就说明这个学科还缺少一些包容性。

孙良：

在戏剧表演当中，场景是一系列动作的组合，发展也是对场景做出的回应。场景变化了，发展策略也要变化。播音主持专业往往从属于某一个学院，学院又存在于某一个学校。因此，播音主持专业的发展必须依托、适应学校发展需要，依托乃至适应所在区域政治、经济、文化发展的需要。

卢彬：

相关院系的改名使我们认识到，我们的专业可能正在发生一些变化。我们应该去寻找：这个时代的各种变化中到底有哪些因素对我们的发展产生了影响？比如说媒体融合对当前播音员、主持人的培养产生了影响。比如人工智能，比如社会对语言应用和艺术语言教育人才的需要，等等。作为高校教师我一直没有停止思考的问题就是：我们培养的这些学生在毕业之后到底去哪儿？他们能不能走上播音主持的岗位？如果不能，靠他们的所学到哪里他们才能生存？

顾熠男：

针对当前播音主持专业师生在教与学的过程中，会把重心放到声音形式训练的现状，我有几点思考：一个要把自己当作大脑，而不是嘴巴。依托社会科学的学科基础，找到架构传播学、语言学、新闻学、艺术学、社会学、政治学等理论框架的节点。二是也不要放弃对声音形式的重视。我们可以把它看作是感受的体现和传播的技巧。

赖冬阳：

播音主持工作内容上具有极强的融合性、附着性特征。我们要跳出播音主持的单核认知模式，引导学生去构建立体的知识体系，构建"播音主持＋X"的双核或者多核专业培养模式，并根据各自学校的特点形成鲜明定位。比如，除了有声语言的训练内容之外，要真正而有实效地去推动"播音主持＋"管理学、经济学、政治学、国际关系学等复合型人才的培养，在教学体系设计和师资队伍建设上拿出一些行之有效的方案并推动落地实施。

刘扬：

当前 VR、AI 等技术对播音主持专业形成了巨大的冲击。我们更应该思考这个专业作为综合人文艺术的价值，而不能单就技术而论技术。如果非要给播音主持艺术专业在西方学术体系之下找一个出路的话，有声语言传播艺术的中国学派也许是一条路径。

顾熠男：

专业的精英教育和职业教育是要区分开来的。以后一定是一部分高校去做精英教育的培养，另一部分去做职业教育的培养。广播电视的特性也许会改变，但是还有不会改变的有声语言表达能力。把这些东西处理好了，学生培养出来以后，就可以具备从事现在还没有出现的职业的能力。

赖冬阳：

能脱颖而出成功成为播音员、主持人，在现有传媒业的境遇下，恰恰不容易享有"精英"的境遇。如果我们专业培养出来的以我们现有的衡量标准来看是最优秀的学生，都不能拥有"精英"的境遇，那说明我们专业引以为豪的培养标准存在某种认知偏差。播音主持专业不一定以培养著名主持和主播作为成功与否的标准，而应以培育了一大批有高超的口语传播、有声语言传播能力的各行各业的人才为指标。对于目前的播音主持教育的评估应以"三力"为标准：对行业是否有指导力；对行业的各种现象是否有解释力；对行业的发展是否有引领力。这三个"力"如果都具备就说明是成功的。这三个"力"没有或者不足的话，就说明是不健全的，就应该去反思并创新和完善。

薛翔：

传播学有三种范式，一是客观经验（实证量化），二是诠释经验，三是批判理论、媒介技术。赖冬阳所说的 PEST 模型并不属于传播学的范式。

孙良：

研究播音主持不能忽略时代背景。采用传播学范式就是时代背景。

此时，计时员提示距离"质询论辩"环节结束只剩最后 3 分钟，主持人李峻岭要求参与讨论的学者每人用一句话总结概括自己的核心观点。

卢彬：

不管明显还是不明显，改变一直都在进行。我们希望这些改变能够积极地影响从事这个行业的人，让每个人、每件事都能找到他的路。

刘超：

无论时代怎么变化，播音与主持艺术专业都应该抓住语言艺术的核心，坚持艺术精英教育，保持艺术的高水准和高格调才能够立于不败之地。

宋扬：

既然我们从开始的时候就是一个多棱镜，那么能不能在现在还没有厘清学科边界的时候，没有理性范式的时候，让我们这个多棱镜，暂时先再多几个棱，让它焕发出更多的光彩。

顾熠男：

现在传播媒介的迭代在加速，传播环境的变化在加速，受众特性的变化也在加速。那么就让我们一起来多学一些东西，让我们学习的速度也加快一点，让我们以更开放的胸怀来邀请一些别的领域的专家、学者、老师加入我们的学科当中。

孔亮：

我们不应该回避技术。之前高贵武老师有一篇论文，标题的第一句话是"是生还是死"。我想，当我们面对技术时更应该思考这句话。

刘扬：

我们不应该固化原有的学科理念。而是应该在这个基础上，重塑我们自己的学科自信，并找寻科学的研究方法。

赖冬阳：

十二个字：大胆跨（专业）、勇敢借（各种学科的研究范式）、用心融（融合各学科知识），自信创。融合时代里，让学科创新"野蛮生长"！

孙良：

我就十个字：用心学说话，有为方有位。

现场提问

杨忠（安徽广播影视职业技术学院）：

请问赖冬阳，你说播音主持学科的研究和教学应该引入政治、经济、社会和技术视角，请问这个融合的方向是什么？

赖冬阳：

其实我刚才所讲的观点是，在判断播音主持专业所处的时代场景时，不要以偏概全，仅从一个视角就得出一个片面的结论，并进而基于这个还值得商榷的结论之上就此找方案，这样会从小偏离走向大偏离。时代场景从来就不是单面向的，而是多元、多面向的。为了要更为准确地判断我们的时代场景，至少是需要从政治、经济、社会、技术这几个维度一起来衡量并就此定位从而得出结论的。比如从政治传播的视角看，与国家话语公共表达相关的播音员和新闻评论员，其身份的独特性、政治赋能的特征都得到了强化，变得更为不可替代。而从技术维度看，互联网和移动视频直播的勃兴，让很多网红或者知识网红也能走红，从这个角度看播音员、主持人的身份仿佛又是很容易被替代的。我只是简单举例子，详细的需要更多时间来阐述。

王彪（西藏民族大学）：

请问孙良，如果说我们的专业改为口语传播的话，这个群体应不应该有一个专业方向放在它的底下？为什么？

孙良：

应该的。专业的发展要适应社会发展的需要。现在口语传播越来越热了，甚至有人说第二口语传播时代已经到来了，我们必须回应。

彭飙（福建师范大学）：

播音主持已经出现了越来越多的方向，比如网络主播、网红等。是不是这个时代需要什么样的人才，我们教育改革的方向就应该往这个方向走？我想听听孙良的建议。

孙良：

那当然不是。现象背后有规律，规律背后有本质。我们不可能做那些以万变应万变的事。我们其实想做也做不到、做不好。我们只能在以万变应万变背后寻求规律。

彭飙（福建师范大学）：

比如说像婚庆司仪，它难道不是属于主持？

孙良：

是这样，我们学校曾经尝试过开一门跟这个社会主持相关的课程。这算是我们对于社会需要的一种回应，但是这个专业不可能变成婚庆司仪的专业。

彭飙（福建师范大学）：

但是我们现在确实面临着人才走向的问题。我们培养的人到底是不是社会需要的？如果我们没有着眼培养社会需要的人才，那学生毕业以后又在从事哪些行业呢？

赖冬阳：

我想回应下你的问题。你刚才问到是不是时代需要什么人才我们专业就要培养什么人才。我的观点是，当然是要顺应时代的需求。我们今天在此讨论的，面对这个问题，应不容置疑从以下三个层级达成共识：一是时代需要什么人才，我们毋庸置疑就是要培养什么人才；二是除当下各种需求我们要主动回应外，还要前瞻性地主动构建我们的人才培养方向，适当引领和超前预判，看到新趋势的方向，嗅到新动向的气味，提前布局，培养未来业界需要的人才；三是时代不需要的人才或者需要程度很低的人才，不用再纠结了，迅速告别。

同时你又举例说是否要培养婚庆主持等等。言下之意是我们专业要满足现实的每一个小需求的变化。在我看来也不能把满足现实需求简单、极端化的理解。现实有需求可以根据学校和教学的具体情况进行回应和调整，有的可以相应地增加教学内容，或者采用选修课形式，也有的学校专门开一门课，具体情况具体对待便可。总之，我们的学科研究和教学一定要体现适应性，把握好适应面，并主动构建，做好前瞻和引领。

林小榆（暨南大学）：

我是暨南大学新闻与传播学院原本的广电系下面播音主持艺术专业的教师。我们在今年5月份的时候从广电系独立出来，但没有改名，而是新建了口语传播系。刚才顾熠男和刘扬他们说改名没有意义，就此我想问三个问题：一，请问你们了解播音与主持艺术这几个字的由来吗？二，请问你们能说出来口语传播在传播史上的发展渊源吗？三，请问你们知道我们播音与主持艺术专业在国际交流以及在学术发展上、在国际上的地位和经历吗？提问完毕。

刘扬：

　　好。我先来回答这个问题。我在澳门读博士，刚刚做完我的毕业论文开题。那场开题简直就是跟吵架一样。当我把题目报出来之后，三位专家委员都并不太认同。其中一个专家问我一个问题，"你这个论题可以讨论吗？你干脆论述一下这个专业有没有必要存在"。我转而问了他们一个问题："国际上是否有中医专业？难道没有就否认中医吗？"所以，刚刚我谈到一个核心问题——我们不需要任何东西都要向国际看齐，我们应该有自己的学科自信。这也是刚才我在一句话总结时，谈到的为什么要重塑学科自信？我们应该相信自己。

顾熠男：

　　林小榆刚才提到的，我也承认这是一个非常尴尬的问题，但又不仅仅是播音学科面临的问题。我们在学科建设上一直在努力适应西方的话语体系。正是在这样的一个大环境之下，才会存在你说的尴尬。而且我觉得很让我不能理解的一点，就是国内对口语传播的理解，实际上和西方对口语传播的理解是有偏差的。我们只是单独套用了这样一个概念。为什么口语传播这个概念到现在还在流行？传播学理论的概念在中国是 20 世纪 80 年代引进的。引进的时候，口语传播分支在国外就已经边缘化、没落化了。所以在那时，口语传播的概念没有被引进来。而现在，我们只是套用了这样一个概念。这就是学科不自信的体现。

于琳（江西师范大学）：

　　想问孔亮。你提出了"时代场景"的概念，我觉得非常好。但请不要刻意把边界模糊了。我们现在是讨论播音员、主持人或者说播音主持专业教育发展的问题，是否考虑过跨界主持人？他们是在什么样的时代场景下，经由哪些路径进入到主持行业领域来的？

孔亮：

　　感谢你的提问！我就回答两点，一是我没有刻意模糊边界。我们每一个人都是时代浪潮的亲历者，"无边界"既是主观上的切身感受，也是客观既存的时代表征之一。第二，"跨界主持"的说法是否准确我个人认为还有待讨论。我依然认为许多我们理所当然认为是这样的事情，其实是有问题的。"知识分子"与"主持人"的边界在哪儿？"知识分子"与"主持人"之间存在边界吗？通过对历史经验的梳理，我们不难发现，知识分子从未游离于媒介之外，无论是广义

67

上的媒介还是狭义上的媒介。知识分子正是通过媒介完成自身专业立场的确立以及与非专业对象的联系的建立。因此，与其说主持人的"背景"遭遇入侵，不如说知识分子在数字时代重新找回了属于自己的媒介语态。这是一种回归而非跨界。

段蕾（山西传媒学院）：

想问赖冬阳。你作为传统媒体人，而传统媒体人又拥有大量成为网红的资源和机会，你也想成为网红吗？面对现在的融媒体环境，我们传统媒体的主持人应该如何角色转换？

赖冬阳：

先回答你的第一个问题，如果网红也包括知识网红、思想网红的话，我想成为那样的网红。但是，一名记者和主持人，首先应该做到的是忠于自己的职业身份和所服务的机构，那是根和本。然后回答你的第二个问题，融媒体时代从宏观来说，内容、平台、渠道、经营、管理都要融。具体到我们从业者来说，环节融、职责融、标准也在融，所以就必须让自己的技能可以适应环境的变化。知识结构要适应，思考维度、心态都要适应。尤其是知识结构，就以我自己的切身感受来说，我从硕士毕业后任职于新华社从事财经记者和主持以及后来的评论工作。我发现支撑自己做好工作的往往是经济、金融、企业管理和国际政治、国际关系等专业知识。如果说工作内容中有表和里的分别的话，有时这些专业的知识往往成了"里"。只有"里"的东西具备了，"表"的东西才有发挥的基础。所以，我始终强调的是，播音主持教育尽快建立"播音主持＋X"的双核或者多核模式。这样才能适应，这样才能立住，这样才能发展，这样才能引领。

对话嘉宾观点阐述

金重建：

首先，播音的概念怎么来的？最早的时候是什么样？一定要回溯历史才能明白。最早就是文本转化过来的二度创作叫播音。但是你们知道这"播"是什么意思？播就是传播，那"音"是什么？肯定是有声语言，在广播时代就是有声语言。张颂老师是特别紧跟时代的。广播时代什么时候最兴盛？20世纪70年代。黄金时代我们只闻其声，不见其人，见了以后激动得要命。80年代有了电视，于是就有了有声语言和副语言。张颂老师从什么角度来阐述副语言？他没有说非语言，它是从传播主体本身来讲的，而非语言包括了一些别的环境，不仅仅是副语言本身。

关于二度创作，我们现在叫有声语言创作，其实包括几个方面。刚才有的学者说到口语传播。有声语言本身是不是要有文本语言的转化？然后才是即兴表达，才是口语。但如果我们都是口语的话，文学语言还要不要？还有朗诵艺术呢？我们的传播就那么简单吗？口语化又怎么理解呢？

关于教育，现在有了新媒体，我觉得首先还是要强化传播意识。这个意识有感性，也有理性。我们要从感性转化到理性，也就是意识形态。

第二点，要坚守创作原则。创作原则我是这样理解的：你针对的人群目前需要什么？你想给他什么？你给他的动机有你自己的利益吗？比例占多少？这些都要考虑。

还有一个是我们能否真的在陶冶情趣和提升境界上做出我们的贡献。我觉得在培养学生的时候一定要把这一点讲清楚。现在很多大一新生还没上课，就出去揽活。我说你揽活，你的表达能力有吗？语言表达中包含着各类文化，而且媒体中的节目都是根据社会需要来做的。我们先有新闻类的节目，后来有了娱乐类节目，将来可能还有别的类型节目。社会如果需要就要做，那么做节目需要的那些知识，学生具备吗？有了这些知识以后，具备语言表达能力吗？这都是需要考虑的。所以我们说，有声语言、副语言，它映射了社会，也映射了理想。不要简单地把语言看成就是一个声音，就是一个表达。不是的，绝对不是的。语言反映社会。这一点如果我们不端正认识的话，可能就真得要被人瞧不起了。

齐贵来：

我在衡水学院文学与传播学院工作。不是做专业的教学，而是从事这个专业的管理工作。关于这次的主题目，我觉得改革是必须的。因为社会变了，时代变了，技术进步了，不变就不对了。

播音主持教育的时代场景，我觉得应该从两个方面来说。一个是媒体技术层面变了。过去是广播电视，后来互联网迅速发展，特别是手机移动终端的普及让整个传播渠道发生了重大的变化。如果我们还不变，就落后了。另外一个场景是政治社会场景。这又可以再细分为两个方面。一个是改革开放40年以来，人们的政治社会生活发生了重大改变。人们的思想意识空前解放，呈现出一个多元化的、放射性的格局。人们思想的独立性、选择性、多边性、差异性明显增强。于是思想意识逐渐呈现现代化、多元化、复杂化的三个走向。另一个，党的十九大以来，习总书记一系列的文件精神要求不忘初心、牢记使命，以及树立社会主义核心价值观。所以说时代场景的变化，一个是媒体技术，另一个是政治社会，都发生了变化，所以我们必须要变。

改革怎么改？提高生源质量。建议把播音主持艺术专业的招生类别不要放在艺术类了，而是文理统招。可以加一个面试，因为还有形象的问题。如果实现不了，我们各高校自己可以提高文化分所占比例，降低艺术所占比例，这都是措施之一。另外就是人才培养方案的改革。首先是加强思想品德教育。思想品德修养高的人才有感召力；另外就是强化语言、文学类课程的教学，增加一些非播音主持类的课程比重。还有就是根据自己的实际情况培养不同层次的人才。

周东华：

今天听大家的讨论，让我想到美国一位叫詹姆斯·凯瑞的学者。他提出一个概念，叫"传播的仪式观"。他是这样说的，"在这个传播仪式当中，用团体共同的身份把人们吸引到一起"。我觉得不管是今天所有的讨论，还是我们专业未来的走向，其实都是一场盛大的传播，都把有共同追求和共同梦想的我们凝聚在这个团队当中。

首先，按教育部的大目录来说，播音主持专业一定是艺术类，一定拿的是艺术学学位。我们利用学校自身的土壤，积极引导大二的学生利用双休日的时间去辅修第二学位。

另外，我们比较注重学科的延展和交流。我们也特别注重学年论文的培育：基本上是小组指导，怎么查资料、怎么选题、怎么做研究、怎么写论文。我们也引导学生做各种校创的项目，教他们怎么去写论证报告。今天我在国际交流场很有感触。一位澳大利亚的教授的结束语，我翻译一下，"我们要培养学生什么？长远的眼光，大的格局，综合的素质。我想这是我们持之以恒的追求。当然我们永远不会忘记内心的热爱和梦想。"

胡黎娜：

我说一些我们学校应对时代场景变化而做的教学改革吧。

第一，生源质量和师资的比例。我把有稿的课程，比如说配音、文学作品演播、新闻播音等放到播音教研室；我把无稿的、半文本的、无文本的放到主持方向，在学生大三的时候。

第二，我们的课时太有限。每一位主讲老师都认为自己的课很重要，都希望增加课时。于是我们成立了几个课外教学实践平台。这个平台弥补了我们课上专业训练不足的问题。比如朗诵团、戏剧社、配音社等。

第三，我们在人才培养方案上进行了改革。把"电视"改为"视频"，课程名称随之变为视频节目主持、视频节目配音；把"广播"改为"音频"，课程名称就变为音频节目主持、音频节目配音。当然这只是一个形式的开端。

第四，增加动态表现的元素训练。在课程上，我们把表演元素的训练方式加了进来。

李亚虹：

要不要叫播音主持专业？我的观点还是要的。如果只是按文化成绩招生，那就是另外一个体系了。而如果口语传播建立的话，也要由一整套的教学体系来支撑。

我刚才也问了一位老师，他们只是叫口语传播系，但他们的专业还是播音主持专业。我想这个专业改名是不合适的。因为我也考虑过这个问题。如果去掉选拔人才的标准，不按艺术类招生的话，我们跟其他专业就没有什么区别，专业吸引力也会急剧下降。

综合性大学的优势就在于要让自己的学生宽口径、厚基础、一专多能，金字塔式培养。什么叫金字塔式培养？就是首先要宽基础，课程内容和类型都要丰富；毕业面对择业时又要宽口径；另外还要一专多能。

高祥荣：

天下的播音主持是一家，所以今天我们更像一个家庭的聚会，我非常感动。从心理学的角度来看，人们往往在感到迷茫和恐惧的时候，更容易聚集在一起。今天我们这么多的专家学者以及很多年轻的硕士生、博士生，都怀揣着对专业的梦想和热爱，但面对新的媒体到来的时候，却仍然能感到焦虑、恐惧。

我来谈两点，一个是场景，我们不得不说的这个场景。在《双城记》中有一句话："这是最好的时代，这是最坏的时代。"之所以说这是最好的时代是因为我们有很多的选择。又说最坏的时代是因为选择太多，所以我们会盲目跟风，从而带来了非常多的困惑。我觉得融媒体不是传统媒体和新媒体的融合，而是传统媒体自身的融合，包括广播、电视和报纸。它的融合已经把视觉、听觉和触觉融合在了一起。在这种场景下播音主持面对着新的技术，不能认为是狼来了，应该是机会来了。这为播音主持专业开拓了新的疆土、领域和平台。我们不要害怕它，而应该拥抱它。

另外，场景是新时代的播音主持场景。我们用播音主持"内三外四"中的一个技巧"情景再现"回顾一下时代的历史场景。中国播音学的建设可谓是筚路蓝缕。它走过了非常艰难的道路，带着中国的特色，能够建立起来真的不容易。但是随着场景的变化，它也遇到了很多的争论。比如播音涵盖主持还是主持涵盖播音。包括在近些年的实践发展中，也遇到了很多的问题，比如说"去主持人化""主持人边缘化"以及近几天在微信上看到的"去播音化"的消息——有些学院的改名让大家比较感兴趣，因为它的标题非常吸引眼球。

这些问题给了我们很多思考的空间。我主要谈谈教学上的思考。上海师范大学谢晋影视艺术学院的建设非常有特点。它有两个系列的课程，一个是中国传媒大学播音系列的课程，一个是上海戏剧学院主持系列的课程。其中，主持系列的课程来自于表演，包括同学们接受的语言基本训练、表演课的一些设置、嗓音训练以及形体训练等。这些课程的设置对于学生的成长、参加比赛都非常有好处。在比赛过程当中他们的表现都是与众不同的。甚至我在刚来到学校的时候也要说服自己去适应。因为在上海师范大学，播音主持专业更强调主持的概念。大家不称自己是播音班而是称自己主持班，而且同学们都叫我台词老师。虽然一开始我觉得难以接受，但后来我给自己做了个注解：他们说的是舞台的"台"，而我是广播电台、电视台的"台"。我的课是话筒前的语言艺术。这样的话就不用在一些名称上纠结，而能够实实在在地教给学生们一些我们认为准确的创作方式。

我认为我们现在的培养方向有很多的机会。比如说我们的培养方案都是一样的，一方面培养播音员、主持人，另外一方面我们很多同学毕业之后会去做教师。今年九月，教育部和国家语委颁布了中华经典诵读工程，要求各级各地的学生要有诵读的能力。同时我觉得还有一种能力要开拓，那就是公众演讲。这是很多人都欠缺的，但我们并没有开发这种能力。

最后我用一句话结束：面对现在，"让我欢喜让我忧"，但是我们要"再回首"，要"把根留住"，我觉得"明天会更好"，中国播音学的明天会更好，播博汇的明天会更好，中国主持传播论坛的明天会更好！

赵娅军：

今天我们这个论坛题目是"新时期（中国）播音主持教育的时代场景和改革方向"。我觉得最后的落脚点一定是在"改革方向"这四个字上。解决问题方案的提出一定是来源于问题的出现。刚才有一位学者说了我们现在的时代场景有很多的维度。我认为其中有一个切入点是应该关注的，那就是中国高等教育精英化的时代已经过去了。这是我们不能回避的。现在的高等教育已经进入大众化和普及化的阶段，我们必将面对生源不如以前的问题。以前的学生很少，接受高等教育的学生更少，在高校接受播音主持专业教育的学生少之又少。在那个时代我们谈"精英教育"是非常合适的，但是现在50%以上的18岁青年都走进了大学，我们没有办法保证生源都是精英。所以我们也没有办法完全进行精英式的教育。学生毕业的时候也必然会是一部分有机会进入媒体，也有相当一部分不能进入。这不是媒体的门槛变高了，更多的问题可能出在学生自身！

今天下午马玉坤老师在做点评的时候提出了一个最新的数据：现在中国开设播音主持专业的院校有760多所！听到这个数据我们每个人肯定都会想"怎么会有这么多？"每年毕业的播音专业学生多达几万人，什么样的媒体发展才能需要这么多人走入媒体？所以必然会有一部分学生要被分流。分流是一个必然的趋势。今天下午很多老师也谈到了分层、分类。我觉得不管是分层还是分类，最终他们是要分流的，会流向不同的就业岗位和方向。再从"就业出口"往前推，既然有一部分人是要进入媒体的，那么是不是有一些专业院校可以专门"精耕细作"，去培养将来能够在媒体工作的播音员、主持人以及一些能够在新媒体工作的传媒人。另外一部分的学校是不是可以尝试着像改名一样再深入地进行改革。培养的方向就是口语传播，这部分毕业生将来走入的岗位可能就会是更为广阔的天地。不管是所谓做谈判、还是做宣传等等，总之有很多的岗位是可以就业的。

我还想说的是，学播音不一定非要进入媒体。就像刚才孔亮说的"学中文的不见得都当了作家，学新闻的也不见得都当了记者"，所以学播音真的不一定非要进入媒体，还可以做很多的事情。这并不是说我们的专业落魄、落寞了，反而是拓宽了专业的视角和学生就业的范围。

其实，我们已经到了一个"抢滩"的时代，或者叫作"圈地"的时代。因为新的媒体环境是我们大家要共同面对的，所以现在主持传播这一领域由谁来占领，这是一个问题。是学传播学的人来占领，还是我们播音学的人从内发出我们的力量破壳而出，去占领这个阵地？与其等着别人来抢这一滩，不如我们自己去占领这一块。有这样破壳而出的勇气，我们的专业不光能野蛮地生长，也一定能够迅速地成长！

李峻岭：

我们今天所处的是中国主持传播论坛，我注意到一个细节，这个论坛名称里没有播音。这似乎透露出播音和主持是两个有一些区别的概念。同时播音主持艺术专业名称后面还有两个字：艺术。但是我注意到论坛名称后面并没有"艺术"二字。这似乎告诉我们，论坛会更多专注于传播的形态、传播的理论展开研究，而非艺术性。所以论坛题目本身就反映了很多信息，而这个信息或许是对我们学术后续方向性的一个前瞻。

我想回应一下刚才几位同仁的观点。有的说专业不应该分精英教育和职业教育。实际上从全国的办学格局来讲，不管是现在的"双一流"还是以前的"211"，这种分类都是事实存在的。我们国家长期以来是四级办广播电视。过去，人才在没有互联网的情况下是在小范围内流动，不同地区的院校可以分层应对。但是融媒介兴起之后，人才的流动非常迅速，地域的概念被淡化了。这对于地方院校来讲会有非常大的冲击。下午我听了一位老师的发言，他提到了一组数字，说所在学校的播音主持专业招录比达到了100∶1。但请不要忘了现在艺考学生基本上一个人会考十多所院校，如果每所学校都把这个学生视为最终会填报志愿的对象并由此认为招生火爆，这是不理性的。因为最终一个学生只能进入一个学校。我们不能盲目沉浸在对数字的满足中。

有同仁提到一句话：要赢回这些社会精英学生的心。我想反问一句：我们凭什么赢回？如果说在传统意义上，十年前电视台的主播是金字塔尖上闪着光环的职业，现在我们可能要打个问号，职业场景本身也在变化。另外，我们有学者提到说现在要像以前一样，按培养传统意义上真正的播音员、主持人去培养学生。我想问：什么是传统意义上真正的播音员、主持人？按照以前的培养方式是不是指用十年、十五年前经典的培养方式？以前学校教的播新闻、播通讯、播评论，毕业了就能用，现在的学生毕业之后可能一辈子连播这些的机会都没有。所以传统的经典虽然是经典，但是拿这个经典继续复制放在当下，学生出了校门就会说学的东西根本用不上，跟用人单位对接不了。我觉得这是一个需要思考的问题。

最后我想谈一下我们高校教师个人的发展问题。上午我的硕导马玉坤老师提到一个数字：根据资料，目前播音学研究成功中标国家社科基金的项目累计有七项。这个数字对于我们来说或许还不错，但是我们平行来看其他的学科专业，这个"七"其实是充满危机感的。各位老师你们所在的院校中，播音主持专业的老师在完成科研工作方面有没有困难？能不能超额完成或者说成为科研奖励的对象？这是一个大大的问号。我们这个专业具有鲜明的实践性特色，那就产生一个问题，如何学理？目前来说我觉得我们缺少核心的学术平台，尤其是CSSCI的平台。专业老师发表核心期刊有影响力的论著还很少。希望主办方今后能努力搭建起高规格的学术平台，给老师们创造更多发展的机会。最后我想以我的博士生导师曾志华老师教诲我们的几个字与大家共勉，那就是让我们一起"凝聚学术力量，阐扬学术精神，熏陶学术情怀，一起追寻学术的梦想。"

观察学者总评

杜晓红：

我是第一次参加"播博汇"的学术沙龙，刚才感受到了各位博士（生）的风采。那么我聚焦到新时期中国播音主持教育的时代场景及改革方向。这其中的关键词是教育、时代和改革，但是定语是播音主持。播音主持来自哪里？岗位。既然它是一个传播的前沿岗位，我们不得不追究它的性质。它是新闻工作者，它是党的喉舌。我们是从事高等教育的。教育有它的内涵，人才培养的宗旨、目标、方向、理念，最终落实在人才培养方案上。而人才培养方案当中有师资队伍、教学条件、教学方法、实践教学方法、第一课堂、第二课堂等。大家都是高校的专家，我就不再展开了。刚才第一位博士提得特别好，他说这是一个没有边界的时代。技术它没有边界，它在发展。我们的语言形式也可以没有边界，随着时代的发展而产生变化，但是它的内容是有边界的。我们作为播音主持传播的职业人，是有一个时代的政治边界的。这个边界就是我们要完成它的职业使命。从这个角度来看，我们必须要学习习总书记在全国宣传思想工作会议上所强调的，举什么旗帜，要聚民心，要育新人、兴文化、展形象。这样才能更好地完成我们的历史使命，完成宣传工作的使命。我们的舆论必须有引导力、影响力、公信力，我们要巩固和扩大宣传的舆论阵地。我们要不断地掌握新的知识，要熟悉新的领域，要开拓新的事业，要增强本领。习总书记提到的眼力、脑力、笔力，就是对播音主持能力要求的最好指导。所以从事播音主持教育，要从根本上来看我们是干什么的。

我觉得我们是有边界的，但是这个边界还没有建立起来，就是一个行业的评价体系。一个行业的成熟，就在于它有一个评价的标准。文学有批判，播音主持有批判学吗？有美学吗？我们没有，所以我们才会特别纠结，我们到底是口语传播还是播音主持？是因为我们没有建立行业的评价体系。我们的教育评价体系在哪里？我们的行业从业人员的评价体系在哪里？如果明确了这个评价体系，我们便不再纠结。

口语传播是对播音主持人才一种拓展性的教育。因为我们是沟通的使者，我们需要口语传播，所以我觉得在教育过程当中，必须要明确国家教育部的方针和政策。育人的本真就是"立德树人"。"立德树人"对播音主持来说，就是一个语言艺术传播的研究，主持艺术传播的研究。如果我们能够建立一个学科标准，那么从传播的过程当中，语言传播艺术的过程当中，就可以拓展我们的学科方向，就可以找到我们学科的交叉点，我们就不再纠结了。

谈到教育改革，最重要的是什么？人才培养模式的改革，这是本科教育的核心。所以从人才培养模式的改革上来说，各个高校都有自己的目标和方向，都有自己的特色，都有人才培养的成果。所以我觉得人才培养模式的讨论，让我们能够为播音主持教育找到更进一步的方向，因为它的涵盖面非常广。

我今天就谈这些粗浅的想法，谢谢大家。

高贵武：

接下来我只是对今天的"播博汇"，或者说对"播博汇"的这十位博士（生）就这个话题的讨论，谈一点自己小小的感受意见。

首先是点赞！为今天这个主题点赞！这个话题隐含的意思就是说它已经到了非要改的时候了！如果不是这样，我们也就没有必要用这么高端的模式，有这么多的教师、学生坐在这里来谈这个话题了。我们论坛的宗旨就是要发现真问题、解决真问题。我觉得今天的题目就是一个真问题，是一个需要我们去解决的问题。所以在这一点上，我要为十位博士（生）点一个赞！

今天的主题中，播音主持教育是最核心的概念。要回答这个问题，有几个关键词不容忽视：新时期，时代场景，还有改革方向。播音主持教育不是孤立的，它是跟我们的社会和时代密切相关的。提到新时期，提到时代特征，我想在我们当下所处的这个时代，我们最最不能回避的就是互联网。互联网已经成为一种基因、一种思维，甚至已经成为社会的操作系统。我们是无可回避的。想要去解决这个场景问题，就要把它置于互联网的战略前提之下。而互联网给我们带来的变化是非常多的。孔亮非常敏锐地捕捉到了互联网或者说新媒体为我们这个时代带来的真正的变化。当然无边界只是一个方面、一个维度，变化还会非常多。抓住这样一个维度去探讨这个问题，是有可能找到答案的。当然这个答案是什么？改革方向是什么？我现在也回答不上来。我觉得只有我们立足对现实的分析之后，才能够得出结论。

然后是建议。我觉得作为学术的先锋，作为学术的后备力量，在去解决学术问题的时候，要紧紧地围绕着命题的核心，或者说要紧紧抓住内部的逻辑，最后才能解决问题。所以我想在今后的研究中，是不是可以在这个方面多注意一些。

对于今天的话题，我还是忍不住想说一句，特别是关于孔亮提到的无边界的状态，我个人比较认同这样的观念。大家可能也都发现了，在新媒体环境中，我们特别强调，现在所有的组织、体系，或者说系统，都变成了水一样的组织、水一样的体系。水最大的特点是什么？它没有形状，没有边界。除了水这个概念之外，大家还提出一个概念，叫液态概念。未来的社会就像水一样，如果我们把它装在瓶子里，它就是一个瓶子的形状；把它装在一个盆里，它是盆的形状；把它装在方形的（容器）里面，它就是方形的；把它装在圆形的（容器）里面，它就是圆形的。我想播音主持教育的未来也是这样，不管我们从事什么职业，不管是做"方"的职业，还是"圆"的职业，不管是做深的职业，还是浅的职业，不论把我们放在哪里，我们就是我们自己。

曾志华：

我想还是用两个词吧！第一个词叫感动，第二个词叫感怀。

先说第一个词：感动。

不到六点的时候，我给研究生发微信，说你们在哪？他们说 306 房间。于是我就下来了。在门口我看里面几乎坐满了，我就在想：上一场还没完吗？我就闪在后头。没想到学生看见了，出来迎我，说我们都在准备呢！我真的很感动，没想到不到六点钟，这个会场几乎坐满了。时间越来越近的时候，来会场的人还络绎不绝。刘兴宇老师当机立断就把这会场的桌子整体往前移。这就是浙传，这就是浙传的老师，分分秒秒在为我们服务，让人特别感动。

再看看我们现在身处的 306 房间。我们在这个屋子坐了三个小时，大家可以相互看一看，每个人的脸蛋红扑扑的，可好看了！热血沸腾啊！对，热血沸腾。我们听到了那么多的声音——来自播博汇十位青年学者的声音，来自十几位资深教授的声音。如果说青年学者的声音是务虚的话，那么在座的资深教授，他们精耕细作了几十年，他们的声音更多是务实。我想，在戊戌年年末的这个时候，我们无论是务虚还是务实，都有一种情怀在里面。我相信在座的很多朋友都参加过各种各样的会议，但是像今天晚上这样的会议，我想问问各位你们参加过吗？每一位的发言者，从物理属性来说，给我们悦耳的感觉，字正腔圆，音色醇厚，声音甜美；从专业属性、从社会意义的属性、从专业情怀来说，每一位发言者又让我们悦心、烧脑。所以我们的脸蛋红扑扑，我们的胸口怦怦跳！这就是这个论坛的特殊性，独一无二啊。怎能不让人感动！

感动还来自大家对于播博汇的厚爱。说实话，播博汇原本是我们关起门来做的一个学术训练、学术研究的方法。我也是和博士生一块儿摸着石头过河，我们一起在探索。探索了这些年，我们想拿出来，丑媳妇见见公婆，听听大家的意见和建议。刚才高贵武老师说得很中肯，是的，我们应该紧紧抓住问题的内部逻辑，去找寻解决问题的路径。非常宝贵的意见！当然我也想说，他们年轻，他们的观点也许幼稚，他们的冲撞也许青涩，可是我认为非常珍贵，这才叫后生可畏。真的，这个世界是他们的！

顺便做一个小广告吧。我特别恳切地向各位征稿。在座的各位都是大家、专家，有年轻的学者，有资深的教授，大家给我们赐点稿吧。关乎学科发展的、学术研究的、教育教学的都可以。先说声谢谢了！

第二个词叫感怀。

听了这么多的声音，听了这么多的观点，说实话，我想我们每个人都要消化好几天。我提一个思路，马玉坤老师做史料学研究，出了好几本书，接下来还有几本书要出。他上午说，大家都是往前看，展望未来，我回望历史。我觉得这是一种特别好的研究方法。当我们对于未来产生一种恐慌、困惑、迷茫的时候，我们不如回望历史，去找寻一些答案。去年的论坛上，晨光老师的一篇论文，给了我非常大的启发。他就是这么说的，当我在现实当中找不到答案，找不到标准的时候，我回望历史，在过去的那些经典名作当中、经典大师当中去找寻标杆。这种历史观、这种治学的态度、这种研究方法值得效仿！这确确实实需要我们沉下心来！比如说《中国播音学》，比如说播音主持专业教育半个多世纪的历史，这都是齐越老师、张颂老师他们那一辈人呕心沥血、筚路蓝缕建立起来的，我们至少要尊重吧！刚才金重建老师说播音从什么时候开始的？播意味着什么，等等，这就是老教师对我们的引领和启发。对于一个学科也好，对于一段历史也好，对于传统文化也好，我们一定要在尊重历史的基础上去质疑、去继承、去发展、去创新，我想这才是我们应有的态度。这是我的一点小小的思考，分享给大家。

最后我想替在场所有的人说一句心里话，再一次地重复一下。我们之所以胸口怦怦跳，脸蛋红扑扑，是因为我们有着一个这样好的平台和空间。所以，我们要特别感谢杜晓红老师和她的团队，特别感谢高贵武老师和他的团队，感谢晨光秘书长为我们呕心沥血，还有我们看到的高大魁梧的身影——刘兴宇老师一直穿梭在我们的周围——为他们的付出说一声：辛苦了！谢谢！

轮值学者述评

2018 年 10 月 20 日至 21 日，"2018 中国主持传播论坛"在浙江传媒学院召开。作为本届主持传播论坛的会议单元，"播博汇"聚焦"新时期（中国）播音主持教育的时代场景与改革方向"这一议题，吸引了近百名国内高校播音主持专业专家、学者的关注。

本次"播博汇"学术沙龙发言人数之多、研讨时间之长、院校代表之众均创下历次学术沙龙之最。上半场，十位播音主持、新闻传播专业的博士（生）围绕播音主持艺术专业性是否面临重塑、学科概念是否被窄化、专业改革所涉层面、"双一流"建设对播音主持专业生存与发展的影响、如何培育适应时代场景的优秀表达者等方面展开讨论。下半场，来自八所高校播音主持专业负责人立足自身所在地域、高校、院系的实际情况，就播音主持艺术的创作自觉、教育的时代场景与政治社会的时代性的关系、播音主持专业的招生类别与方式是否适应时代发展、播音学科与其他学科的对话空间、生源质量与师资配比的现实处境等议题进行研讨。在最后的总评环节，总评专家杜晓红、高贵武、曾志华都提到了几个关键词，那就是教育、时代和改革。杜晓红教授指出，口语传播就是对播音主持人才一种拓展性的教育，因为我们是沟通的使者，我们需要口语传播。高贵武教授就十位博士（生）的研讨提出了中肯的建议，他说"作为学术的后备的力量，在去解决学术问题的时候，要紧紧地围绕着命题的核心，或者说要紧紧去抓住内部的逻辑，最后才能解决问题"。曾志华教授认为，时代场景与改革方向的讨论很有必要，但如果"在现实当中找不到答案，找不到标准的时候，回望历史"是极其重要的思路与方法。对待学科、传统文化等，在尊重的基础上"去质疑、去发展、去创新"，是学者应有的治学态度。

变化是时代本身，对于媒体人，对于内容创业者，已是不言自明的真理。2019 年，短视频依然是新媒体的流量洼地，内容创意不得不寻找新的流量曙光，随着年轻用户的成长，对智能手机和视频语言、拍摄、剪辑的熟练掌握，以及更强烈的释放自我的表达欲望，视频博客的内容生产或许会更丰富，这就是我们正在面临的时代场景。2019 年还会发生什么，风会往哪个方向吹？

六、我们的毕业生都去哪儿了？
从《娱乐资本论》的一篇推文说起

——"播博汇"2018 年 11 月 24 日

轮值学者：
  刘超（中国传媒大学中国播音学 2016 级博士生、浙江传媒学院教师）
主持人：
  赖冬阳（中国传媒大学中国播音学 2015 级博士生，新华社记者、主持人）
观察学者：
  张树荣（北京人民广播电台播音主持管理部主任）
  杨硕（北京启泰远洋文化传播有限公司董事长、创始人，中国传媒大学播音主持艺术学院 2006 届本科毕业生）
  陈姗姗（播音名：小艾）（中央广播电视总台《海阳现场秀》节目主持人、中国传媒大学播音主持艺术学院 2006 届本科毕业生）
  贺秋实（山东潍坊学院播音主持专业教师、中国传媒大学播音主持艺术学院 2006 届本科毕业生）
参会学者：（按姓氏拼音顺序）
  孔亮（中国传媒大学中国播音学 2017 级博士生、原上海人民广播电台新闻播音员、主持人）
  李斌（中国传媒大学中国播音学 2018 级博士生、浙江传媒学院教师）
  隋鹏（中央广播电视总台播音员）
  谭菲依（山东师范大学新闻与传媒学院教师）
  王小康（中国传媒大学世界华语传媒 2018 级博士生）
  阎亮（中国传媒大学中国播音学 2015 级博士、中国传媒大学教师）
  杨颖慧（中国传媒大学中国播音学 2018 级博士生，辽宁电视台节目主持人）
总评专家：
  高贵武（中国人民大学新闻学院广播电视系主任，教授、博士研究生导师）
  曾志华（中国传媒大学播音主持艺术学院教授、博士研究生导师）

主持人赖冬阳简要介绍了议题和嘉宾，拉开了本期播博汇的序幕……

轮值学者阐述

刘超：

今天讨论的话题是从《娱乐资本论》的一篇推文说起。

《娱乐资本论》在 2018 年 10 月 31 日推出了一篇文章叫"学播音主持的人都去哪了？"关键词是"转行"。其中提到了播音主持专业的学生刘卜齐，毕业后当了剪辑师，姚念做了空姐，马千回去了金融专业，彭斌成了电影行业当中的项目经理，文章当中还有今天在场的杨硕。这些都是"转行"的代表。为什么他们会"转行"？我们的学生毕业以后到底是不是一定要从事播音主持专业呢？

首先我们来看两个概念，一个叫专用型人力资本，指的是仅针对特定组织或岗位具有价值的人力资本。第二个叫通用型人力资本。我们知道，个体对任何组织均具有相同价值的知识或技能，再从一个组织转换到另外一个组织时，不会发生严重的价值损失。很显然，播音主持专业的学生是属于专用型人力资本的。当用人单位对人员的需求量没有那么高的时候，我们的学生就需要转到其他行业当中去。可是这个时候很多学生会发现，我除了会"说话"，其他的工作可能干不了。

我手里有这样一份数据：2017 年 6 月 17 日，某招聘网站 24 小时发布了大量的招聘信息，我们来看看一天当中抓取的需求量：岗位频次最高的 2761 人，是属于计算机、互联网、电信、通信、电子的范畴，比例是 19.7%。广告、市场、媒体、艺术领域，数据是 1390 次，比例是 9.9%。由此可见，无论是在媒体当中还是社会市场当中，对艺术人员和媒体从业人员的需求量也都不是那么高。所以我们将从三方面来谈一谈这个转行或者就业的问题，也就是毕业生在签三方协议的时候涉及的三方，分别是学生、学校和用人单位。

首先是学校。《娱乐资本论》给出的数据是，2018 年招收播音主持专业的院校是 217 所（但是也有传闻说有 700 多所，我现在手里没有具体的数字），如果照《娱乐资本论》所说，毕业生每年有 2 万多人，媒体的需求量可能不到5000 人。这么大的毕业生数量和这么小的用人量，必然会造成毕业生的供大于求。所以不转行，我们的学生做什么呢？

开设播音主持专业的院校，可以说各有所长，各有千秋。比如说广东外语外贸大学，会注重英语的教学，注重"双语播音"；上海戏剧学院更注重"表演"；南京艺术学院更注重"才艺"；西北大学则更注重学生"文学素质"的培养。同样是播音主持专业，为什么会千差万别？是不是我们自己也没有找到合理的培养方案和途径？再来看看这么一个问题，传统媒体缺主播，那新媒体呢？蜻蜓 FM 有一位播小说的演员叫土金，没有学过一天播音主持，但是他特别擅长播"盗墓小说"，年薪达到百万。而咱们播音专业的学生别说是播读小说了，看小说的可能也不多。媒体不断在发展，我们的学生好像真的迷失了方向。

其次，从学生的角度。很多人在报考播音主持专业的时候，真的是热爱这个专业吗？有些可能是因为高考分数相对低一点儿，迫于学习的压力；还有就是媒体具有一定的吸引力；再加上学习期间经济利益诱惑大，他们可能更多地去选择接路演，到艺考班去代课，还有做一些网络直播，等等。这样的话，在校读书期间，他们并没有多少精力是放在专业学习上的。

再说说媒体，这几年也发生了很大的变化。很多频道和频率工资不但不增，有的还在减少。同时需求量虽然减少，选材面却更广了，我们看到张国立、海泉、何炅，这些不是播音主持专业毕业的学生，也能担当主持人的角色。再者，传统媒体的姿态依然是高高在上，发现一个新招来的学生不行，立马换人，没有给主持人一个合理的培养和成长的空间。有人说，黄健翔、何炅、撒贝宁等人不是学播音主持专业的，所以学播音主持专业没有必要。对此我不认同，我相信他们到了台里以后，进入栏目组，也会跟着老的主持人一块来探讨业务，这不也是学习的过程吗？

所以，主持人的培养是学校加媒体共同完成的一个长期的过程，这就涉及用人之道。一个单位在用人的过程当中，往往只停留在选人和用人这两个阶段。后面还有两个阶段是育人和留人。也就是说当一个年轻的主持人到了媒体之后，他跟学校告别了之后，他在台里也应该是有一个较长时间的培育过程。这个培育过程，是他走向成熟的过程。比如李咏，他先后主持了"天涯共此时"和"幸运 52"，这种转型其实也是学习的过程。培育好了之后，我们怎么样留住人才，也是需要考虑的。现在很多媒体都面临着主持人纷纷离职和转岗，或者是转行，就是因为没有认识到后面这两个阶段的重要性。

美国著名的社会学家马丁·特罗指出，大众化教育领域是一种预警理论，是对高等教育规模扩张之后，人们对此发生的各种变化毫无准备的一种预警。高等教育的大众化不应该仅仅作为一种业绩来炫耀，其带来的潜在的危机同样是不可忽视的。这就是艺术教育的问题。艺术教育应该怎样？应该是精英化的、个性化的、定制化的。目前各个媒体需要的人才不同，我们需要根据不同学生的特长和岗位的需要来进行定制化的培养，而不是什么都教什么都学，这应该是一个长期的培育过程。我们专业的学生毕业了，应该还是从事本专业。

谢谢大家。

赖冬阳：

轮值学者的阐述，到这里就结束了。在阐述的过程中，他针对现在播音主持教育存在的一些问题进行了详细的阐述，有数据有对比，还有他个人的切身的体会，最后他提出了一个观点，就是现在面对这种现状，人才培养要精细化、精英化、个性化和定制化。接下来我们进入参会人员的质询环节。

参会学者质询

李斌：

我先来问一个问题，根据我查阅的一些资料，某高校只有29%的毕业生在从事本专业，还有的高校数据是36%。既然现实的状况是大多数毕业生没有从事播音主持岗位，那么为什么还要坚持你刚才的观点呢，播音主持专业的学生毕业后一定要去从事播音主持工作吗？

刘超：

我们在招收人才的时候，应该把最适合从事艺术工作的人才招进来，然而很多院校在招生的时候，大部分学生其实并不适合从事播音主持这个职业，甚至还有很多人并不喜欢这个专业。正是因为我们把那些不适合或者没有兴趣的学生招进来，才造成就业率低和专业的不对口。也就是说，招生的把关没有控制好，所以造成很多人没有办法从事本专业。

孔亮：

高等教育一个比较大的趋势是普及化和大众化。但是刚才刘超坚持的是艺术培育和精英教育。其实我觉得两边都有道理，但是这里一定会出现内在的冲突，对一个主持人的培养，学校和媒体当然是希望共同培养，只是这个共同培养，应该从哪儿协商起？而且对于个体的培养，时间很长，成本非常高，这种培养是否具有实操性？对每个人进行一个长期的规划，当然是很理想的状态，但是这个高成本的问题怎么解决？另外，我觉得媒体不是不愿意给人才试错空间，而是愿意给自己心仪的人才以试错空间。这是我的一些想法。

刘超：

所以说我们还没有找到分类培养的方式和途径。学生刚入学时并不知道自己适合什么，可能到了大二、大三的时候才渐渐知道自己到底是喜欢做主持人，还是做播音员。主持和播音的培养应该是不同的。如果在学校里，就给学生们提前制定好，按照他们的兴趣和特长来制定培养方案，这样的培养会更有目标和方向。按照媒体或者用人单位的需要有的放矢，加以投放，我相信它的成本会大大降低，它的试错率会更加稳定。同时，媒体用起人来也会更加的得心应手。

孔亮：

2 万个学生都去针对这 5000 个岗位进行个性化的培育，是不是不太现实？还是应该鼓励他们尽早发掘其他的一些兴趣。

刘超：

所以这个话题我觉得前提就错了，这是扩招的问题。开头就开错了，所以就导致了这 2 万人的岗位选择会非常困难。

赖冬阳：

我也来质询一下。对于那些能够从事本行业的这些人，你把它定义为精英化、个性化和定制化的培养，那不属于这个范围之内的学生，你有相关的建议吗？

刘超：

这个应该是所有学校或者整个专业来共同探讨的。我认为，对于这样的学生，我们经常会提到一个观点是"一专多能"，就比如说我们刚才看到一个叫刘卜齐的学生，他做了剪辑师。那么在大学的时候，他可能学的课程和技术越多就越有利于他的就业。对一些专业不是特别突出的学生，可不可以给他多开一些其他方面的课程，让他的选择更丰富，就业面更广？

赖冬阳：

一专多能，帮助他们解决困境。好，还有其他学者质疑吗？

杨颖慧：

我比较同意李斌的观点。我也有一个疑问，为什么我们必须要追求这个从业率的"高"呢？因为在美国，他们的本科教育叫博雅教育和通识教育，学生毕业之后拥有到任何一个岗位上学习的能力，或者说去从事一个新岗位的能力。我们为什么一定要让我们的学生必须从事这个专业呢？其实每一个专业都有这种现象，毕业了但他没有从事本专业。所以，我们更应该教的可能是他们从事任何一个专业的一种能力。

刘超：

我不同意。因为我们是艺术教育，我们不是做通识教育，艺术人才就应该是具有特长的。比如说现在杭州市有1万名儿童在学钢琴，他们都要被培养成为钢琴家吗？不是，他们只是在各个培训班学一学就可以了，未来不一定都成为钢琴家。但是像中央音乐学院、茱莉亚音乐学院，他们钢琴专业的毕业生，难道不应该去当钢琴家吗？艺术人才无论从思维还是天分上来说，都应该是与众不同的，你既然把他挑出来了，就应该让他从事本专业。

隋鹏：

我有一个疑惑，我们这个专业的名称是播音与主持艺术，我们的专业具有艺术属性，但不要忘了，我们的专业还有新闻属性。因此，我们是不是单纯地把它认定为对艺术人才的培养呢？还有一个，我认为播音专业培养的人才不一定非要去传统媒体，他还可以做有声语言传播的相关工作，比如说新媒体、比如说有声书主播等，这些都有可能是我们这个专业培养的人才下一步的出路，你赞同吗？

刘超：

我同意。首先，新闻的属性一直都是没变的。简单来说，我们在播新闻的时候，它最大的功能是传递信息。可是我们在回听这条新闻的时候，它是具有艺术价值的。他的语音也好，声音也好，包括他播报的整个过程，他的语言是值得你欣赏的。所以当他播完了之后保存下来，这个作品是有艺术性的。我们在鉴赏以前老播音员留下的一些资料的时候，不就是把它当成一个艺术品在欣赏吗？如果从事播音主持艺术的学生或者从业人员，达不到这个水平，他的语言能够成为艺术品吗？不可以。现在腾讯已经有了自己的新闻，百度上也有很多自媒体人自己配的消息播出来。我相信不光是我们在座的，普通的观众也听不下去。也就是他不知道这个专业是需要很长时间的训练，才能实现它的艺术功能和价值。另外你刚才说到了有声语言艺术传播，实际上这种传播，也是在传播语言艺术，这也是它的艺术属性。

谭菲侬：

对于播音主持这种艺术教育遵循艺术精英教育的想法，我觉得这是非常理想化的。但是"高等教育普及"这是一个现状。而我们播音主持教育又包含在高等教育这个范畴里面，我们是不能够逃开这个大趋势的，所以才会出现当下全国有那么多院校来招生这个现实。可见这是理想和现实的矛盾。

我想请教一下，2万毕业生，5000个岗位，对于剩下的一万五千人，我们依然还要进行精英化的教育吗？如果继续进行这种精英化的教育，是否有出路？第二个问题，刚才你展示的PPT里面有很多非媒体专业的单位，这就证明市场是有需求的。那么市场有需求，我们的学生也有意愿去，双方都达成这种意愿的话，为什么不让他们去就业？

刘超：

第一个问题，我认为，还是要狠抓尖子生，因为很多条件一般的学生，也许你花了很大的力气去教他，也达不到这个专业的水准。所以把"尖子"抓好了，对这个专业来说是很有必要的。

第二个问题，在很多非媒体专业的单位里，我们看见了还有餐饮类的机构，不是说不让我们的学生去，而是几乎所有专业的学生都可以去做餐饮吧？我的意见是，一个学了四年甚至更长时间的学生最后去做餐饮了，这个实在是太可惜了。

赖冬阳：

下面有请我们的观察学者进行发言，每一位时间是八分钟。

观察学者发言

张树荣：

我要说的几个问题希望大家别失望。在这之前大家都进行了很多年的探索，我做主持人工作十多年、播音主持管理和研究十几年，所以对这行深有体会。从2006年开始，我负责北京人民广播电台的播音员和主持人的招聘工作，所以我有这样一个体会，播音和主持是两个方向。

　　在近十年的招聘过程当中，我是分着招的，报播音岗位和报主持岗位的分开来。可能在座的有的也经过这样的考试和面试。报播音的播稿件时，是不是能完整地理解播音的稿件内容，能够播得明白。播音这一拨全考完了以后，再参加下一拨主持考试。我会问，喜欢什么？说喜欢音乐，我就又问一个音乐方面的问题；说喜欢时政，我就给出一个时政方面的问题。一个学生到电台来参加考试。播音考试就是播一个国际稿件，一个国内稿件。主持考试我列了14道题，比如喜欢什么？每一个类型都有三道题，你可以自己选一个你认为最擅长的。

　　记得有一次一位毕业生抽了一个题，是习主席参加索契冬奥会的事。这孩子说的内容很充实、条理清晰，所以我们录取他了。后来他在岗位上也很受欢迎。我们想一想，白岩松不是学播音主持的，崔永元也不是学播音主持的。我认为我们应该在教育培养过程当中，首先要掰开什么是播、什么是说。我斗胆建言，大一、大二公共课讲语音、讲发声。过两年之后分方向。真正搞新闻播音的，不管是央视、央广、国际台、各地的广播电台和电视台都需要正规的播音员，因为这个至少5到8年之内是不会被取消的。我们播音要会播、要播得明白。

　　我特别同意刚才杨颖慧的意见，就是该去哪去哪，大家没必要在这个问题上纠结，全世界的学生都未必是对口就业，所以这个事情不必要非得弄出一个标准。但是我们的教育教学必须改进，需要按照一线用人单位的需求来打造。我上回开会时说，我们现在要馒头你就给我馒头，你别给我包子，我现在需要包子你就得给我包子，你别给我蛋糕。现在经常是蛋糕花式繁多，但是我要的包子没有。

赖冬阳：

　　定制化真正要落到我们的教学的实处，这样的话我们才能与业界互相对接。

　　我们今天还有来自北京启泰远扬文化传播有限公司的董事长及创始人——杨硕。说说你的观察。

杨硕：

　　首先，我特别同意播音和主持是两个方向，我得举一个我自己的例子。我之前在北京卫视做了十年的新闻主播，工作期间"违规"创业，不是为了挣钱，是因为我觉得我的价值感不足，所以我在做启泰文化这样的一家公司，这个公司今年已经十周年了。其实，我在大学期间就在创业，因为闲不住。最早我主持《北京您早》和晚间新闻报道，当时很多人说"这是北京台的播音员"。听到这话我特别敏感，因为我觉得我是主持人，我是一个新闻主持人啊！我认为我是非常会表达、有自己的观点、有自己的温度和价值观的。我认为播音员是播字的。但是就在我要离开台之前的那三四年，坦率地说别人再说我是主持人的时候，我非常脸红。因为我连改稿子的权力都没有，有时候甚至是我自己不屑于改稿子了。这是我一个特别典型的例子。

其次，当时为什么我在播音员和主持人之间会纠结，这和我播的这些节目有关。我20多岁就成了《北京新闻》的主播，非常格式化。当时我是跟贺贝奇和王业老师我们三位搭档。我夹在两位大哥中间，上周六周日的班。我在播的时候，总是会有一种价值感缺失的感觉。我们还有大型直播，当时包括"7·21"特大暴雨，包括奥运会等。那时候我提出一个观点，我说主持人注意力要高度分散，而不是注意力高度集中。因为你一定要分散到你的眼、手、耳，这些都要同步去操作，才可能完成直播。每一次当我进行了七八个小时的直播后，我觉得我找到了当时选择播音主持专业的初心，这才是我想要的！王明军老师曾经说过一句话，一直都是我的座右铭：当大幕缓缓落下时一起体会成功的喜悦。我觉得那一瞬间我是有价值感的。但是每一次我播普通的节目，我在北京联播的时候，中间会有30分钟的读报时间，我觉得没什么价值感。坦率地说我就觉得这不过是我的一个工作，但直播的时候我感觉这是我的一个职业。所以它是完全不同的两个岗位。

正因为有价值感的丧失，所以我在同步创业。我喜欢电影，我一直在学习电影方面的知识。当时在学习，现在在从事电影行业的工作。

我觉得对于播音教学我们应该从两方面去看。第一我认为整个播音人才的培养，或者说毕业生的培养，是一个体制性的问题。作为老师、作为教授、作为学院的领导很难去产生质的影响，这需要时间去改变。但是在这样的过程当中，难道不去做点滴的改变吗？肯定是要做的。

我想跟刘超交流一个观点，我觉得我们不要纠结于人的走向，刚才张树荣老师说得可能更坦率一点，就是该去哪去哪。我觉得应该是纠结于培养什么样的人。我们入口的问题很重要，播音系是一个平台，它首先入口的时候就是千挑万选的，选什么样的人很重要。我认为应该选好人，选基础素质好一些的学生苗子特别重要。另外我觉得在老师的定位上，为人师表，传道授业解惑，老师应该是有神圣的使命感，就像我们为什么会对曾志华老师对各位老师那么尊敬，是因为我们认为老师肩负着这样一个神圣的使命，跟医生一样。所以我觉得作为老师要不断地提醒自己，我要培养什么样的学生。在这个过程当中，我觉得学生的入口要抓，老师的素质或者是老师的定位也要抓。

为什么我会去从事电影方面的工作，我觉得电影是能给未来留下东西的。我作为电影的出品人、编剧或者制片人也好，这是我的一个经历。现在很少有人说杨硕是北京台的主持人，但是他会说杨硕是《战狼2》的出品方，是《我不是药神》的出品人，我觉得很荣耀。我现在依然没觉得离播音系很远，我觉得我的心还在播音系，我从事这个专业也是为系里争光。所以我认为应该是培养更多的高素质的人，流向不同的专业，从而形成一个非常好的格局。

赖冬阳：

杨硕从播音系出发，现在还心心念念想着播音系，不过已经在播音系的另外一个舞台上做得非常得好了。当然今天我们的观察学者当中还有依然坚守在我们的播音主持领域的。有请陈姗姗。

陈姗姗：

大家好，我是陈姗姗，可能大家更熟悉我的播音名小艾，以至于有的时候大家叫我本名的时候我都有些恍惚。那天曾老师给我发邀请函，叫"我们的毕业生都去哪了"，她说你可以从一线从业人员的角度来说说这个问题。

我是2009年进到中央台的，主要是在综艺节目中心的文艺部和娱乐广播这两块。在我做节目的十年时间里，我周围的同事，还有我们每年能接收到的实习生，真正从播音系毕业的非常非常少。当然可能是个别吧。具体来说，我现在是在央广的文艺之声，我们现在主持人大概有30个人。这30个人当中广院播音系毕业的只有三个人。所以有的时候我也很好奇，为什么大家不愿意来？当时我甚至还考虑过是不是大家都流向了电视台，而根本不屑于到电台？但其实后来我问了一下，电视台普遍的形式也都是这样。我觉得这里面可能有两种原因，一是选择专业和适合专业往往不是一回事。我一直对于包括专业的选择和就业的选择有一个这样的观点，就是你在学这个专业，或者说你在选择这个职业的时候，肯定是出于一种热爱，一种喜欢。但实际上我们都知道很多时候喜不喜欢、有没有兴趣，这是一回事儿，究竟适不适合那又是另外一回事。我记得我们曾经做过一个特别恰当的比喻，就是如果你还不能够在生活当中理解喜欢和适合有什么区别，你就想一想自己在网上买鞋买衣服的经历：在上面看着特别好，但实际上买回来之后发现根本不适合自己，但你原来以为自己适合它。所以在选择你的专业和在你选择就业这两个方面，我发现了有两大误区：第一大误区就是很多人觉得自己声音好，就可以来学这个专业。这时候我只能跟他说"你声音好，的确实是一个先天的优势，但是你究竟适不适合学这个专业，我建议从多方位考虑一下。"第二大误区就是非常实际的一种考虑，他们说因为我们觉得学播音分低，不用考那么高的分，我就能够解决大学就读的问题。

接下来就关乎到就业的方向。我觉得这个很大程度上涉及你对于自己的定位选择。你认为自己到底适不适合，这个时候就需要你对自己的未来有一个详尽的规划和发展。不是说我学了这个，就一定会适合做这个专业。张树荣老师有个观点我非常认同，播音和主持是两个方向。当时我们在学校接受的所有学习都是播音跟主持合二为一的，然而我们都知道时代是在不断发展，大众的需求也是在不断发生变化。比如说像"中国之声"，可能更注重国家级媒体的形象，播报时事新闻的时候要体现专业性，必须得有一种播音员的播音腔，大家听起来才会觉得你说的是有道理的。这也就像为什么很多人会说，虽然现在网络上有很多的新闻主播，但是我们一听就不会去信，我们还是会说去听听央广或者央视怎么说。因为他们的声音的专业性代表了一种权威性。

我们再来说一说主持，我觉得主持这个行业是更看重天分的。他可能不是学这个专业的，可能说话也不是那么字正腔圆，可是为什么他说的话就那么吸引人，为什么他最后成为了一个著名的主持人？比如说海洋，我觉得这个就是他天分的体现。我们学校不仅要培养一个声音好听的人，更应该根据他的兴趣、特长对他进行多学科交叉渗透的培养。因为就目前的就业形势来看，你光做一个声音好听的人是远远不够的，你得做一个言之有物的再加上声音好听的人，才能够有你的立足之地。

贺秋实：

我今天想表达三个方面的想法。

第一个是我们今天讨论的"我们的毕业生去哪儿了"，实际上讨论的是"我是谁？我在哪？我应该去向何方？"这包含我们这个专业和行业当中的人、我们这个专业和学科本身以及我们现在的这个行业本身，它是一个共同体的所在。那篇推文的最后一句话是这样说的，"我们每个人都站在时代的洪流里不知去向"，可能这句话也是表明了当下很多人的心声。但是为什么会出现这样的一个状态？

我想说我的第二个观点。刚才刘超在说的时候表达了三个层面，但我觉得可能还少了一个层面。我认为不应该把国家和时代层面给忽略掉。而且我特别关注了一下最新的中国传媒大学的办学理念和我们的培养目标，上面是这样说的，"以融合人文和艺术的大学精神为主导，培养优秀的语言传播工作者以及更好地行使大众媒体话语权，架起信息沟通的桥梁，通过高质量的有声语言传播塑造表达典范，在书同文的基础上实现语同音的理想，发挥语言的文化承载力和精神塑造力，彰显中华民族的优良传统和精神气质"。如果说这是我们的办学理念和培养目标的话，那么我们培养的人不仅仅是在传统媒体当中就业的播音员和主持人，实际上我们是有更高的使命感、价值感和责任感的。如果要从国家层面来讲的话，我们也不能忽略掉时代，因为我们专业建立本身它就是伴随着时代的发展。我们的国家意识形态，我们的整个政府，它需要这样的行业，它需要这样一群人。那个时候我们技术上的载体是广播和电视，现在媒体技术发展开始有了互联网、大数据、云计算、人工智能等，包括 AR、VR 所有的这些新兴的技术，其实都是在我们考量媒体范围之内的。刚才在刘超老师的分析中，毕业生就业只限于国家级媒体、省级媒体、市级媒体和县级媒体，对吧？我认为是以统计传统媒体为主，但实际上我们是不应该把所有的新兴的媒体排除在外的，因为我们要与时代同步。所以我就在想除了刚才的学生、学校、媒体之外，我们应该再考虑这个层面：我们的国家需要什么样的人，我们的时代需要什么样的人。不过，回到学生这个最微观的层面当中来，我们的人是按照国家的要求、时代的要求去选的吗？我们的学生是多元化的，而我们学校的培养方式上也应该是多元化的。我们既需要有精英化的教育，我们还应该有个性化的定制，所以我认为我们的教学模式应该是多层化的。

这就要进入到我要说的第三个方面，因为我现在的本职工作是教师，所以我就在想我们的学科、教学的发展应该是一个什么样的思路，目前看来非常不成熟。我本人毕业之后先是从事了媒体工作，几年之后又转到教学，而在教学过程当中我又通过各种各样的方式跨行业了解了很多行业的特点。所以在我看来至少在这个定位上、这个坐标体系是一个六维空间。哪六维？首先我们要有向上的生长空间。当然我们要想向上获得更多的阳光，我们就必须向下扎根。第二就是我们既要追随时代向前看，又绝对不能忘记历史，我们一定要向后回看。所有的这种历史的、物化的成果，其实它是一种新兴的生产力，它能够给我们更多的启示和激发，不能忽略。第三个空间就是我们要向内。我们要向内拓展什么呢？我们的专业功力。刚才张树荣老师说他喜欢播音腔，我也喜欢，为什么？真正有播音腔的人才是专业功底深厚的人！之所以现在大家对播音腔存在着质疑，就是因为你的专业功力还不够，所以我认为我们应该去重视专业功力的夯实。但同时我们要向外拓展，拓展学科、拓展行业，要带着一个开放包容的心态去坚守我们的专业自信。

赖冬阳：

刚才我在听贺秋实的发言的时候，真的是觉得特别的开心，开心在哪里呢？因为我们对于学术竟然有这样深刻的责任感，同时，还有那么一批人在我们播音主持专业的一线里面，在我们的老师里面，在我们的学者里面，所以播音专业肯定是前途可期的。

在刚才的观察学者发言的环节里，几位观察学者都提出了自己视角独特的观察和评论。几位其实都是意犹未尽，比如说杨硕只讲了一部分，他还会在自由发言时间进行补充。

自由发言

张树荣：

用人单位和育人单位现在是拧着的。我一直在思考咱们的学科，本科读四年，硕士两三年，往后再学还有博士，都是在研究怎么说话，有的人越学越好，有人越学越糟，到了一线以后又归零了。"播音"和"主持"我们是分开用人的，但是我们现在还在播音主持这一棵树上，在研究学术方面的东西。我们这个学科和金融、法律、政治这些领域的专家精英不一样，他们可以左右经济形势、金融形势、国家政策，而我们播音主持专业培养的人才只能适应媒体的发展。我并不是否定张颂老师，张颂老师的东西是要发展的。其实，张颂老师后来已经考虑到"主持人"这一块了。

我从一个普普通通的主持人开始研究音乐、学习音乐，一天到晚跟这些音乐精英们"混"在一起。反观现在的很多主持人，上班来做节目，就从网上找一些资料。其实这些东西受众已经都看到了，这样做节目没有受众愿意接受。北京人民广播电台体育节目主持人梁言，在体育界有着深厚的影响，他一天到晚扎在比赛里边、扎到运动队里边、扎到俱乐部里边，所以才能把体育节目做好，我们的主持人毕业之后到各个岗位，必须做到这一步才能够往下发展。

我们的教育和教学单位要去改，如果不改我们的毕业生和就业岗位会越来越脱节。教育教学怎么改？比如说大一、大二主要开设公共课，到了大三大四之后"播音"与"主持"要分开，"主持"也要大概分出一个方向。授人以鱼不如授人以渔。老师们应该教给学生学习的方法，比如某个同学是偏向文艺类的，至少演出需要去看，作品需要去读，方方面面，需要去涉猎和接受。偏向体育类的同学，比赛需要去看，不能整天只扎到学习基础里边去，而不管窗外发生的任何事情，否则怎么去感受将来要做的方向呢？老师要去告诉学生吸取某一方面知识的方法，而不能老教学生"怎么说"。现在"怎么说""对谁说"都能教，"说什么"还没有解决，而恰恰到一线分了工作以后是要我们"说什么"的，要的是知识和内容，而不是说话表达的技巧。我们这个领域只能是前边要包子，我们给包子，前边要馒头，我们给馒头，这样我们毕业生的就业率才能高一些。改是一定要改的，但是怎么改，需要更多人去思考和行动。

赖冬阳：

刚才张树荣老师提出来一定要改，尤其是现在的教学方式、与业界的结合，都应该多进行一些改变。观察学者贺秋实刚才也说到了，就是要更多地跟业界结合，你跟张老师观点是一样的吗？

贺秋实：

听了张树荣老师的阐述，我想这种向内和向外的拓展也是我们的学生所需要的。我们可以把专业当中一些有功底的东西，有功力的东西，或者是有理论价值的东西教给他们，让他们获得一种思维方式。比如我们学校开设了实训课，学生小组以工作室的名义来进行整体节目的策划运营，让播音专业的学生从节目的策划到拍摄到采访，包括最后节目的成形都要参与。很多小组为了节目还要去传统媒体、新媒体谈判，以检验这个节目有没有客户、能不能卖出去、愿不愿意合作等。有时候他们能够通过这种方式获得一定的经济资源和社会资源。我们的实训课不是为了让他们挣钱，而是让他们知道我们专业的难度以及运营节目的不容易，当他们回过头反思专业的时候，会发现专业基本功的重要性，这直接影响到节目内容的价值。实际上我们是通过这种方式让学生意识到专业功底的重要性。他们经历了这样的自我反省后，会有很多新的感悟。我们用这种方法将理论与实践充分结合起来。

阎亮：

我觉得用人单位把高校当成了唯一培养人的地方，实际上用人单位也有培养人的义务。一个人的培养，高校是一部分（在高校打下的更多是基础），到了用人单位之后，用人单位也应该对这个人进行培养。一个公司招员工的时候招的只是个"人员"，之后在工作中渐渐成熟，能搭把手，他变成了一个"人手"，再后来工作可以独当一面，他就变成了"人才"，最后如果他有很强的号召力了，很有可能就成了一个"人物"！当然，有的人可能在工作中不务正业，同时还搅和局面，那他就变成了"废材"。

　　因此，我想说，人的发展方向是学校的责任吗？实际上与用人单位的环境和培养人的意识也是有关系的。那学校要怎么办？其实学校现在已经在改变了，像中国传媒大学现在已经在调整专业课程的比例。跟大家想象的可能不太一样，我们现在的变化是更多地削弱专业课程的比重，增加大量的通识教育课程。

杨硕：

　　我很想谈谈基础的问题，我试着来给出一些解决的方式方法。

　　我大一的时候就开始创业，做了一个音频工作室，录音做彩铃。自己装修自己买材料，以至于我到台里工作的时候比技术部还懂音频嫁接的问题。后来又买了罗德话筒、数字调音台，给中央人民广播电台录广播剧、"鬼故事"等等。我从大学的时候就开始跟社会接轨了，到现在我有很多客户都是我当时大学时期认识的。另外一个例子，我非常喜欢电影，我就想怎么学习电影，因为这是跨行业，确实不了解！我投资的前五部电影血本无归，我七年挣的钱全赔在了前五部电影上。这种事情还有很多，但这是自己选择的路，自己选择的路就要走下去！

　　播音系有大量的毕业生是由于自己的努力，在不同的行业当中取得了好的成绩，收获了宝贵的经验。咱们的专业不光要开设基础课、通识课，还应该开设一些精品课程。来讲课的人，可以是行业内的，也可以是行业外的，都可以过来分享。另外一点，应该让学生形成对自己产业的期待，而不要只是对"播音员"或"主持人"这单独的一点有期待，其实这只是平台里的一个工种。当然播音员是需要定向培养，但主持人一定是一个杂家且有深度积累。所以我刚才提出一个解决的观点，就是增加真正的精品课程。学生在精品课中可以看到一些方向，在这个方向中可以让他自己反向思考自己的定位和选择。我认为这是解决的方法。

贺秋实：

　　我们有类似的精品课程，叫"开放式课程当中的导师制度"。我们请来的导师叫梦想导师，这些梦想导师有的来自媒体界、有的是企业家、医院的院长，还有基础教育界等来自各行各业的人。我们将 6 到 8 名学生分成一组，给每个小组配一个梦想导师，他们将要做的事情由梦想导师负责引导。我相信梦想导师比我教得更好，但是我没有钱给梦想导师，我也没有办法跟学校申请资金。怎么办呢？同学们要做的项目跟梦想导师所处的行业结合在一起，同时用媒体的思维和我们的专业技能去加以结合。在这个过程当中，学生不仅发现了自己的价值，还在帮梦想导师创造价值，梦想导师是要给学生钱的。但是他们的价值不在于赚了这几百块、几千块甚至是上万块，而在于自我价值得到了认可，发现了自己的能力，能够为他人、为社会做贡献。

李斌：

我在运营一个抖音的账号，运营一周粉丝大概有五六万，现在一期的播放量最高有 670 万，点赞量 17 万。其实不是想做一个网红，而是想去研究一下怎么创作内容，受众更需要什么，短视频的技术和内容应该如何去结合起来，等等。那么问题来了，这些知识谁能给我们？自学是一部分，社会是一部分，但更多的应该靠学校。今年我们博士生有一些前沿课特别好，我正是在这样的前沿课当中才听到了抖音总监发布的消息，我才会去做这样的事情。所以学校该做哪些方面的努力呢？我觉得有三点。第一个方面，应该给学生灌输互联网思维和营销理念，第二个方面就是新媒体技术的应用，第三个方面就是个性化的提升与定制化的培养。

赖冬阳：

我做了七年的财经节目主持人，到现在为止我还没有看到哪个高校的播音系真会去定制化地培养财经节目主持人。而现实是什么？我看到很多播音专业毕业的财经节目主持人处在某种困境当中。困境在哪里？他没有办法跟这个群体的人进行对话，他不知道这个群体所经历的喜怒哀乐，他只是以一个符号化主持人方式存在，所以渐渐地他们就会被边缘化。

其实业界特别渴望、特别需要那些能够担任财经节目主持人的人。只是我搜索了全国所有的播音院校，还没有发现任何一所院校，真会去顺应市场的需求，把自己的专业定位再精准一些。这是一个很可怕的现象，这说明大家对于市场需求的回应是消极的，尤其是我们播音专业的教育。所以我想说教育要尽快细化培养标准，只要努力去推进改变，适应市场的需求，专业本体才能真正立起来。每一届用不同的定制化培养，今年是财经、明年是国际新闻、后年是体育解说。师资不够怎么办？本体师资和外请师资共同把它做起来。让学生们进入模拟环境里去，让他们尽快成长，探索出一条道路，这样播音教学的格局就打开了，我们跟现实沟通的路径就打开了，才能培养出好学生来。

谭菲侬：

今天的题目"我们的毕业生去哪儿了"就是在探讨一个专业学习的入口和出口的问题。我们现在的入口是唯一的，学生们都是按照播音主持专业的专业标准招生上来的，但是我们的出口一定是唯一的吗？我觉得不是，而事实上也确实不是，我们的专业出口其实很多。

我也在思考我们是谁的问题，我们是教专业的老师，我们所做的事情就是在入口和出口之间做的事情，我们要教给学生的是，需要具备什么样的能力才能走到这个出口去。现在国内的播音主持教育好像千差万别，其实千差万别不是劣势，而是优势，正是因为我们现在的媒体环境和市场需求千差万别，所以人才培养才需要千差万别。那么在这个过程当中就涉及怎么培养的问题、培养方法的问题。怎样既保持专业价值感，又让学生具备专业能力，这方面我们该怎么做？怎样提升学生的专业能力？我们一直在说"互联网＋"，是不是也可以提出一个"播音主持＋"的理念？也就是播音主持加另外某一个专业领域的学习，比如财经、体育、音乐等，这样会让我们的学生更具有竞争力，更具有专业性，并且在上岗的时候可以上手更快。我们的专业，一定要跟一线的媒体密切联系、加强联系、深化联系，无缝接轨。

张树荣：

现在我们要解决教学两个方面的问题，第一个问题是"播音"和"主持"要分开，如果不分开真的做不下去，所有学生们一块儿培养就形成了"播音上不去，主持下不来"的局面。第二个问题就是学校的专业老师跟一线之间的关系。我特别主张一线的播音员、主持人到教学一线去，教学一线的老师到播音主持一线去实践。

纪懋雷：

我非常同意张树荣老师所说的"播音"和"主持"分开教学，播音更强调的是基本功。我刚进台里的时候，被台里的老师劈头盖脸地骂，因为基本功实在是太差了。很多实习生要么就是想有播音腔但又没有达到一个高的水准，要么说话也说不好。其实现在我们讲的播音方法，更多的是陈述式的沟通方法，我们也很难再听到之前那些非常具有时代感的播音方法。现在电视台里包括央广的老师去《新闻联播》配音的时候，也能感受到一种很大的区别。

赖冬阳：

今天我们的讨论，其实问题意识是特别强的。问题意识在哪里？就在于我们想要精英化地培养。刚才我们前面的讨论，涉及更多的是如何精英化地培养那些能够从事播音主持工作的一批学生。接下来我们还要去关注一下将来不能去从事播音主持工作的学生，他们该怎么办？

谭菲依：

其实学生能不能从事本专业并不是我们可以判断出来的，这个是要根据毕业的时候，学生与就业单位的双选，一个是个人意愿，一个是单位的需求。我想我们现在很多的思考都是站在我们的立场上去想问题，我们是否也要站在学生需求的立场上去思考问题？学生当中确实有一些仅仅是为了考学而将艺考当作捷径，进来之后，他们并不想从事媒体行业。对于这些学生，难道我们还要硬拉着他们培养吗？

杨硕：

很多年前，我给北京城市学院播音专业的学生讲课，课程一共八节，时间是每周三早上 8 点到 12 点，课程的名字叫播音理论基础。我看到城市学院播音系学生们的状态是很迷茫的，大家在学校里找不到方向，也对播音主持这个专业没有什么感情。所以我讲课的内容其实与播音理论并无太大关联，我更多是分享一些方向性的选择。我提出一些问题或者给出一些大家未来可能会遇到的问题，让同学们自己思考，同时又把一些表象的东西做深度地剖析。剖析过后我也不给出答案，因为我给不了各自的答案。现在城市学院的这届学生毕业了，一年之前有十几位同学给我发了消息，对我说"感谢杨老师让我们认识到了自己的真实状态，我现在已经工作了，希望您工作顺利，也希望我可以随时向您请教我遇到的新问题"。我认为这是点滴的变化。真正的精品课程是给学生方向，教师无法解决学生所有的问题，但要给学生一个方向，而我觉得这是传道、授业、解惑的一个根本点。

贺秋实：

我在本科刚毕业的时候也有同感，让我去讲一个理论，并且往深挖掘，去讲它内在的规律性，我讲不了，甚至我当时认为没有什么理论基础，播音主持很多东西都是相对感性的。这是我十几年前的一种感觉。但是后来我发生变化了，我发现播音学科的理论基础是非常深厚的。只是因为很多人当时没有发现它的美。这世界上只存在两种人，第一种人是发现了播音学理论的魅力。第二种人是没有去看，所以他不知道播音理论的魅力。我也是在后来不断的理论、教学、实践的循环往复中，在不断的困惑和反思当中，去寻找播音学科的根源。我开始重新翻出我们本科的所有教材，包括张颂老师的《中国播音学》《播音主持艺术论》，我都看了。虽然我看得还不够深，但是在看的过程中我无比享受，里面很多的内容我在本科的时候是看不懂的，但是后来经过了很多反思之后，回过头再来看这些书目，解开了我很多实践中的困惑，发现了一种探索的乐趣。书是一辈子都看不完的，但是专业的自信和根基越来越凸显。后来我把我的这种感受传授给了我的学生。

曾志华：

刚才谭菲依说我们一直都是站在老师的角度来看待今天的问题，那我就"篡"一把主持人的"权"。对于在场的有些同学来说是"过去进行时"，接下来，我们请一位"现在进行时"的来自 2016 播音系本科的同学，听一听她的感受。有请王忆希同学。

王忆希：

我想提一个问题。老师的出发点一定是特别好的，但是作为学生，说实话，大一进来之后，我们开始学专业课，学到现在我已经大三了，专业课伴随着一些公共课，一个学期学完了，考完一个忘一个。所以，这种公共课的普及真的有用吗？还是除播音外，精深一门会比较好，会让我们印象更深刻呢？

还有一个问题，有老师的观点认为可以适当缩减招生人数，毕竟现在已经是供大于求的状态。但是我想弱弱地说一句，作为一个之前没有报过任何艺考班的同学，如果不是招一百个人的话，我可能就进不来了。但我并不觉得我对于播音专业的热情比别人要少。所以我觉得不应该从人数入手，而是应该从制度，从如何把它更加完善入手，这是我自己的一个小小的建议。

第三点呢，我个人觉得，就我目前的学习阶段来说，播音和主持不应该分开。播音的英文是 broadcasting，主持是 hosting，而播音主持应该是 anchoring，就是一个掌舵者的身份。如果你真正把 broadcasting and hosting 学成了一个 anchoring，就不存在哪方面更加精通这个问题。

赖冬阳：

好，谢谢忆希同学。

接下来，我希望我们的讨论还是能回到原点上，就是怎么办的问题。刚才几位都已经出招了，刘超是精英化培养、定制化培养；贺秋实提到"梦想导师"的做法；杨硕提出多开一些真正的精品课；张树荣老师提出要把播音、主持分开，尽早分开，尽早明确方向。还有李斌提到了四个建议，谭菲依提到要"播音主持＋"的双核心或者多核心的培养模式，王忆希认为播音和主持不应该分开，而应该真正把 broadcasting and hosting 学成 anchoring。还有什么建议？大家可以抢麦。好，孔亮。

孔亮：

我不是抢麦，只是想给大家提供一个思路。

前段时间，我跟国外一些院校的老师通邮件，在联系的过程中，我会给他们提供一些信息，比如我的专业是播音主持，我用的是 Major 这个词。有一位教授给我回复说，你的主修是播音主持，那你的辅修是什么？那一瞬间我突然意识到，我们对于 Major 这个词的理解是不太一样的。他们认为这是你在基于所有的通识课程之上最感兴趣的一个东西，这个东西叫播音主持；而我们认为这是我们的专业，甚至是我们的饭碗，是我们用以谋生的东西。我不是在玩文字游戏，这两者其实区别很大。主修和辅修都是从"人"出发，是"我"主要修的课程，和其他想修的课程，这个评价更多来自我自己。那专业呢？很少有人跟别人说，我是专业的，这个词更多出现在别人的口中，别人说你在这个领域是专业的，是别人的评价。我想说的是，我们对于在大学学习到的这门技艺从来都是来自别人的评价和社会的需求，当然这没错。但我依然认为，当你在大学学一样东西，它背后的逻辑是你所学的东西已经在社会上形成了某个专门的行业领域，你现在学的东西和你将来要从事的工作是直接挂钩的，而不是如同你主修了哲学，以后不一定要成为哲学家或靠哲学吃饭，只是通过你学习到的东西更好地和自己相处，或者让你的生活多点美等等。我老觉得如果不是这样，会少了很多乐趣。像张树荣老师说的，行业需要包子，所以你就要给我包子。我更希望自己不要成为一个包子或一个馒头，我就做一个发得比较好的面就好。

回到我们今天的题目——我们的毕业生去哪儿了？我想说，这个问题的答案在我看来很简单，我们的毕业生都离开学校，去到社会了。即便我们的就业环境不是我之前描述的那样，但好的生态系统和坏的生态系统都有自己的调节功能，我们的毕业生最后一定是主动或被动地去到了整个社会机器运行过程中的一个螺丝钉的地方。如果希望他们都被放在了应该在的位置上，我觉得我们的大学教育除了所谓的专业教育外，还应该教学生两件事，一个叫认知自己，一个叫如何面对失败。前者是给那些不想从事本专业的学生，帮助他们发掘自己。当然这个发掘过程的周期应该更往前提，甚至父母和家庭的介入程度应该更高；后者是给那些想从事本专业的学生，但 5000：20000 的现实本身就注定有很大一部分学生无法从事世俗意义上的本专业，这时候他们更需要的是如何更好地面对竞争带来的失败。

但我想，我们现在面对的是一个快速迭代的社会，过去我们父母那一代，一辈子只做一份工作，而现在我们都已经不是换三个单位，而是换三个行业的节奏了。你会发现你身处的行业会变革、会衰落，甚至会消失，而其他行业给你的机会更多，像杨硕一样。这种行业间的迭代会在你的身上成为一个缩影。因此，一个成熟的职业观或者说是某种终身学习是我们的大学教育更应该给予学生的。

赖冬阳：

嗯，好。我来回应一下孔亮。如果从国家建立学科的角度来说，当然最好的一个模型是，我花了四年甚至更多的时间培养的学生，他能够从事他应该从事的专业，这是一个完美模型。当我们把时间轴往回倒的时候会发现，播音主持教育之前的确是这样，而现在情况变了。这个时候该怎么办呢？接下来我希望大家再聚焦一点。

谭菲依：

刚才孔亮说的这个观点，我非常同意。今天我们谈论的这个主题，是单纯针对播音主持专业，还是说所有的专业都面临这个问题？说到底，就是一个入口和出口的问题。谁规定说你从这个入口进来，你将来出口必须得是唯一的？中文、新闻包括其他专业也未必是这个样子。

赖冬阳：

你的意思是横向比较之下，我们完全可以释然。

阎亮：

其实我一直觉得，聚焦在解决方案上，可能不是我们在这儿商量就可以决定的。刚才谭菲依讲了一个很重要的点，就是我们的三方协议。我们讲了用人单位、学校老师，但是我们可能有点忽视学生。教学中，咱们不是没尝试过让他们自己选择学什么方向，比如新闻方向、综艺方向、口传方向，但其实他们自己很迷茫，或者说根本就不知道该怎么选。他更希望问老师：老师，我应该学什么方向？

在我个人的学习经历里，最快乐的时候就是考研的时候，因为那时候我才知道我到底要学什么，我才知道我之前用了四年时间印证了一件事，就是原来的专业我学不了、我学不好或者说我不想学了。不是说一定要专业人专心做专业事，那是一个追求，是一个理想。不是每个人最后都把这个专业做成一辈子的事情。

杨颖慧：

我就着阎亮的话说一下我自己的看法吧。我本科的时候也是公共课上一门忘一门。但毕业去一线工作之后，会切实发现有很多东西是不了解的。当我想去了解的时候，就觉得知识体系不健全，知识储备也不够。所以这个时候再回到学校，就是上一门学一门，而不是上一门忘一门了。因为我知道我想知道哪些东西，我欠缺哪些东西，所以我觉得真的不用着急，时间会帮助你。

杨硕：

我觉得孔亮提供了一个全新的维度特别好。但是万事万物离不开外部大环境，我们与外国的一些院校体制不同，那么应该是从兴趣出发还是从未来的谋生出发，其实可以做一个探讨，不见得有定论。

我觉得咱们今天探讨的应该是两个维度，第一是提高学生在毕业后未来5到10年支配生活的能力。我就一直在不断提高自己支配生活的能力，因为这样的话，我可以不被生活所左右，一直坚持自己想要的东西。第二是在学校期间更早地认知自己。回到我为什么一直在说真正的精品课程，我都快奔40了，到这个年纪还在上学，我是能真正体会到精品课程会给你带来很多的收获的。像我在读清华的EMBA，很多课一看标题跟我没什么关系，但又得去上。上课的过程我发现，很多一线来的大咖他分享的东西，会突然对你这个专业起到一个"叮铃"一下的作用，甚至有些课程，它只要给你一句话，一句话都OK，都不白听。我们常说隔行如隔山，但隔行不隔理！很多时候你在不同的精品课上，你能体会到不同行业给你带来的那种"拎起来"的感觉，往往有一句话就够了。所以我坚持认为，真正的精品课实操性是最强的，也许用一年的时间就遴选了十几位这样的人，然后就可以滚动起来了。他们会不断带来自己在这个行业和前沿当中的一些感知，不断地反哺到学校。我觉得这是一个良性的循环。

赖冬阳：

到底哪些是真正的精品课程，或许你会给我们开一个这样的课程单。

杨硕：

我从我的角度谈。比如说在电影领域，我认为我可能是专家，我不用管底下的学生是不是学播音的，我不会说"我是播音系的大师哥，所以今天我谈一下播音和电影之间的联系"，不用，我就讲电影。另外来的可能是一个户外爱好者，他就讲他徒步365天跨越了大半个地球，等等。总之，就是让大家在这里找自己要的东西。

贺秋实：

我觉得我们的学生有没有从事本专业这件事情并不是问题，重要的在于我们所教授的课程能不能体现出我们这个理论的价值。是否应该让我们的学生真正就业的时候，发现他其实是离不开有声语言传播、离不开与人的交流表达的，他还是在整个大专业框架当中，那个精神内核他是离不开的。因此，一种理论的奥妙在于，当它没有用的时候，我依然热爱它。我希望逐渐地让大家对我们这个专业包括对这种理论的理解是：第一个境界它看起来有用，第二个境界它看起来没有用，第三个境界它真得有用。这是我认为我们应该进入对于理论的一种无用主义，它实际上是好的。

赖冬阳：

嗯，好，时间到了。接下来是自由提问环节了，总共时长是15分钟。

大家有什么问题可以向在座的每一位，包括专家，包括我们的轮值学者，还有我们的总评专家，都可以向他们提问。

李斌：

我来提问。刚才轮值学者刘超说了就业的三个因素，除了学校、学生，还有用人单位。那么在用人单位上有没有一些问题，用人单位应不应该做一些调整，我觉得这个应该去思考一下。请问杨硕，在你看来什么样的人才是你们公司想要的？

杨硕：

嗯，我们作为这个市场一线的公司，学历在我们这儿不太重要。我刚才统计了我们公司的员工，有五个是播音系的人，其中四位都是我同学。因为我对这五个人了解，他们都是品行很好的人。但是在短时间内我觉得你很难去验证一个人品行好不好，你只能通过跟他交流。当然，对于我们这种每天都跟人打交道的人来说倒也不难。我是觉得最重要的就是人品要OK。然后这个人的自我成长很重要，我觉得它占到了70%。如果没有自我成长的能力，未来也会被淘汰。

赖冬阳：

还有什么提问的吗？

刘超：

我也想提问杨硕，就是你将来还会回到播音主持的行业吗？

杨硕：

首先，我对台里有深深的感情，包括跟系里。我觉得对我青春的第一份职业回首敬一个礼，这是我十年的一个状态。第二呢，我一直认为我会是一个非常出色的访谈主持人，包括现在我也依然这样认为。我觉得未来有可能吧，如果我的公司真的到了一定程度，可能我会去脱手，我是特别愿意回到学校去分享。因为我觉得播音系的很多人或者学播音的人，他天生就是有表达欲的。当时宁浩参加《开讲了》时说，"如果我不做电影导演我会当画家，因为我想表达"。他想表达因为他觉得他的东西有价值，他才想表达。所以呢，我也觉得未来如果有合适的机会，有可能我还会去到某一个平台上去做一些我想做的事情。

张树荣：

我就接着前面孔亮说的再说一下。

其实要说兴趣，我来这儿招主持人，我会先问你有什么兴趣？我们说一切从兴趣出发，如果说我们对这个事情没有兴趣，你再怎么开发他，他是被动的。不管是他入学也好，还是就业也好，他如果这方面没有兴趣，真的很累。现实中真有主持人很累，就是因为他不喜欢，但是工作又给他了，所以他很疲惫。这是第一个问题。

第二个问题，我们现在要专家型的、学者型的主持人，财经节目里王冠他们就做到了。我就想我们今后广播节目的改革，不管是电视还是广播，都是以主持人为主，因为你请的嘉宾，你确立的选题，嘉宾是辅助你来完成这个选题的。然而现在我们不少主持人还做不到。写几个问题，请来专家，第一个问题问完了他就没事了，由着专家侃侃而谈，完了他就按着稿子念第二个问题。所以我觉得这个事情就是刚才阎亮说的，用人单位后天培养的问题。

赖冬阳：

借这个机会，我也说一下我的体会。

我在新华社工作的时候，每一次在我这儿的实习生，我能看到他们身上的蜕变，让我真切地感受到高校是可以改变的，不是说不可以改变。当我们要去面对现实的时候，不要去谈那么多困难的理由，而要去探索我们到底能够做成什么。我觉得我们的态度应该是，这是我的学生，到了我这儿，我就要通过几个月的时间让他能够适应我的岗位。我想这才是我们作为老师的职责。因为我是做财经节目，我就告诉实习生，每天上班之前，你应该把新华网财经、新浪财经的节目和重点新闻全部搜一遍。我给你六个维度，政治、经济、产业、公司资本市场、创新的商业人物和商业模式。你每天告诉我，最重要的新闻是什么？填空，六项。然后呢，每天给我讲一个故事，讲什么，我拿着吴晓波的《激荡30年》，我说像他写的最通俗的一本财经传记一样，十分钟，给你讲。一个半月的时间过后，这两位实习生都表现得非常专业了。当他们去做选题策划的时候，他们的有声语言表达是有依靠的，依靠在哪儿？依靠一个一个的专业的思维体系，而不仅仅是依靠语言规律。当越来越多的表达依靠的是知识体系的时候，我们就跨出了革命性的一步。

最后，我们请出两位总评专家，今天听了那么多，肯定有很多话要说。有请高贵武老师。

专家总评

高贵武：

今天我们探讨"毕业生都去哪儿了"这个话题，有一种深深的忧患或是忧思意识，这忧思的后面隐含着我们对于这个专业的价值评判。是不是因为我们的毕业生专业对口率降低了，就意味着我们这个专业的价值下降了？我觉得道理没有那么简单。

首先，在我们评价一个专业的标准中，就业率只是其中一个方面，况且我们今天还没有用到就业率这个词，我们用的只不过是专业对口率。去年中国传媒大学播音主持艺术学院的就业率是百分之百，从就业率的角度上来讲，我们的价值体现得非常成功，非常到位。所以在衡量专业价值、专业标准的时候，除了看就业率、专业对口率之外，我们要更深地去考虑专业价值怎么体现。我觉得衡量一个专业的价值不在于它培养出来多少专业对口的人才，而是说它真正为这个社会贡献了多少智慧，或者说人力。本来应该是别的专业的毕业生去从事的岗位，被我们专业毕业的学生从事了，换句话说就是我们从其他专业的人那里把饭碗抢过来了，这是不是我们的成功？这是不是更好地证明了我们这个专业价值的存在？所以在探讨"我们的毕业生去哪了？"这个问题的时候，我的观点是去的地方越多越好，或者说去的岗位职位越高越好，这才能体现出我们对社会的一种价值、一种贡献。

其次，就业是一个很复杂的问题，我们作为培养者只是其中的一方。现在是一个市场化的环境，就业受到市场的调节作用，是一个看不见的手在后面调控的，我们的供大于求或者供不应求，会通过这个看不见的手反映过来。找工作是随缘的，这个不能单纯地作为一个评定标准，我们这个专业成败与否，完全以一个就业率或者专业对口率来衡量，我觉得这是一个问题。

其实我们就是在锻造"水",我们怎么去把真正纯粹的"水"生产出来,至于说这个"水"将来会装到方的里头或者圆的里头,这"水"自己也不知道。你问我这"水"将来是方的还是圆的,我也不知道。你是纯粹的"水"就可以了,你在哪里都可以发挥作用,发挥价值。

回到大学的本质、教育的本质上来说,耶鲁大学的校长讲过这样一句话,"如果一个学生从耶鲁大学毕业后居然拥有了某种很专业的知识和技能,这是耶鲁教育最大的失败"。斯坦福大学的校长说,学生有能力在各行各业有机会发展,这是他们最终的教育目的。那么,回到"我们的学生去哪了?"这个问题上,我认为去的地方越多越好。

最后,用一句话来总结这个问题——如果我们已经给了学生一张能打鱼的网,那么学生用这张网到哪里去打鱼又有什么重要的呢?

曾志华:

我们的毕业生都去哪儿了?这个题目带着强烈的老师视角、导师视角,带有老师的一种关切、关注和牵挂,还有老师的困惑、无奈和茫然。

从教育学的角度来看,学生起着主体作用,教师有着主导功能,从这个角度而言,我主要谈三点:

第一,想不想。也就是学生愿不愿,这个当中更多的是学生主体的作用,有没有兴趣非常重要,老师的主导功能当然也很重要。

第二,能不能。这个"能不能"指的是有没有这种能力来做这个专业。我认为这个"能不能"更多的是主体加主导,也就是学生 + 老师。因为对于学生的专业能力、专业性的训练,教师的主导功能至关重要。尤其在今天这样的背景下,怎么教?教什么?

高贵武老师给了我们一个新的维度,"我给你一张网,你在什么地方打鱼都可以"。可关键是我们给他的是什么网?这个网有多大?是河塘里用的,还是可以去深海捕捞?我想这是我们做老师需要考虑的。张树荣老师的观点也特别好,他以自身的经验和体会告诉我们,做主持人要"一头扎进去",这个"扎"字既有深度,又有锐度。

是的,业界的需求我们应该去思考。比如业界需要具有独立的策划能力、编采能力、现场主持等综合能力的主持人,还要有适应国际最流行节目样式的主持人,等等。铁城老师曾在央广开创过"播说诵演"的业务类型,那我们的专业教学是从能力入手还是从业务类型入手,这需要每位老师根据自己不同的学生去认真思考。

　　第三，能不能。这个"能不能"是来自学生主体之外的能量，而不是能力。这个能量来于用人机构、社会等。这是学生主体和教师主导有时够不着的地方，是学生和教师一同与社会用人机构博弈和谈判的过程。

　　既然是博弈，就可能输也可能赢。输，我们说了不算；赢，我们有时说了算。比如学生靠自己的实力，或者老师通过营销手段、推荐手段去争取机会。既然是博弈就应该有策略并加以实施，比如"曲线救国"，可以先做记者再做主播，其实这样的路径会让你走上主播台更有底气；再比如还可以创业做自媒体。

　　再说谈判。谈判是双方妥协的艺术，对方的妥协我们管不了；那我方的妥协，也就是作为学生和老师的妥协，我觉得可以坦然面对我们能力的局限，可以坦然面对毕业生从事专业以外的岗位。因此要学生和老师合力而为，主体和主导合力"织网"。

　　我们关注我们的毕业生都去哪儿了，体现出老师对于学生成长、痛感、欢乐和美梦的关切。其实我们很知道学生对于美梦追逐的欢乐和痛感，因为这本身就是对自我职业生涯的规划。职业生涯规划，是对职业生涯乃至于人生进行的持续的、系统的计划。因为它是阶段性的、动态的，经常要根据变化了的生活环境、工作环境以及自我对世界的认识作出调整。所以从这个角度来说，老师就是陪伴学生这一段路程的朋友。老师努力帮助你做好这个阶段的规划，帮助你看清前方的目标。

　　想起一首歌，改几个字"拿什么来奉献给你，我的学生，我的朋友"。确实，有时候我也会觉得很无奈，我没有那样的能力让你们想什么做什么，想做专业做专业……

　　学生是什么？学生就是一颗一颗的星星，教师的职责就是把这颗星星放在星空最合适他们的位置上。

　　教师是什么？教师是纵火者，我们所有做老师的人都希望在学生心头，当然包括播音主持专业学生的心头燃着一把火，让他们对未来有期许。还希望在所有学生的前方燃着这把火，照亮他们的前方，照亮他们的目标。

轮值学者述评

　　山东师范大学 2019 年暂停播音主持艺术专业的招生；河海大学、西北大学等高校播音主持专业高考录取分数不能低于考生所在地普通类一本专业分数线；广东外语外贸大学等高校减少播音主持专业招生人数；深圳大学将播音主持艺术进行了院系归属方面的调整。2019 年是播音主持艺术招生剧烈动荡的一年。

当前，播音主持艺术类招生规模过大，毕业生供大于求的问题比较突出，引起了众多从事播音主持教学工作的教师与研究者的忧虑。2018 年 11 月 24 日，学者们就播音主持毕业生的就业方向、播音主持艺术教学如何适应媒介发展、教学如何因材施教等问题展开了热烈讨论。

播音主持专业最初就是应媒介需要而创办的，一直以来播音主持艺术人才培养都是以实践为先导。在媒介发展日新月异的背景下，播音主持艺术教学不能与媒介需求脱钩，必须跟上媒介变化的步伐，必须顺应时代的发展。播音主持毕业生供大于求的问题与人才培养的方式方法不无关系。本次播博汇以就业为切入点，将人才发展的各方面进行了勾连与对接，由宏观到中观再到微观对每个环节与步骤都进行了细致全面的分析，为今后各方面的工作提供了思路与参考。

本期播博汇最大的特点是参与人员的多元化。高校教师、知名主持人、播音主持专业毕业生、新媒体主创人员、在校学生等。这些参与者恰好代表了学生就业的三个方面：培养单位、用人单位和人才本身。这样的配置使本次播博汇的研讨更加立体。各层次的学者和发言人也为本次研讨提供了多方位的视角，他们将自己在工作、学习中发现的问题与困难抛出，供与会人员进行讨论与剖析。这样的面对面研讨将培养、学习、就业、再提高进行了全面梳理，让高校教师更了解用人单位的需求，让在校学生对专业的认知更加清晰，让用人单位对毕业生的长远发展做出了规划。新媒体创业人员的发言更是让与会人员对新时代媒介环境、人才需求、就业渠道等有了更多了解。

本期播博汇少了以往的唇枪舌剑，而体现出一种浓浓的忧患意识、责任意识，无论是学生还是教育工作者，无论是播音员、主持人还是新媒体创业者，都怀着对播音主持专业深切的爱来抒发自己的见解。在教学、学习、主持、择业中，每个人都欣喜过、快乐过、迷茫过、痛苦过。爱之深则痛之切，正是因为对播音主持专业的爱，正是因为这份情怀，才让所有的与会人员毫无保留地将自己对播音主持专业的认识和盘托出。教师兢兢业业教学、学生努力刻苦锻炼、播音员和主持人真诚对待工作，都表达着这种爱，都为专业贡献着自己的力量。论坛的最后大家唱起了歌曲《奉献》，表达出每个人的心路与情怀。

七、危机、转机、生机
——"AI"主播取代了谁?

——"播博汇"2019 年 1 月 5 日

轮值学者:

孔亮(中国传媒大学中国播音学 2017 级博士生、原上海人民广播电台新闻播音员、主持人)

主持人:

赖冬阳(中国传媒大学中国播音学 2015 级博士生,新华社记者、主持人)

观察学者:

邱浩(新华社主播、全球首个"AI 合成主播"原型)

章继东(科大讯飞副总裁、消费者 BG 高级副总裁)

陈蓓蓓(中央广播电视总台主持人)

李伯冉(辽宁师范大学影视艺术学院副院长)

参会学者:(按姓氏拼音顺序)

成倍(中国传媒大学播音主持艺术学院博士、副教授、硕士生导师)

顾熠男(江苏师范大学语言科学与艺术学院讲师、台湾世新大学传播学博士生)

李真(中国传媒大学世界华语传媒 2017 级博士生)

李斌(中国传媒大学中国播音学 2018 级博士生、浙江传媒学院教师)

刘超(中国传媒大学中国播音学 2016 级博士生、浙江传媒学院教师)

刘卓(中国传媒大学播音主持艺术学院博士、副教授、硕士生导师)

孟健(吉林大学博士生、长春师范大学传媒学院教师)

米斯茹(南京大学博士生、四川师范大学影视与传播学院副教授)

孙良(中国传媒大学中国播音学 2013 级博士、山东师范大学播音主持艺术系副主任)

王青(中国传媒大学播音主持艺术学院博士、副教授、硕士生导师)

吴福仲(清华大学新闻与传播学院硕士生)

薛翔（中国人民大学新闻学院 2018 级博士生）

阎亮（中国传媒大学中国播音学 2015 级博士、中国传媒大学教师）

杨颖慧（中国传媒大学中国播音学 2018 级博士生、辽宁电视台节目主持人）

仲梓源（中国传媒大学播音主持艺术学院博士、副教授、硕士生导师）

总评专家：

高贵武（中国人民大学新闻学院广播电视系主任，教授、博士研究生导师）

曾志华（中国传媒大学播音主持艺术学院教授、博士研究生导师）

主持人赖冬阳简要介绍了议题和嘉宾拉开了本期播博汇的序幕……

轮值学者阐述

孔亮：

感谢主持人，各位下午好。

我们今天论坛的主题是"危机、转机、生机——'AI'主播取代了谁?"我的阐述将分为三个部分：

一、危机："AI"主播的自我成长或将是核裂变式的

二、转机：大规模失业或将不会发生

三、重回危机："谁"会被取代?

首先是第一部分。"AI"主播火了之后，业内专家对邱浩和张朝的虚拟形象的播读给出了中肯的意见，如中文播音的语流、基调等，以及再次提出"恐怖谷理论"，即当机器人和人类的相似程度达到一定阈值时，人会对眼前的这个形象产生不适感，哪怕细微的差别也会被放大，于是得出没有人会愿意长时间看这样的形象的结论。而英文播音中将马云的英文名 Jack Ma 读成了"马萨诸塞"，是因为语音合成系统判断"MA"两个字母是美国马萨诸塞州的缩写。因此，业内主流意见认为"AI"主播还有很长的一段路要走。

但我想说的是，这些问题在技术面前都是很好解决的。如果把这些意见放在一个播音员、主持人身上，可能判断是准确的。因为他们看到的是一个职业人的培养潜力，但把对人的标准挪移到对技术的预判上却往往是很不准确的。"AI"主播的自我成长或将是核裂变式的。它是如何成长的? 很简单，采样。

什么叫采样? 比如一台钢琴有 88 个键，对于一台钢琴的采样当然不止于采这 88 个绝对音高，还包括每个键弹出的不同的音色。一个音不同的音色被采得越多，今后被调用的采样库的声音就越丰富细腻。这就是一套美国斯坦威钢琴的采样之所以动辄上千美金的原因。同时，采样公司不会只采这一种钢琴的音色，还包括鲍德温、雅马哈等等。因此，各位现在能听到的音乐只有极少数是在现场由真人、真乐器演奏出来的，绝大部分都是由音乐制作人在工作室里一

个人完成的。回到主题，我们之所以对现阶段"AI"主播的播读嗤之以鼻，是因为它的采样量还不够大。但这仅仅只是它的处女秀，等到有一天它的采样量足够大且方法用对，再加上带宽不受限，它的成长是我们现在无法想象的。因此，这对我们来说是一个危机。

接下来进入第二部分。既然它现在存在的问题在未来的某个阶段终将不成为问题，那我们，会不会面临大规模的失业？其实有类似困惑的不只是我们这个行业，金融、新闻都曾有过这样的担忧：有了 AI，还需不需要精算师？有了 AI，还需不需要编辑记者？但如果我告诉各位，在全世界"AI + 新闻"做得最好的媒体之一——《华盛顿邮报》，它在被收购后还增加了 140 名记者，你就会明白，技术从来不会带来失业。只要你具备这一行业最本质的核心力量，你在任何环境面对任何技术革命的浪潮，都不会是那个被淘汰的人。当然，我更愿意相信，我们和人工智能从来都不是博弈的关系，而更有可能是一种交互式的结合。

人工智能有什么好处？还是举《华盛顿邮报》的例子，他们运用人工智能技术主要想实现两个目的：一是增加读者数量，二是让编辑记者的工作更有效率。

首先是增加读者数量，其实也就是改变过去的以少量人工稿件吸引大量读者的传统思路，而是通过大量自动生产的稿件来吸引小的读者群体。换言之，就是保留头部的同时，更加关注长尾。我们来看看新华社，我在新华社 App 上找到了一条 12 月 28 日关于"罗马圣诞集市"的新闻。这条新闻从时效性和相关性来看，毫无疑问是属于长尾那一部分的新闻，而它的浏览量是 33 万。

第二是让编辑记者的工作更有效率。人工智能干了编辑记者干的活，那编辑记者干嘛呢？"找到精彩的消息来源，发现有趣的故事，对事物进行分析，这是我们希望优秀记者聚焦的事情，我们希望让人讲述只有人能讲述的故事。"这是《华盛顿邮报》行动总监杰里米·吉尔伯特的话。什么是"只有人能讲述的故事"？其实就是算法以外的东西。2015 年上映的电影《聚焦》里头就有这样一个故事：一个报社的深度报道团队去揭露天主教牧师性侵教区孩子的事件。这个事情如果放在算法里是不会被发现的，因为早年相关的卷宗早就被封存了。因此，不是所有的热点都能够通过数据发现，总有黑天鹅事件在算法之外，而这些是"人"可以发现的。

最后一个部分，按今天的主题我们应该谈"生机"，但我更想谈的是"重回危机"。因为居危思危、以变应变是我们这个时代的主题。弗朗西斯·巴勒曾对媒介权力有过这样的论述，"这正是媒介'权力'的神秘之处，也是具有讽刺意味的地方。我们越是认为它弱小，它就越强大；我们越是认为它法力无边，它就越无计可施"。那接下来我们就来谈谈"谁"会被取代。我想这个"谁"不一定是某种类型的播音员、主持人或某一个人，而是一个观念的集合体，将被取代的是一种观念的合集。

第一种是"无法将生命体验融入创作中的人"。"AI"主播或许可以做好很多类型的主持人，但它肯定成为不了一个好的美食节目主持人，因为它从来不吃美食。梅丽尔·斯特里普塑造过很多好的角色，她说她曾经很长一段时间每天早晨醒来后不知道该用什么身份面对这个世界。因此，我无法想象一个"AI"演员可以通过收集数据的方式去取代这样一个用自己所有生命能量去体验角色生命的人。

第二种是"拒绝更新迭代自身的人"。人工智能最擅长搜集、分析既有的数据。如果你每天的工作是循规蹈矩从来不想突破自己的限度，那你的行为方式就很容易被数据总结成一套公式。而一个不断逼迫自己寻找第二条辅助线的人，一个不断否定自己的人就很难被数据套牢。因为数据是很庞大的，但比数据更大的是人的思维的转变。

第三种是"最先拥抱技术并坐享技术红利的人"。我想当人工智能技术完全成熟的时候，直播当中的"急稿"应该是不会存在了。有急稿是因为没有时间让配音员去配，只能让主播去播。也许很多年后李修平老师那段16分钟零口误的急稿会成为绝响，但他们这些对技术先抱有警惕、不坐享技术带来的红利、不断深耕自己核心能力的人才是不会被淘汰的那一批。

因此，在我看来，"取代"这两个字是一把悬在头顶的利剑。如果不幸变成了上述概念集合而成的"人"，那么你终将会被取代，不是被AI，就是被其他人，不是在今天，就是在明天。

观察学者发言（一）

邱浩：

今天在来的路上，我就开始感慨，AI合成主播不会感冒，不会失声，但我是会生病的。我是因为生病来和大家交流而博得了大家的掌声。但如果AI合成主播有一天失声了，没有人会同情他，大家会觉得这是一个事故，甚至是一个笑话。所以我觉得人和AI合成主播有本质的区别。

刘德华开巡回演唱会的时候失声了，忍痛含泪终止了他的演唱会。而网上的声音是什么？是心疼。这样一个年龄，连开了 13 场演唱会失声了，虽然有遗憾，但是我们能理解。但我们试想一下，一个 AI 合成的刘德华，声音和形象与刘德华完全一样，而且音准比刘德华好得多，每一个动作比刘德华标准得多，大家会喜欢吗？我喜欢刘德华，我喜欢他的敬业，喜欢他的谦和，喜欢他人性的东西，这些与 AI 刘德华无关。对于主持人也一样。

事实证明目前没有任何一个 AI 合成主播圈到过粉丝，有人是 siri 的粉丝吗？有人是小杜的粉丝吗？有人是小雅的粉丝吗？我们不会成为他们的粉丝，根本的原因在于他们没有人格。

如果有一天我们的程序员赋予 AI 合成主播一定的人格，那我们会不会喜欢他呢？我觉得不会。我们很有可能会喜欢上那个给它赋予人格的程序员。我们很有可能会喜欢上马云，喜欢上乔布斯，但是我们未必会真的喜欢这个假人。

我被选为 AI 主播原型后，心中五味杂陈。我没法像刘德华那样通过自身魅力去吸引粉丝。大家可能会因为喜欢刘德华而喜欢上 AI 合成的刘德华。但是我没有能力让大家喜欢我，从而喜欢上目前这个以我为原型的 AI 合成主播。

赖冬阳：

谢谢。邱浩曾经在发布会上为"模拟的邱浩"做发布，说"这个人"不会生病，不会疲倦，能够 24 小时不间断工作，甚至长得跟他一模一样，所以他感到五味杂陈。当然今天还有另外一个嘉宾的心情可能同样复杂，有请科大讯飞副总裁章继东。

章继东：

我今天很高兴，也很紧张。我们做技术的公司经常会遇到一个问题，当它变革社会中某个事情的时候，总会遇到强烈的阻力，比如说我们的讯飞翻译机就遭到了很多翻译员的攻击。

除此之外，我们也做语音技术：普通话的评测考试，中、高考的英语等。我们还原了李易的声音录制了六集纪录片《创新中国》。他的学生以及粉丝听了之后都很开心、很感动。我们一直想做一个温暖的"AI"。我们跟罗辑思维合作，跟抖音合作，把十一个明星的声音还原出来，然后做到他的抖音账号里去，明星就能直接喊抖音用户的名字。粉丝们很奇怪，明星竟然喊我的名字了。这是一种温暖的声音。

《显微镜下的大明》这本书有两个版本，一个是人声读的，一个是语音合成版的。我们采集到罗振宇两个小时的语料，然后就还原了。还原出的语言风格为什么那么好？就是因为它是口述的风格，很亲近，所以非常像。

我们跟《人民日报》《光明日报》都有合作。去年跟央视春晚合作，欧阳夏丹和康辉送祝福。祝福的话观众可以自己填，然后还原出来的是欧阳夏丹、康辉的声音。我们最新推出的一个技术叫"复刻声音"。每个人花上五分钟，录十段话，机器就会复原声音。我们还推出一款产品叫"丫丫伴读"。我们先采集王凯的声音，提取他朗读的节奏、韵律，贴上我自己的声音，我就可以给自己的小孩儿读书、读故事，这叫"声音皮肤"。

回到主题，AI 主播能不能替代专业主播？我们的观点是，如果只是信息传递，新闻资讯、人文经管类的有声书，智能语音基本上可以替代。但是对于小说和纪录片等有艺术演绎的内容，我觉得除非有技术上重大的突破才有可能被取代。因此，融入自己情感的艺术创作，机器是很难替代的。

参会学者质询

米斯茹：

我想请教一下章总，AI 主播会不会发展到一个类似于 AlphaGo 或者一个写作机器人那样，主动地、深度地学习？还是说它只能做语音合成机器，然后成为一个语言的复制和传播者？谢谢。

章继东：

这是两个层次的问题。AI 合成主播，其实是把文字变成声音，这是一套方法。另外一个就是你讲的，是属于智能的层面，这是一个更大的层面，就是我问什么，对方懂什么。这属于机器人的范畴，属于自然语音理解。这个还有很长的路要走，所以现在只是在垂直领域做得很好。比如你打电话给海底捞预订座位，就是机器人接的。我要订晚上六点钟的。它就会问："你是几个人？"我回答："两个人。"

陈蓓蓓：

我们大家之所以有危机感是因为不确定性，那么未来的不确定性在哪儿？就是在于 AI 算法，它的迁移学习能力。我想问问章总，突破性的点会在多少年之后出现？如果我们对未来有一个预知，在这个预知范围之内，或许会减少我们的不安。

章继东:

只要有人参与创作,那么机器基本上或者说永远无法替代。因为它是靠人的知识能力去创作的。但是最容易被取代的是什么?就是人习惯性的工作。比如说辨别图片上是男人还是女人,比如有规律可循的脑力劳动。播音,如果没有创作,就是播一个稿子,会被取代。但是你要融入情感,比如读美食,像《舌尖上的中国》一样,或者说读一首诗,那是很难被取代的。刚才米斯茹老师提的 AlphaGo 属于运算,它没有人的智慧。思考和创作永远不会被取代。

顾熠男:

请问章总,如果科大来做新华社这样一套系统,研发以及后期维护的成本大概多少?邱浩,你的年薪是多少?我主要是想问这个成本的问题。

邱浩:

其实我做播音员赚不了多少钱,自从有了 AI 合成主播之后,播音的事儿越来越少了,大部分时候我做主持人去了。所以在 AI 合成主播出现之后,我的工资算是涨了。这是不是危机当中有转机?

章继东:

所谓的成本不在于现在技术的成熟度,是在于我们前期 19 年来一直做这个事情的成本。研发成本、技术突破的成本。因为我们也走了很多的弯路,技术突破一定会有弯路,所以这才是成本。

赖冬阳:

邱浩,你认为以真人为原型去合成 AI 主播,这种必要性有多大?我们看到有很多虚拟的 AI 主播以真人为原型,这个考量在哪里?它的逻辑在哪里?

邱浩:

我觉得,站在受众的角度来看必要性不大,这算是一种噱头。但是站在技术层面以及传播者的角度,这是一个技术从无到有的突破。而未来这个技术会发展成什么样,我们不得而知,但都要有从零开始的那一步。

赖冬阳:

章总,你觉得这个方向是对的还是不对?

章继东:

看阶段。因为我们以前一直在做这个事情,但是我们注重的是声音,没有做真人,比如高德地图。这个方向未来有可能需要。因为邱浩变成明星之后,客户需要邱浩直接对她说：我爱你！客户的需要得到了满足，这个很重要，这是一种情感需求。

孙良：

请问邱浩，根据你本人的观察，AI 主播的播出效果和你本人的实际播出效果相比来看，最本质的区别是什么？

邱浩：

我觉得他比我差远了。因为我在播报每篇稿件的时候，真得很用心。我是在用自己对于一件事情的理解、判断去传播的，我不是在念字，而 AI 主播完全是在念字。我相对于 AI 主播最大的优势在于变化，我今天可以比昨天更成熟，但 AI 的变化只不过是说得更流利了，也许声音更好听了，仅此而已。

孙良：

请问孔亮，你刚才说到生机、危机、重回危机。但是我没有理解三者之间内部的逻辑，也就是说怎样从生机回到危机，怎样从危机到重回危机，内部的逻辑是什么？

孔亮：

逻辑起点是我们对于 AI 主播成长路径和未来趋势的预判不尽准确，但它未来可期。这种期限可能在十年之内，这是我们的危机。那么危机会不会带来大规模的失业？我的预判是不会，而人机协同以及人的更大价值的萌生是我们迎来的转机。所谓"重回危机"，则是一种自我要求，毕竟居危思危更具现实意义和时代意义。

李斌：

2017 年国务院提出新一代人工智能的发展规划，提到了重点行业要跟人工智能进行融合创新，比如说农业、物流、金融和商务等等，但是没有说到传媒。我想问孔亮，你觉得未来传媒领域播音主持和人工智能擦出火花的话，它的生机和转机有哪些呢？

孔亮：

擦出火花的形式可能有千百种，但转机和生机的源头一定是因为自身的核心能力足够强大。简单来说就是如何避免成为我之前提到的观念合集中"人"的问题。拿如何才能不拒绝自身更新迭代来举例，你可以把它理解为一种寻求突破自身限度的意识，这种意识跟年龄关系不大，但一定是避免自身经验被公式化的好办法，齐白石不还"衰年变法"吗？

李斌：

你认为这样走下去一定会有危机出现？

孔亮：

其实很多时候危机都不是客观的，而是一种主观存在。我们承认危机是希望自己能保持警醒。

刘超：

我想问一下邱浩，就是你刚才说你播稿子的时候是带着感情的，但是有一天家里装空调，我发现装空调的那个师傅在听小说，是人工语音合成的小说。我问他为什么不听真人播的？他说无所谓啊。从传播者的角度上来说，我很有感情，可是从受众的角度来说，他不在乎了，这个你怎么看？

邱浩：

我想问如果我像机器人一样跟你说话，你觉得我有和你交流的欲望吗？你希望和我做朋友吗？

刘超：

可是大多数观众仅仅是接受信息就行了。至于这个主播是不是有感情地传播无所谓。

邱浩：

所以我也觉得这就是 AI 语音出现的一个必要性。存在就有它的合理性，我相信一定有人仅仅需要获得资讯本身。但是我更相信有更多的人需要通过资讯去了解到我们的观点、我们的态度、我们的情感。所以我觉得真人主播传达的就是 AI 无法传达的信息之外更多的有情感的那些信息。

但是如果有一天我想知道今天发生了一件什么样的事情，仅此而已的话，那我觉得 AI 合成主播就够了。有的时候我也会听那些 AI 的语音，因为我没有办法看文字，或者我没有办法看视频，那我就听他的声音，只需要传达给我信息就足够。但是在更多的时候，我们应该思考如何把我们的能量，尤其是正能量传播给大家，我觉得这是需要人去做的。

章继东：

因为我们做了很多这样的产品，特别了解刘超问的这个问题。其实这样的产品，用户分为几个层次。有的用户他只重视信息传递，并且他从小到大养成的习惯就是听，他获取信息的来源就是听。所以装空调的人喜欢这种伴随式的，他无所谓，他就是听。就像我们平时看小说，有的就是看情景，他不关心里面武打的招式，不在乎场面，他没有那种想法，所以这是一类人群，也是非常大的人群。

还有一类就是喜欢艺术的人群，所以我们中传的老师未来一定是走艺术的道路，然后"卖"给那些享受艺术的人。要知道合成类的那些都是免费听的。

赖冬阳：

那我想替他追问一下，有没有可能科大讯飞将来也能用人工智能的技术去模仿艺术？

章继东：

我刚才说了这个事特别难。

赖冬阳：

有可能吗？

章继东：

我们不敢说。

仲梓源：

刚才刘超那个问题，我觉得实际上跨越到了另一个问题，就是同样是传媒，为什么广播电视和报纸不一样呢？所以我们今天谈的是 AI 主播取代了谁？主播在平面媒体是没有的，主播只有广播和电视才会有，所以这是一个视听传媒和平面媒体的差别。

我们之所以需要视听这个主播，是基于人和人交流的需要。当我们看平面媒体的时候不需要人和人的这种直面的交流，所以前一个问题应该跨过这个问题。先谈广播电视媒体和其他媒体的差别，再谈 AI 主播和真人主播的差别。实际上我想跟邱浩说的是你没有必要回答这个问题。

其实我一直特别同意章总的这个观点，艺术是很难去模仿或者说机械复制的，这个没有意义。我总在上课的时候跟学生举例子：机器的按摩器早就有了，可街头的盲人按摩从来没有消失！而且你办年卡越来越贵。为什么还是人工贵？按主播的价值来看，将来可能还是人工主播更贵，这种机械大量复制的是很便宜。包括绘画也是，人工油画饱含创作者的艺术思维和艺术感悟，画一幅是几十万，可是我拍个照片，可能就是大家免费用。

刘卓：

我想问章继东先生一个问题。我记得特别清楚，2004 年 9 月，十六届四中全会的时候，有一天上了一个 2500 字、9 分钟的急稿。稿子全是领导圈圈改改的记号，领导把稿子递给李瑞英，李瑞英拿过来还要现场再标一些方便播读的符号，再递给罗京，根本就没有看过，都是直播的。我想问目前的技术有没有可能让语音合成系统直接播读这样有手工标记的稿子？

章继东：

这个要看它是不是有规律可循。只要有规律可循，机器都可以学习，就像手写体的阅卷。我们在教育领域已经尝试了，这个东西虽然很难，但是只要有规律可循，都可以做。

刘卓：

可以即时反应吗？

章继东：

需要大量的数据。只要标注这样一个数据，就可以训练，就可以做到。但如果是突发性的，最终依靠人类的智慧解决了，这种情况一年才出现一次，那机器是学不会的。因为没有样本和大数据，只有人来做。

赖冬阳：

你还要追问吗？

刘卓：

另外我想知道，有声语言艺术中所谓的"内三外四"，也就是停连、重音、语气、节奏这些，其实也是有一定规律的。那么，是不是在未来的研究中，人工智能的表达因为参照了这个规律而有一个质的飞跃？

章继东：

我举个例子，我们有一款产品叫"讯飞配音"。我们有大量的用户。什么行业的用户？街头小贩。比如卖盒饭的用户，会搞一些打折和促销的活动，他愿意付费，因为主播配音的效果比他自己读的肯定要好。所以就看它细到什么程度，是什么程度的有规律可循，这个就要具体地去讨论，而不是泛化地去讨论。

赖冬阳：

好，我们剩下最后一轮提问。

阎亮：

我在想刚才大家讨论了很多，比如刘超说的这个问题，其实就是张颂老师当年提出的有声语言传播三重空间的问题，生存空间、规范空间到审美空间。当然也和我们的有声语言传播功能有关，信息共享，认知共识，愉悦共鸣。生活中每个人对有声语言作品的需求都不一样，所以这件事一定是多元共存的。

我还有一个观点，就是我觉得即便将来人工智能语音识别合成的水平足够高，能够把我们人类的有声语言有感情地表达出来，或高兴兴奋的，或悲伤难过的，哪怕是学会了语言伪装的，赋予语言足够情商的，我也觉得这些都不高级。就是说，表达情感本身都不高级，高级的应该是生成情感。我们人类是怎么生成的这些情感并准确生动地表达出来，这才是人工智能在语言领域最难以突破的障碍。

然后我再回到这个命题，我质询一下孔亮。危机、转机、生机，它们三者之间的逻辑性我是有质疑的。最重要的就是这三个词怎么来的？它们的前提一定是 AI 也就是人工智能发展的动机是什么。为什么要发展？人工智能，还有量子、区块链，是当今科技界的流量担当，是三个最火热的话题。那么 AI 的发展，最初的动机是什么？我先不去问章总，而是问孔亮，作为被 AI 盯上的专业，它的从业人员，你认为 AI 发展的动机是什么？

孔亮：

技术上的动机，章总可以为我们解答。但是我想说的是，动机这件事很重要，但跟我们的关系真的不大。对我们而言什么比较重要？这把"剑"是人工智能造出来的，它可能不指向我们，但是关键在于我们如何看待这把"剑"。我们可以把它束之高阁，我们也可以把它悬在头顶，我觉得这对我们是重要的。这是我的回答。

阎亮：

我是这么认为的，我以前本科学理工科，我一直觉得理工科的人，大多数都是一些对艺术不是很敏感，生活中也不是特别有趣，但是都会对运算速度无限痴迷的人。我们会对人类如何解决复杂问题充满兴趣，这也是 AlphaGo 之父的研究初衷。包括 AlphaGo 为什么要去挑战被我们誉为人类智慧最高水平、世界上最复杂棋盘游戏的围棋？都是因为科学家们想要弄懂人类是如何解决复杂问题的，而不仅仅是快速地运算那么简单。无论是现在以邱浩为原型的人工智能主播，还是复原李易老师声音的《创新中国》（《创新中国》其实是在我们业内形成了一定的轰动，但是邱浩的人工智能主播是在全社会引起了很大的热议），我认为可能噱头的成分会更大一些，科技公司炫技的成分更大一些。而实际上针对 AI 的发展，我想再问一下章总，您认为初衷到底是什么？

章继东：

我们的动机是解决社会问题，解决专家不足的问题、资源不足的问题以及不公正的问题。

　　我举个例子，我们的观点是什么？让 AI 学习顶尖专家，具备顶尖专家的能力，达到普通专家的水平，超过行业九成的从业者，这是我们的理论。

　　也就是说，即使是关于新闻中信息传递的突破，如果没有顶尖专家，AI 是没用的！没有邱浩老师的原型，就不会出现 AI 主播去 PK 掉参差不齐的从业者的情况，这是最核心的观点。所以呢，我们一定要去做华山论剑的这一帮拥有高级武功的人。

　　如果你是平庸的，甚至滥竽充数的，以后就会被 AI 取代。比如说我们做普通话评测，它解决的就是专家不足的问题。农村哪有那么多有文化的老师，但我们的机器是很稳定的。所有的考生在这儿，它一定是平等公平的，所以我们推了十年。中、高考所有的英语口语考试也用机器，解决公正性的问题。再比如医疗行业拍片子。乡村的这些医生根本不懂，但我们可以辅助他，做他的助手，让他能够看懂这个片子，这是解决资源匮乏的问题。

观察学者发言（二）

邱浩：

　　我觉得今天才谈危机其实有点晚了。但我觉得无论从技术上还是从道德上，我们都不会被取代。但是如果我们从哲学层面思考，其实地球缺了谁都转，没有谁是不会被取代的。所以播音主持从业者从一开始都应该有这样的危机意识。我们要时刻有这种危机意识，时刻担心自己是否会被取代，这个更重要。

　　同时我觉得被取代并不一定是被 AI 取代，有可能是被时代取代，有可能是被更加优秀的人取代的。所以我们应该永远记住，机遇和挑战是并存的。没有挑战，存在的这些机遇就是不劳而获或者叫赌博。而没有机遇的挑战，也就没有挑战的意义，对吧？所以说 AI 主播的出现就是一种机遇和挑战。

　　信息时代，即时的资讯是无限的，人们获取资讯的这些需求其实也是无限的，所以我觉得我的饭碗不会丢。我觉得 AI 合成主播只是给受众增添了一道可以选择的快餐而已，但是我不就正好有时间去为大家烹饪更加美味的饕餮盛宴、新闻资讯大餐了吗？

章继东：

　　我特别同意邱浩的观点。这个主题叫"危机、转机、生机"，我其实更愿意谈"生机"。所谓的生机就是像邱浩这样，他可以有一个虚拟主播帮他干活挣钱，他自己可以去做主持。他是曾志华老师的学生，他的能力是很顶尖的。所以一旦你成为顶尖的，机器就可以学习，然后为你服务、做你的助手。我觉得这个特别重要。机遇是留给有准备的人的。

所以我特别想提的一个观点就是：你的专业能力越来越强，你的创造力才会更好。而 AI 最终是解决社会问题的。

李伯冉：

我本身是在高校工作，我想结合自身的工作，从人才培养的角度来粗浅地谈一下自己的看法。去年冬天当 AI 主播出现的时候，相信很多学界和业界的人都大吃一惊，一下子感受到了危机的到来，进而也引发了很多的反思。我想在我们分析"高等教育如何回应技术革命"这些问题之前，我们是不是可以先梳理一下，AI 主播等新事物的出现，它创造了什么？以及没有创造什么？我把它总结为"十有十无"。

所谓"十有"，指的是智能主播能够创造的。比如：标准的语音、动听的声音、准确的信息、严谨的逻辑、妥帖的技巧，以及目前来看还不一定足够妥帖，但是我相信未来 AI 会有的：发展的空间、清晰的轮廓、适宜的表情、合理的动作、持续的播出和无限的复制。那么这十个"有"里头，后面两个是和技术相关的。前面八个多是和我们播音主持专业教学相关的，而且绝大多数是传统教学当中最注重的有稿播音，尤其是承担信息播报任务的新闻播音的范畴。也就是我们所说的，把文字符号转化为有声语言视听符号的二度创作的过程。那么这些功能是 AI 主播所具备的。或者换句话来讲，如果我们仅仅是指能够从事这些工作的播音员或者主持人，或许是可以被替代的。

那么与"十有"相对应，还有"十无"。这个就是我们目前看到的 AI 主播没有的。比如说：（1）丰富的人生阅历。我们在座的每个人都有自己的成长历程，AI 主播是没有的。（2）多样的社会角色。我们都生活在自己的角色层当中，为人师、为人父母、为人子女等，AI 不具备。（3）复杂的情感体验。我相信，我们每个人的成长历程中，一定会有无数次的极为复杂的情感体验，甚至有时候生活会出现一些很强烈的戏剧性，但是 AI 不具备。（4）全息的语境感知。比如说，今天我在进入会场的时候，孙良冲我微笑，点了点头。这一个动作就构成了今天我们语境当中的一个组成部分。可能我感知到了，在后续我的发言中就会产生一些变化，但是 AI 感知不了。（5）全面的主持意识。这一点我想请在座的各位看我们今天的主持人赖冬阳。如果大家有所注意，在刚才各位学者发言时，他始终是紧握话筒的。为什么？因为他在准备履行一个主持人的职责，参与或者驾驭，那么这种主持意识 AI 是否具备呢？（6）巧妙的口语修辞。我印象当中 AI 主播在视频当中提到一点，他说只要给我一段文字，我就可以像新闻主播一样把这个信息播报给大家。那么文字是由人给予的，如果没有人给他这个文字，他能够运用巧妙的口语修辞来提升自己的言语质量吗？我觉得应该画一个问号。（7）高明的叙事策略。从语气到篇章，我想这一点恐怕目前的 AI 也很难去模拟。（8）生动的人际交流。比如说我们今天会场上听到的两次送给赖冬阳和邱浩的掌声，我想这都是我们在人际传播、人际交流当中产生了一种发自内心的掌声。那么 AI 能不能具备？（9）得体的场面驾驭。这在我们会场也能够看到很多。（10）浓厚的人文情怀。这是最重要的。我觉得这十个"无"是目前的 AI 主播所不具备的。这些"无"多与人文、人性、人情相关。

在专业教学当中，有一些是属于无稿播音一度创作的范畴，但是更多的又涉及到了语言学、传播学、心理学、表演学等方面。这些是目前的大数据算法、数字合成技术无法穷尽的。在我们人类未能做到充分地认知自我和他人，在我们没有被彻底地数字化前，这些东西可能很难被虚无。

最想表达的观点就是：面对智能主播的挑战，只能用提高主播智能来回应。智能主播可以十分了解受众，但能做到完全了解自己吗？智能主播能做到每次播都一样，但能做到每次播都不一样吗？智能主播能把自己的稿件播好，但能做到帮助别人把话说得更好吗？我觉得这是我们思考的问题。

在这儿我也想给出一些回应：第一，高等教育培养目标要转向。由传统的广播电视播音员、主持人培养转向适应媒介融合和泛媒体化要求的传播者的培养。第二，培养规格要转型。知识、能力、素质能否支撑学生未来毕业之后五年的职业发展要求？比如能力：场景的感知与统合能力、信息的采集与深加工能力、人际沟通和场面驾驭能力、媒介产品设计生产与传播能力，这是我认为四个最具有代表性的。概括起来就是：抓场景、玩交互、做谈判、讲故事。

陈蓓蓓：

我是财经频道主持人。危机、转机、生机，我们首先确定的是：AI 是一个算法，它是我们创造出来的工具，它不是步骤。所以，我觉得这是我们首先要树立的前提。当你明白它是一个工具之后，它不是一个跟我们人类同样的物种之后，你就不要跟它形成对抗。因为工具是拿来用的。至少我觉得，在技术层面上，它现在只是一个工具。人类之所以畏惧，是因为害怕它成为一个物种，当它的算法不可预知之后，才是可怕的。但是到目前为止，这应该是不太容易实现的。

再说"人"。人跟 AI 算法不同的地方，我归纳为：人的本性不一样。AI 算法是什么？它是经验主义、归纳推理。而人是具有演绎能力的。你觉得 AI 能做到吗？至少在我的认知里，AI 在技术层面是做不到的。就像我们说，越是高精尖的、越是技术难度大的，或许 AI 可以做到。越是像我们这样，表达、创作需要靠人脑去演绎、推理、假设的，可能我们就不需要拥有太多的危机感了。因为演绎能力意味着在我们很多创作表达的职业上，对话节目、现场节目、综艺节目，但凡是需要自然交互的节目，AI 是做不到的。所以在这个领域上，我个人认为目前为止，没有那么强烈的危机感。

但是我们作为主播，我们需要面对的是，它一定会取代一类主播：纯粹的播报。例如，现在有很多财经新闻的播报和撰稿，尤其是撰稿部分是可以由 AI 来完成的。因为它非常地客观，它不需要你带有主观色彩。这种短时播报它是可以让 AI 做的，这样没有什么不好。因为它节省了人力，而且更精准，不会有人来挑毛病。我会说错字，这是因为我是人，可能我的专业没有那么好、或许我会紧张，这都是我们的弊端。那 AI 的作用是什么？解决问题。所以，这一类职业，我个人认为，是一定会被取代的。还有什么天气播报、手语播报，这一类也是不需要人去进行的。我觉得用不了两年，这应该就是一个趋势。

我们回到转机，我个人认为转机是什么？既然 AI 是一个算法，它是一个工具，那么我们需要面对的是，不久的将来，我们需要的是人机协同合作。我觉得这是需要考虑的问题。如果你不是在特别容易被取代的人群之内，那你要考虑的是当 AI 放在我的旁边，它能替我解决什么问题？我能做到什么是它不能做到的？例如，对话节目没办法完全取代，为什么？因为它需要我的客观立场、观点、我的判断。这些经验主义不足以全胜。所以我需要做什么？对方反馈给我的时候，比如说我采访国家领导人，他有大量的信息，而人最差的是不具备足够的记忆力。AI 有这个本事，所以让它去提炼、归纳、总结，有充足的信息反馈给我。之后，我借助 AI 的反馈，从而形成我自己的观点、立场和推理。这是将来我们很可能面对的人机混合协同的模式。

在医疗上，我觉得医生跟我们这个职业面对的挑战是一样的，为什么？因为我们知道专科医生看片，这是一个非常繁杂的过程，这个是 AI 可以取代的。因为这需要经验，再好的医生他能看多少张呢？AI 是可以无限次的。看片环节这个可以实现，而且已经实现了。这些就可以交给 AI 去做。那么 AI 做不到什么呢？做不到医生交流病理。这就是跟人的自然交互。我看见你了，通过我的经验，我觉得有可能是这个。但是经验不足以说明一切，由我的病理知识再来推断出，我认为有可能存在的一些其他方面的问题。这个是AI做不到的。

相对于我们的语言表达也一样，我们的语言表达有"经验说"。经验老道，自然面临一些不同的场合，会有经验地处理。但是每一次创新、每一次应对、每一个会议，你遇到的现场都是不一样的。那么你能精准地保证AI会用每一个精准的算法去面对和处理一个新的任务吗？我觉得从技术层面上这个应该是做不到的，至少目前做不到。但是人是可以的，这就叫应变和现场控制。还有实时更新，AI也是做不到的。这是我认为的人机协同模式，是我们将来不管是主播还是主持，都应该会面对的一个转机，这叫"工具的使用"。

所以我觉得，大家对于人工智能的想象空间有点过于繁杂、过于超前了。在此之前，我找了三个朋友聊天。第一个是做风投的，投放人工智能的方向；第二个是人工智能技术领域，做面部识别的；第三个是媒体专门报道人工智能的。

第一点，人工智能在风投环节上。为什么2017年的媒体词汇是AI，但是2018年不是？说明它要落地。我觉得这个是让我们去找转机和生机的一个时间。

第二点，在医疗领域，或在更多高精尖领域、制造领域比我们专业面对的危机要更大。那么在这种环境之下，AI的邱浩有没有意义？有。就像邱浩认为自己的AI形象也是一个噱头，但这个噱头很有意义，因为它要助推人类人工智能的发展。

最后我想说的是，我们之所以有危机感，是因为不可控和对未来预知的不可确定性。就像刚才一位专家说到的，如果我是一个纯粹的播报主播，我要面临的是我被取代了。那么如果我被取代了，接下来我能做什么？去提升自己的人格能力就够了，我觉得这个才是作为主播最核心的地方。

赖冬阳：

非常感谢以上专家们的精彩发言。接下来我们还会有自由发言和现场观众提问环节，时间分别为45分钟和20分钟。我们稍事休息，一会儿见。

......

赖冬阳：

下半场将会有三个环节：第一个环节是参会人员自由发言，大家抢到麦就可以开始发表观点，当然我们更希望每位发言嘉宾能在三分钟内把干货讲出来；第二个环节是现场观众提问（注：后因现场讨论气氛热烈，"播博汇"决定打通自由发言环节与现场提问环节）；最后一个环节是两位总评专家总结发言，每位八分钟。好，马上进入自由发言环节，大家可以开始抢麦了。

自由发言

吴福仲：

各位好，可能我的话有点不中听，但是希望给大家提供另外一个视角。我是从媒介的技术和权力这个角度来看的。我先说我的结论，我觉得"AI"主播取代的不是一个群体，而是取代了声音权力的垄断。

当书本上的文本不可复制的时候，知识都是掌握在宗教阶层，包括贵族阶层，它无法传播；同样，当声音不可复制的时候，它一定程度上也被掌握在那些有机会、有能力、有平台发声的人手里。也就是说，我们在座的很大程度上都是声音的既得利益者。而今天章总在做的事情其实就是一个"贫农斗地主"的过程，他把我们的权力拿了过来，并且让它变得可复制。

我们今天有一个具体的语境，就是我们都是站在一种精英主义的视角来批评这种机械复制时代的艺术。但其实如果从赋权的角度来看，它能够让偏远山区的农民学会普通话，能够得到普通话测评，甚至能够让聋哑人借用机器说出自己想说的话，还有特别让我感动的那个点，父亲没有那么多表达技巧，但可以通过他的"声音皮肤"给不在身边的孩子讲故事，这就是一个赋权的过程。倘若章总想从中"捞"一把，而且把这个价格定得极高，其实你会发现这又是另外一种声音权力的垄断，我觉得这在很大程度上也是一种社会的不公平。

赖冬阳：

好的，挑战和取代了声音传播的垄断者，你强调的是这一点。还有哪位？有请。

孙良：

我要说的观点建立在两个假设之下。第一个假设是：人工智能是人吗？或者说人工智能会被当作人吗？我目前的答案是不会，因为两千多年前，庄子就说过"物物者非物"。我们创造了一个事物，那我们一定不是事物本身。第二个假设是：我们这个世界是由算法构成的吗？我不知道，我希望不是。这是两个基本的假设。在这两个基本假设之下，我有几点认识想跟各位分享。

一是讨论人工智能取代了谁，我认为这实际上面临三个层次的问题，分别是"能不能、该不该、会不会"。"能不能"是技术问题，这个是章总来考虑的；"该不该"是伦理问题，实际上最基本的伦理问题就是"与人为善"，或者说是"己所不欲，勿施于人"。这是最基本的伦理问题。但是我觉得至少目前人工智能做不到所谓"与人为善"和"己所不欲，勿施于人"，因为它本身就不是人。我们再来看"会不会"。这是一个现实选择问题。未来人工智能出现的可能性无非这么两种，一种是像科幻小说一样，一个人工智能突然爆发，形成了一个超级物种，假如是那样，它会取代主播吗？不会，它会取代全世界。它干嘛只取代主播呀？第二种情况，假如人工智能是像一个人养一只宠物一样一点点地养成的，那么人会让这个自己养成的且权力巨大的东西来取代自己吗？不是的，主播只是一个界面，而且是最难取代的界面。当它取代主播的时候，实际上取代了大众传播系统本身，它取代了整个人类社会。我是这样一个基本观点。所以我对这个话题的合法性有怀疑，大概是这些。

赖冬阳：

好的，还有哪位？

参会学者：

我从另外一个角度来谈。我们的专业叫"播音主持艺术专业"，说明它有艺术属性。我们在传播的时候为什么要挑选有较好的语言表达能力和个人形象的人做主持人？因为受众愿意听好声音，愿意去看好形象。这样才能保证传递信息的效果。我们永远不要抛开观众愿意的问题。为什么章总说他不敢保证将来的技术能够使"AI"取代主播，这是因为人类不能够接受机器作为审美对象。

另一个方面，当特别重大的新闻出现，如果只是"AI"传播，我会怀疑它的权威性；而只有他是一个跟我平等的物种，也就是人的时候，我才愿意去接受。所以，提醒大家不要忽视艺术性和人的问题。

赖冬阳：

好的，还有哪位？米思茹有请。

米思茹：

很荣幸有这个机会跟大家交流。我参会之前就论坛主题问了几个非播音专业的朋友，他们给出的答案惊人得一致：他们说 AI 主播我知道，但我不会去看，因为它是假的。基于朋友的回答，我想阐释我的观点。在传播过程中，要注意"身体的在场"的问题。什么叫"主播"？他是一个携带着特殊意义的象征性符号系统。在这个符号系统当中，"身体的在场"是一个非常重要的表征。说得绝对一点，如果没有"身体的在场"，主播就不成其为主播，因为它没有人的主体性。

彼得斯在《对空言说》中提出一个问题："在人类的交流中，人体能在多大程度上保持缺席？"我认为在大众传播时代，主播是不能够缺席的，因为他具有重要性、排他性、稀缺性。这就是我们为什么要举办"播博汇"这样的人与人之间交流的会议的原因。否则利用现有技术，我们完全可以实现虚拟的在线交流。不管是人际传播、大众传播，尤其是主播这个职业的特征，都使得我们应该重视"身体的存在"。这个"身体"在听觉上也是重要的。比如广播主播，他也是一种肉身的传播。不是只有视觉的身体，听觉也能维持肉身在场。就这一点来说，我觉得技术上还达不到身体的拟态化，或者说补偿性满足。

陈蓓蓓：

抛开技术问题，我想说一下专业和就业。我们说"AI"是一个专家系统，它是个"专科医生"。这一点不知道章总是否同意？这样说是因为它目前解决的是某一类问题。将来"AI"会不会变成一个"全科医生"？这是否是"AI"将来的发展趋势？这就是个问题。

我一直有个困惑，想从曾志华老师这儿讨教。我不知道主持人是否真的可以做一个"全科主持"？从我们的专业角度以及未来学生培养和就业的角度来看，专科和全科哪个才更有意义？哪个生存时间更长？如果可以有这方面的探讨，我特别想学习。

赖冬阳：

好，陈蓓蓓提出了专业和就业的问题。哪位想就这个问题来谈？

李斌：

学过播音的人都听说过这样一句话：有稿播音锦上添花，无稿播音出口成章。当前人工智能与播音的融合更多是在有稿播音层面。至于是否能做到"锦上添花"，可以再探讨。但我相信未来播音主持跟人工智能的融合一定是深层次的。

刚才大家说得特别好，人工智能不是物种而是工具。我们完全可以利用这个工具打造智慧型主持人。有这样一个案例：美国有线电视台 FOX NEWS 做了一个尝试，他的主持人只是一个标签，标签背后是信息聚合。比如说热线电话接到演播室它都能应付得了，为什么？因为背后有大数据在支撑。比如涉及到法律问题时，大数据会跟它连接，它把这些信息进行整合后选择和取舍。这时候，人工智能就不单单是主持人的分身，还变成了导播，甚至变成了编辑。通过这种智能工具实现人机融合是未来的一个方向。中国工程院郑南宁院士说过这样一句话："人工智能不是把机器变成人，也不是把人变成机器，而是要扩展人类的智能，解决人类的问题。"我想，播音主持与人工智能融合也是一样的。

我们并非依赖技术，而是利用技术，或者换一个词，叫"玩转"人工智能。这样一来，智慧型主持人也就应运而生了。

赖冬阳：

好，有关专业培养和就业问题，还有什么分享和发言？

成倍：

我和大家分享一下我的教学经验。我承担了中国传媒大学大四和大三本科新闻播音主持教学组组长的工作，我来谈谈我对"AI"主播的认识。

作为声音机器人，它是一种工具，在几千万年以前人们就有工具了。那么工具生成以后，要问它的动机是什么？阎亮说，工具的动机是把人们从繁重的劳动中解脱出来，提高人们的生存品质。各行各业都一样，我们也跑不掉。比如在机场，我们大家去首都机场，从进首都机场到最后登机，你想想一共经历过多少个人？我数了一下，不少于50个人。但是我去年在美国，只经历了5个人。所有的人工全被机器替代了，打印登机牌、托运行李，最后连安检也全都是机器人。那么，其余45个人就解脱了。他们去干什么？当然是做更高级的工作。

回到我们的问题，在未来，低级的劳动一定会被机器所替代。我十年前教书的时候就跟学生说，如果你只会在演播室里念稿子，死路一条。那么现在我们干什么？这个学期我们进行改革，我们训练学生进行价值判断，让他们走出演播室，观察社会，用自己的眼睛看世界，用耳朵听世界，最后"采编播一体"做节目。所以未来 Delivering news 已经没有了，只有 Producing news。如果会后有时间，可以让曾志华老师给大家分享一下我们学生的优秀作品。我们的专业培养已经在应对变化了，可以请大家看一看我们的教学成果。

赖冬阳：

好的，我们特别期待。还有谁想就这个问题进行讨论？

现场抢麦者1：

大家好，今天下午听了很多专家学者的观点，我再大胆往前迈一步。要我说，这个"AI"主播谁也取代不了。

首先我对"AI"主播这个词就有一个大大的问号。与其说它是"AI"主播，还不如说它是"AI"发音器，是一个机器人。机器人是为人类所用的，它最大的价值是让人类从繁重的任务中得到解脱，让我们更好地享受生活品质。它离取代人的距离是非常远的。这有点像"狼来了"的故事，狼还没有来，我们先喊狼来了，我们主播自己在喊。

还有一个问题，刚刚章总谈到有些只会播稿子的播音员会被"AI"主播取代，甚至有一些播音员、主持人也有这样的观点。我对这一点也有深深的质疑。如果认为播新闻就是播稿子，这是对播音专业的矮化。外行可以说，内行千万不能这样做。播音仅仅就是见字发声吗？如果取代的是没有感情的照本宣科，我觉得被取代的也不叫播音。我就说到这里。

赖冬阳：

好的，谢谢你。

顾熠男：

我觉得很多研究者对这个问题的认识比较盲目。我们为什么要用"取代"这样被动的词，我们为什么不是"利用"，不是讨论"如何利用"，使用一种主动的语态来讨论如何把一些工作岗位让渡给机器人这样的问题呢？

赖冬阳：

其实类似观点大家已经表达过了，你的第二个点是什么？

顾熠男：

第二点，我认为我们缺少受众研究，所以对人的表达效果盲目乐观。比如刚才米思茹提到她的很多朋友排斥"AI"主播。这是建立在大家已知这个东西是假的基础上。我们能不能拿一些语料出来做一下眼动仪的研究，做一下 ERPS 验证。我觉得是必要的。

我跟一些做技术的朋友聊过，他们觉得工具化的或者纯粹信息传递的东西用机器声来做风险更小。举个例子，我是浙江人，我刚到北京的时候非常排斥北京话。我在北京生活了七年之后回家又排斥家乡话。两相比较，机器声是风险最小的。第二个，考虑代际差异，我们从小听人说话，所以我们习惯了人的表达方式，本能地排斥机器人说话的声音。但如果下一代从小就是听机器人说话，这种排斥感会不会变小？我觉得这些是需要做一个实证的、量化的研究的。

赖冬阳：

好的，还有很多观众想发言，有请。

现场抢麦者 2：

首先说"AI"会不会取代主播，我觉得不是取代，而是提供了一种选择。这就好像我们去到一个地方，你可以选择走路也可以选择别的出行方式。那就看你是如何去选择性价比最好的一项。

还有大数据的问题，章总讲的更多的是声音的收集，但大数据还可以对行为习惯的数据进行收集。如果把人的行为习惯数据收集起来，然后再通过语音表现出来，还原本人的声音的可能性会更大。

赖冬阳：

好，有请杨颖慧。

杨颖慧：

我想就工具的问题说一下，我不认为"AI"仅仅是一个工具。就像刚才邱浩提的问题，他认为"AI"主播没有人格，所以他很难有粉丝。我觉得这太低估中国粉丝的力量了。有时候不管有没有人格，人格是不是分裂，对于粉丝来说都不重要。邱浩之所以有这样的想法，是因为，第一，"AI"主播确实没有你本人帅；第二，他播得没有你好。但如果我们看日本的"初音未来"，它在赫兹出现之前已经在全球拥有6亿的粉丝群体，而且它在新加坡、上海、东京、吉隆坡都开了个人演唱会。这个是很可怕的。它是不是工具？对于创造它的人来说，对于章总来说，确实是一个工具，它是赚钱的工具，是利益最大化的工具。但是对于使用它的群体来说，甚至对于它的粉丝来说，就不仅仅是一个工具了。它的创造者力图实现利益最大化的目标，一定会把它做成一种精神上的依赖和偶像的感觉。如果仅仅需要它是一种工具的话，我想问一下章总为什么不一直做路况播报，而要去做赫兹？

赖冬阳：

好的，到现在为止，我终于听到有人说人工智能将来可能成为一个物种了。来，有请章总！

章继东：

我表达我的观点，在座的专家学者把"AI"主播过于严肃化了。我特别喜欢刚才她的发言。其实人工智能还有一个非常重要的领域，就是娱乐领域。在这个领域中，"AI"主播以及虚拟形象有很大的空间。中国互联网市场主体是很年轻的，以"00后"为主。像抖音这样的娱乐产品，是为了消除焦虑，enjoy生活。所以"AI"主播如果放在娱乐领域会有很大的发展空间。我觉得大家不要把它过于严肃化。

赖冬阳：

今天章总终于找到一个"同盟军"。还有哪位来？

现场抢麦者3：

我也要表示一下支持。在我看来，"AI"主播带来的危机并不是它能够非常好地模拟人的容貌、声音、语言，而是它的"分身术"。就是它可以让每一个用户都找到自己喜欢的人，对自己说自己爱听的话，这是它最大的作用，或者说带来的最大危机。

赖冬阳：

好的，还有没有不同的意见。

邱浩：

我先咨询一下，如果要让"AI"合成的"假邱浩"被更多的人喜欢，这个工作应该由谁来做？是技术人员，还是我自己？如果是我自己，这个逻辑应该是大家因为喜欢我，才会更喜欢他；如果是因为"AI"主播变得更加顺畅，或者是技术更加成熟、更加拟人，那大家会更喜欢它吗？

赖冬阳：

我发现了"AI"主播的一个很重要的问题，那就是伦理问题。你看邱浩已经开始"分裂"了，它一方面看到自己在那儿，同时又觉得不太真实。

现场抢麦者4：

大家好！我是南广播音专业毕业的，现在做有声书行业。为什么说"AI"一定会取代一些人，会提高我们做有声书这个行业的门槛。因为现在的众多平台上，低质量的有声书太多了，实在是听不进去。我觉得这个东西一旦进来之后，第一会提升我们自己，第二会屏蔽掉大量低档次的有声书。刚才刘超也提到了装空调的师傅听有声书的例子。我也做公司，因为那个师傅不是我们的目标人群，他不会买我们的东西，所以我一点也不伤心。我觉得在座的各位可能会付费收听我们认为好的东西，但是可能那个师傅不大会。

所以我们回到一个问题，就是科大讯飞也是要盈利的。他的技术并不是针对我们有声书的，所以他不会针对我们去研发一些"AI"艺术家。可能在未来大规模盈利之后，才会危及到我们这些搞语言传播的人。所以我觉得"AI"主播在现阶段只是个噱头，是广告，甚至说是科技公司在炫技。

赖冬阳：

谢谢你。好，希望大家把核心观点说出来。

陈蓓蓓：

刚才说到伴随式收听，实际上，我们在做电视节目时会想，在收视率越来越低的情况下，如果我们采用"伴随式收看"是不是也可以？从电视角度讲就是加快语速、去掉个人情感、减少个人评论。我们试过好几次，但效果特别差。

可能大家会认为，现代生活节奏如此快，会有更多人选择伴随式收听。但我们从电视传播实践的角度来说，其实效果并不好。

赖冬阳：

好的，我现在做一个简单的总结。到目前为止，基本上形成了两种观点。有的认为"AI"主播不可能取代真人主播，但也有技术乐观的观点认为在某些领域可以取代，某个阶段会取代。

这就留下一个问题，我们大家可以继续讨论。那就是哪些领域会被取代？被取代的那些从业者该怎么办？我们可以给他开个药方。另外还有一个方向是在职业培养上，面对这种冲击我们该怎么办？接下来我们可以就这两个方向再来讨论。

现场抢麦者 5：

各位好！我觉得人和"AI"最大的差别就是一个会思考，一个不会思考。我们来看"内三外四"，科大讯飞他们做的只是去模拟我们所谓的"外四"，模仿人的停连、重音、语气、节奏。但是它永远不会去分镜头思考；它永远不可能像女生那样嘴中说"唉呀，你好讨厌"，其实心里想说"我很喜欢你"；它永远也不知道《夕阳红》和《大风车》这两个节目之间有什么差别，如何获取对象感。我们的专业是从"内三"和"外四"两个层面去进行的，为什么它有可能取代"外四"，但它永远取代不了"内三"？就是因为人际传播的优势。我们学校——西南大学，应该算是全国为数不多的播音主持专业仍然挂在传播学系下面的。我们没有播音主持系，我们也没有所谓的艺术学系。我之前看了陆老师的一篇文章，专门探讨"AI"对于组织传播的冲击的，其实就一点：我们在培养人才的过程中应该大量融入"人际传播"的优势。

赖冬阳：

好的，你的观点其实就是说取代不了。接下来，有请。

孙良：

我今天带了三本书。第一本是陈力丹老师的《精神交往论》，第二本是高贵武老师的著作《主持传播概论》，第三本是张颂老师的《朗读学》。

我们现在谈传播，传播的本质是什么？我认为是交往，是人与人的交往，主体与主体之间的交往。但是我们能不能跟机器进行交往？我认为如果可能，一定是一场灾难；如果不可能，那么我们讨论的问题就不存在。

另外说到本专业，我认为我们的"内三"（播音主持专业中的情感调动理论：情景再现、内在语、对象感）当中蕴含着非常朴素但深刻的主体间性思想。

"内三"绝不仅仅是技巧。如果我们对它进行充分认识的话，我们就会知道播好一篇新闻稿是很不容易的。

赖冬阳：

你的核心观点是什么？跟"AI"主播有关的。

孙良：

我说的核心观点是人类需要交往，需要在交往当中互相印证自己作为人的存在。

赖冬阳：

总而言之还是取代不了，是这个意思吗？还有吗？来，有请。

顾熠男：

我不太认同孙良这个观点，人和机器之间其实是可以存在所谓的人与人之间交流的精神状态和心理需求的。举个最简单的例子，大家都知道"熊本熊"，它不是一个人，它是一个被人格化了的偶像，对吧？但是它已经融入到人的生活中。而在这个过程中，我们要不要让它融入，怎么让它融入，其实还忽略了一个非常重要的因素，就是创新扩散的社会要素。

赖冬阳：

好的，孙良有什么要反驳的吗？

孙良：

我不认为那是一种交往，我认为这里有精神投射。我们之所以对"初音未来"有那么大的热情恰恰因为它是假的，恰恰因为它是可控的。如果它不是假的，如果它是真的一个独立人格，有自己思考能力，情感能力的存在，我只会感到可怕！

杨颖慧：

我不同意孙良的观点，我想问蔡徐坤他是不是一个人，吴磊是不是一个人？他们的粉丝群体是否跟他们有真正的交往？其实是没有的，但是他动辄吃一个东西微博就可以瘫痪！所以我觉得只要赋予它人格，这个是可以存在的。

赖冬阳：

我们这个讨论越来越有意思。

成倍：

我来发个言，我觉得没有必要去跟机器斗争，因为各有各的生存空间。那么我们这些人的生存空间是什么？不要去纠缠这种低端的东西了，我们要增值，怎么增值？三个关键词：第一，态度；第二，温度；第三，色彩。结束。

赖冬阳：

态度、温度、色彩，他认为你们的讨论太"low"了？你们同不同意？

章继东：

其实这个主题，"AI取代了谁？"我更愿意看到创造了什么东西，其实虚拟形象就是一个创造。我特别同意杨颖慧的说法，因为我觉得我也很年轻，我可以理解那些大量的二次元用户、大量的移动互联网的原生居民。真的，他们对于虚拟形象的认知和寄托，就像我们从小听广播剧和看书一样。只是时代不同，所以我们要创造更多的场景。比如，前面我提到的产品"丫丫伴读"，父母没有时间给孩子讲故事，你可以把声音复刻给小孩，特别有意思。声音IP可以复刻很多东西，这就是一种情感、一种娱乐，我觉得挺好。

赖冬阳：

换言之，你不但替代，你还去超越它。

章继东：

创造了很多的场景和需求，我觉得这个才是我们的重点。

赖冬阳：

我觉得章总今天越来越敢于说出自己的心里话，不是替代，而是超越。

陈蓓蓓：

其实大家在说的都是谁在用"AI"。刀和剑本身并不可怕，可怕的是谁在用它，用它来干什么。我觉得这才是大家内心产生恐惧的源头。

赖冬阳：

好，一直强调人机协同，协同才是关键。

参会学者：

我觉得刚才章总、吴福仲、杨颖慧和孙良他们之间的差异在哪？一个是创造，一个是模仿。这其实也可以回应刚才邱浩提出的那个问题，如果模仿你的那个"AI"，它还叫邱浩，那他一定不如你有影响力；但假设它对你的形象做了一些改动，它也不叫邱浩了，它就变成了吴福仲和杨颖慧说的新创造出来的东西，而且是被赋予人格的，那么它就可以实现刚才孙良难以体会的那种交流。

现场抢麦者6：

我接着刚才章总的话来说两句。其实我对于这句话的理解是，"AI"在未来的发展中，会逐渐找到自己的定位，会发挥越来越大的作用。为什么这么说？我是新华社的，是邱浩的同事，在国内部工作，我可以从新华社整体的状况和未来的发展趋势上来跟大家展示这个观点。

首先，无论是"AI"主播也好，还是新华社的"快笔小新"也好，它是一个编写新闻的智能机器人，主要负责编写的是财经和体育新闻。然而国内部、国际部等部门所有的编辑和记者并不采用智能机器人。为什么？因为经过很多批示、修改的"花脸稿"创作成有声语言是很难的。

赖冬阳：

好的，还有哪位？有请。

孔亮：

我觉得讨论"AI + News"，"标准"是一个很重要的问题。"快笔小新"被运用在体育和财经新闻的写作中，如果对于稿件的评价标准是单维度的——速度，那"快笔小新"一定赢。之前也做过类似的比赛。但如果评判标准变成读者更喜欢哪种写作内容、方式与风格，尤其是体育迷和财经迷，那一定是人会赢。

我想再回应一下孙良之前提出的人与机器能否交流的问题。我觉得除了不应该忽略掉章总提到的亚文化人群的需求，我们也不要用主流的在交流上的某种"沙文主义"倾向去否定一些人特殊的交流需求。要知道，这个社会中有一部分群体是很难跟人实现正常交往的。如果机器可以满足他们的心底实际更强烈的交往需求的话，应该被尊重。

赖冬阳：

好的，不得不提示大家只有 15 分钟了，还有哪位想发言，抓住机会。来，有请邱浩。

邱浩：

我从一开始得知我要做这个合成主播原型的时候，我是一种乐观的心态。事实上，如果人工智能可以取代人类的很多工作的话，这肯定是技术的一大突破，对不对？我觉得如果要乐观去想的话，那我们就让它去取代好了。

"AI"合成主播可以取代主播，可以取代主持人，可以取代我们这个职业，但是我认为"AI"永远取代不了我们每一个人。它可以取代这样一个职业，我们可否重新去定义我们的职业？我现在还记得，上学第一天成倍老师跟我们说，你们不是明星，你们是新闻工作者。什么是新闻工作者？不是简单地把文字转化成声音，我们更应该是传播者。

赖冬阳：

好，谢谢你。

成倍：

我就补充一个观点，大家设想一下如果没有文字稿，"假邱浩"还能播吗？真邱浩可以。结束。

赖冬阳：

真邱浩也不可以。在新华社，是不可以的。其实这个问题很好，这是一个大的协作团队，不管是真邱浩也好，"假邱浩"也好，团队协作是不能少的。

章继东：

说我们想取代主播，确实不是。为什么是搜狗第一个做这件事情？实际上我们进入这个市场最早，但我们发现真人主播实际上没有市场。因为主播太多了，尤其像新华社那位老师讲的，零差错机器是做不到的，一定是机器合成声音之后还需要人听一下，因为有语气、语调以及个人习惯，所以市场需求决定了我们技术演进的方向。我们做的更多的只是声音，我们所有推出的产品都是声音而没有做真人。做任何技术产品，最重要的是真实，传递的价值和用户感受到的东西都是真实的，而不是欺骗。

顾熠男：

我最后想说一下我的观点，为什么我最早问邱浩和章总成本的问题。其实我觉得技术上不管现在能不能达到，以后一定能达到，只不过这个不挣钱，所以各位不需要有那么多的担忧。

赖冬阳：

某种程度上，我是支持"AI"主播在未来取代真人主播的。我想用"PEST模型"来分析一下：P是政治，E是经济，S是社会，T是技术。

"AI"主播一定是比真人主播更经济的，因为它可以不断地工作，可以不用花很长时间去培养，这是其一。其二从政治的角度，为什么新华社会去做这个事儿？而央视没去做？因为新华社政治传播的意识特别强，它想要塑造一个虚拟主播，如果我们大家都对它有很强的认可度的话，它作为政治传播是最放心、最安全的，这是政治领域。第三从社会接受心理的角度，现在大家都是"就现在，看现在"。我告诉大家，有些小孩甚至喜欢听智能主播那种很机械的声音，他觉得很好听，这是大家可能没有想到的。最后一个我想说在技术层面，章总不够自信，回溯很多年之前，有谁能想到柯洁会被 AlphaGo 打败，但是在前年就被打败了。所以我认为还是很有可能的。

薛翔：

我非常赞同那位新华社记者刚才说的。我想质疑孔亮在 PPT 展示的时候说的人工智能能够节省我们的工作时间或是效率。我觉得是不能的，它反倒是增加了工作的负担。

首先第一个负担，AI 主播在播报新闻的时候，后台所有的团队人员都要去关注。一旦发生了停电或者是信号干扰的情况，就没有办法处理。第二个负担，我觉得是 AI 主播原型的负担，如果它读错新闻，或者是发生重大事故的话，这个责任肯定是在原型的身上。这就是我的观点。

赖冬阳：

好的，最后还有 1 分 50 秒的时间，我最后希望大家能不能讨论以下这些问题：对于职业受到冲击的这一批人有什么建议？对我们的教育、教学上大家有什么建议？

仲梓源：

至少我们还得要培养 AI 去学习真人主播，我们的教育不悲观。我再提一个问题，我突然开始质疑了，叫"AI 主播"合适吗？我觉得这实际上是仿生主播。Artificial 指的应该是人工的，它不应该是一个真实的。它实际上是仿生主播、仿真人主播，它不是一个人造主播。人造主播应该是什么样的？我们做 50 人的测评，塑造出大家梦中情人的形象和最理想的一个声音，这叫 Artificial。

现场抢麦者 7：

我觉得我们的播音主持教育应该实行精英化的培养。因为每年都在说播音主持的报考人数又增加了。我自己也探访了很多的艺考机构，并不是所有的学生都适合这个专业，而且很多学生对这个专业有误解，他觉得我能说话、声音好、长得还可以就可以学这个专业，但其实不是这样。我觉得咱们"播音主持"可不可以换一个顺序，我们以后注重主持的培养，在口语传播、话语策略上实行精英化的培养，就是说我在什么场合应该做什么样的主持、应该说什么样的话，来进行最巧妙地挖掘和思考。

阎亮：

其实最后想说一个我自己的观点，在此之前先说一下"危机、转机、生机——AI 主播取代了谁"这个议题。从职业的角度来讲，我觉得这种危机不是很大，AI 的发展从整体来说，目标应该是为了学习并认知人类的思维方式，可以作为帮助人类的工具，但也有可能最终超越全人类。但是在某些工种上取代我们，绝不是 AI 的目标。它的目标肯定也远不止于此，或者说研究推动 AI 发展的科学家志不在此。发展 AI 的科学家之所以选择了几个人类劳动的领域去深耕，目的是通过这些工作更具体地了解和学习人类的思维与工作方式。

对 AI 最为唱衰的人是霍金，现在他已经不在了。他活着的时候一直在警告人类不要过度发展人工智能。因为他觉得可能人类膨胀了，膨胀到有一天我们自己研发出的新物种，在经过不断地学习人类之后最终超越和取代了我们。谁说物种就一定要具有生命，一定是有机物？其实没有什么是一定的，只是思维方式限制了我们。我想，在恐龙主宰地球的时候，如果恐龙有思维，它一定会去想未来能够代替我主宰这个世界的是什么样的生物呢？一定是比我更高大，更强壮，身上有更多杀伤性武器的动物吧。但它没有想到，未来统治和主宰世界的居然是身上没有任何攻击性武器，而且很弱小，但是智慧极为发达的人类。那么人类统治地球已经很多年了，我们一直自视为地球上真正的智慧生物，如果让我们设想未来代替自己主宰世界的会是什么样的生物，也许我们也会按照自己的逻辑，认为是智慧能力完全超越我们，情感更加丰富的物种。但可能万万没有想到未来真正奴役、取代、统领，或者是消灭我们的，却是我们自己研发出来的，所谓没有生命的物种——人工智能。

所以我们根本不用担心自己的职业会不会被取代。如果我们只有作为 AI 的宠物才能继续留存在这个世界的话，就像现在还能生活在我们身边的小动物一样，那么 AI 可能会因为我们喜欢做这些，那就让我们去做吧。我们依然可以做所有我们喜欢的工作，只要不会影响 AI 的统治地位就行，我们开心就好。我们一直自视为最高级和最后屏障的情感，可能正是我们最终被超越、被取代的最大弱点。因为我们有感情，我们更容易感情用事，因为我们有感情，我们更容易自以为是。

仲梓源：

一句话：机器是人造的，它是通电的，它只要威胁到人类的安全，我们就"拉电闸"。

阎亮：

人类活着需要吃饭，所以我们种粮食、养牲畜；如果 AI 有了这样的能力和思维，为了生存当然也知道自己需要什么，如何让自己活下去并且活得更好啊。

专家总评

高贵武：

刚才大家的讨论精彩纷呈，给我带来了非常多的信息，也有非常多的思考。

我想首先表达我对"播博汇"这样一个选题的看法。我觉得今天的论坛会选择这样一个选题充分体现出我们作为一个学者，或知识分子所具有的时代意识和忧患意识。因为在今天这个时代大背景下，技术或"AI"是永远绕不开的一个话题。而且在未来的发展中，它会以更快的速度或者说会产生更大的力量对社会产生影响。我们作为学者，敏感、敏锐地抓住这个话题去讨论，体现的是我们的时代和忧患意识。当然，我们今天得出的某些结论可能还有点早，但是至少体现出我们的忧患意识，我们开始未雨绸缪，我们开始思考未来下一步的发展，以便更好地做出调整。

关于今天这个话题，我是这样看的。从人类发展的大历史来看，人工智能是一种技术的体现，或者说是技术发展到今天的一种最新的成果。而技术从人类社会发展的历程来看，它是一直存在或者说是一直进步的。我们今天的生活时刻也不能离开技术。所以从这个角度上来讲，我觉得技术作为一种现实的存在，不管是害怕还是崇拜它，不管是喜欢还是厌恶它，它就是一种现实存在。我们面对它的态度只能是积极地去拥抱或者说继续去欢迎。在人类发展的历史上产生过很多次抗拒技术的运动和革命，最后都以失败告终。这就告诉我们，面对技术，我们只能是以一种积极的态度去对待。套用别人的一句话，"我们在发明技术，其实技术也在发明我们"。在面对技术的时候，我们会增长出新的认识、新的能力、新的见解和思考。那么，从这个角度来讲，技术其实并不可怕，甚至给我们带来的更多的是一种生机、一种机遇。

之前在一些论坛上，我们和一些兄弟院校也探讨过这样的话题。比如去年在浙传的研讨会上，我们是以"技术与人"这样的主题来切入，实际上也是在探讨这样一种社会现实，或者说去预见我们未来的一种社会发展的走向。我记得我在浙传的发言中提出了一个观点：技术对我们的专业和社会发展来说，是一种"催化剂"。技术的发展催生了我们这个专业以一种更快、更成熟、更高端的方式去发展。

另外我还用了一个词，我认为技术也是"试金石"。技术的因素进来之后，才能真正辨别出我们这个专业的人真正的价值体现在什么地方。被"AI"取代了的那些东西，实际上就是通过试金石证明了那不是我们这个专业最核心的东西；而不能被取代的，才是我们最核心、最本质的东西。我们未来的发展方向，只能是朝着我们不能被取代，或者说朝着我们更核心、更本质的方向去发展，所以这是一个试金石的作用。

另外，我们还要提到"照妖镜"。没有这一面镜子，没有技术和"AI"的时候，我们还意识不到我们的环境，或者说意识不到我们要去进行一些创新和改革。技术出现后，一下子照出了我们的"本来面目"，我们可以更清楚地认识到自己的优长。从这个角度来讲，技术给我们提供了一个很好的发展契机。

那么对于我们这样一个职业来说，或者说对于我们这样一个角色来说，它最核心的东西是什么？最本质的东西是什么？我们人之所以成为人，最核心的东西就是体现"人"的东西。人是非常复杂的，比如说信息的需求只是其中的一面，我们还有更多的需求，比如说情感的需求、审美的需求、精神的需求等等。我们有很多需求，而且这种需求可能会随着技术发展而不断进化。所以从这个角度上来讲，技术本身的进化其实也是在促进我们的职业和角色的进化。

如果要我对今天的这个话题进行一句话的总结，我想引用《马太福音》第22章里面的一句话："凯撒的归凯撒，上帝的归上帝。"属于 AI 的我们就让 AI 去做，属于我们自己的，我们把它做好。

曾志华：

各位好！

在这样一个寒冷的冬日，我们聚集在这里，还利用周六休息的时间，为什么？因为我们焦虑！因为新技术的到来，因为我们的职业受到了冲击——《人类简史》中有一句话，给了我非常大的震撼，"每当人类整体的能力大幅增加，看来似乎大获成功，个人的苦痛也总是随之增长"。书中举了个例子：人类曾有长达 250 万年的时间靠采集和狩猎为生，大约一万年前农业革命开始了。在人类文明史上，毫无疑问，这是一大进步。但是，农民们开始投入几乎全部的心力，从日升到日落，忙着播种、浇水、除草、牧羊，"农业革命所带来的非但不是轻松生活的新时代，反而让农民过着比采集者更辛苦、更不满足的生活"。今天，我们就是在人类整体的科技发展步步攀升的前提下，在 AI 主播已成现实的前提下，分享着各自对于播音主持这个行业、这个工种的"苦痛"——我们的思考，我们的计划，我们的步骤。

在多个场合，不止一次听到章总对人工智能的分析和评价，尤其是对于人工智能是否会取代真人主播，章总给出的是否定的答案。我不以为这是章总给大家的定心丸、安慰剂。有声语言的表达，从来都有表意、表情、既表意又表情之分。我们在教学当中，时常告诉学生，不要照字出声，要说意思。其实，这里面的说意思就是既表意又表情！AI能做到的是表意，它表不了情！从艺术创作的角度而言，这便导致"灵韵"的缺失！

这几天拿出本雅明的《机械复制时代的艺术作品》，重读经典。在这本书里，本雅明再次提到"灵韵"这个词（有的译作"灵光""光晕""光韵"，我更愿意用"灵韵"这个词）。他认为，机械复制时代的到来将"灵韵"逼到了绝境，其消退是时代的特征，也为大众开拓了更广阔的活动空间。我认为，如果机械复制时代让艺术品的"灵韵"到了绝境的地步，那么，人工智能的语音复刻时代，已经让有声语言艺术的"灵韵"完全缺失了！（至少目前是这样，以后的技术能发展到什么地步，难以预测）

原因有两点。一是作为有声语言艺术的创作主体，他的原真性（独一无二性）的缺失。如果以时空为轴建立坐标系的话，有声语言创作在我们面对话筒面对镜头、一张嘴一出声的瞬间，就拥有了它在这个坐标系中独一无二的位置、独一无二的属性！对，也就是"即时即地性"！这一次的创作只为这篇稿件、这个场景、这个时间、这个环节、这个事件、这个人……而采集声音样本，对人声进行复刻、合成，是以"随时随地性"呈现的，人们可以在任何自己想要的时间或空间内合成、使用。它不具有原真性。二是作为有声语言艺术的接受主体，他的孤独性的存在。对着AI的用户，是孤独的，即便他听到的声音，从物理属性上来说是好听的，但情感上却是在对应着一个无机物、一个没有"灵韵"的工具做着没有"回应"的交流。即便如《创新中国》中李易的声音，也是如此。只是"似"，不是"是"！

刚才我用到了工具这个词！从工具这个角度而言，我要说，热烈欢迎AI的到来！人工智能正在并且将全面渗透到我们生活的方方面面。套用一句广告词，它可以让我们更加真切地感受到"原来生活可以更美的"！AI可以为播音主持工作减负，它会成为也完全应该成为我们播音主持强而有力的助手。但AI主播需谨慎！我坚持认为，"灵韵"是只有真人主播主持才可能拥有的艺术特征。换言之，在有声语言艺术创作中，停连的处置、重音的设计、因情感分寸拿捏的语气、由情感起伏变化的节奏，都只有"人"才可能完成。也因此，"灵韵"才可能使有声语言艺术有象外之象、景外之景。所以，作为播音主持专业的从教者，我想我们应该教导学生两句话：在"灵韵"上下功夫；人的高度就是艺术的高度！

想和大家分享一段短视频。

观看视频过后

看了这个短视频，我相信大家心里都有了涟漪。但是我放这个片子不是想在年底的时候给大家一些伤感，而是想说，当人工合成的女声替代了她先生——一位著名播音员的声音，尽管与之前相比，加了"请"字，显得更有教养更客气，但没了温度，没了灵韵！更让这位老妇人失去了情感寄托的平台！

最后说几句我的感触。

今天是小寒，是一年中冬天最寒冷时候的开始。可是在这个屋子里，我分明感受到的是夏天般的火热和春天般的温暖。

夏天般的火热来自各位，今天这一下午非常享受，各种观点的碰撞，头脑的风暴等等，也不用我多说了，大家都已经切身地感受到。

春天般的温暖还是来自各位，为什么？交通费、住宿费我们都报不了。说实话，我心里特别愧疚……但是大家都来了，给我们支持，给我们温暖。我们心存感激！这也将成为我们播博汇坚定前行的最大动力！

再过整整一个月，便是农历新年。戊戌年过去了，己亥年来到了。愿我们的"播博汇"仍旧既务虚，也务实，为学科发展出力。这里，提前给现场的各位朋友拜个年，祝福朋友们，新春快乐，吉祥如意！

赖冬阳：

谢谢两位总评专家非常走心、非常有温度的点评。

"播博汇"一直秉承的原则就是"高扬学术、热爱专业"。不管我们的话题是什么，我们心中都有一份对专业的执着和热爱，这也是"播博汇"从2015年走到现在的一个最重要的动力。当然，最重要的动力是来自于包括现场的各位专家学者对"播博汇"的关心、支持和帮助，我想借这个机会代表我们团队对所有线上线下关心支持"播博汇"的你们表示感谢，谢谢你们！

轮值学者述评

2018年11月7日，新华社联合搜狗公司在第五届世界互联网大会上发布了全球首个合成新闻主播；2019年1月5日，"播博汇"学术沙龙以"危机、转机、生机——'AI'主播取代了谁"为主题承办了中国传媒大学"学术季——博士生学术沙龙"系列论坛；2019年2月19日，新华社联合搜狗公司在京发布全新升级的站立式 AI 合成主播并推出全球首个 AI 合成女主播。短短三个多月，AI 合成主播经过技术攻关，在多项重要技术，尤其是声音和图像两大引擎上实现了优化和突破——采用"波形建模技术"使声音更具情感，通过"模型优化及多风格数据"的使用实现更加逼真的表情合成。换句话说，横亘在真人主播与"AI"主播之间的数座大山（如"恐怖谷"、情感、人性等）正在被"技术愚公"一点一点挖开、搬离。

而在"播博汇"学术沙龙上，与会嘉宾重点围绕技术能在多大程度上取代人工创作、技术突破的动机与成本、AI 合成主播的人格与伦理问题、音视频合成内容的知识产权归属等议题展开讨论，并首开先例打通"自由讨论"与"现场提问"环节，充分展现"播博汇"激辩、争鸣的特点，现场气氛一度达到高潮。在最后的总评环节，总评专家高贵武教授指出，在今天这个时代大背景下，"AI"是永远绕不开的一个话题。作为学者，敏感、敏锐地抓住这个话题去讨论，体现的是我们的时代意识和忧患意识。他认为，技术是"试金石"，也是"照妖镜"。"试金石"证明了哪些是我们这个专业最核心的东西，"照妖镜"则能照出我们的"本来面目"，使我们更清楚地认识到自己的优长。总评专家、"播博汇"学术顾问曾志华教授以本雅明在《机械复制时代的艺术作品》一书中提出的"灵韵"概念作为核心论点，着重阐述了"人工智能的语音复刻时代，已经让有声语言艺术的'灵韵'完全丧失"、有声语言创作主体的原真性缺失与接受主体的孤独性存在是"灵韵"不再的原因及"灵韵"是真人主播独有的艺术特征等观点。

人工智能在媒体中的实践与运用已是如火如荼，技术塑形新闻业既是不容回避的现实，也是不可逆转的趋势，无论是在中国还是其他国家。更重要的是，尽管人工智能在中国风头正劲，但总体来说，视频新闻、新闻的跨文本与跨语种转换、智能语音驱动下的对话式新闻、通过建立"新闻元空间"（即通过数据的存储和挖掘使有限的记者和编辑也可以制作出大量内容）发展区域性新闻、建立算法问责制等在西方话语下建构的概念依然代表着"AI + News"未来的方向。

第二编 02

| 师 说 |

写在前面的话——

他们是学界前辈，

他们是业内翘楚，

他们是讲台新兵。

面对汹涌而来的融媒体大潮，

面对"双一流"建设的时代机遇，

面对播音主持专业继承与开创的双重使命，

他们在思考，

他们在探索，

他们有感而发！

　　——2018 年 10 月 1 日，"播博汇"公众号推出"师说"系列访谈录。

让我们走近他们身边，

一起聆听——师说！

一、张颂谈播音教学、科研、业务

编者按：

2010 年，在中国传媒大学播音主持艺术学院领导的支持下、在众多老师的协助下、在班主任阎亮的具体组织下，2009 级硕士研究生班全体同学分成若干个小组，分别访谈了张颂、徐恒、吴郁、李钢等十二名播音主持艺术学院的退休老教师，并留下了珍贵的文字和视频资料。

采访对象：

张颂，1936 年生于河北省易县，汉族，中共党员。1959 年 7 月，张颂毕业于北京师范大学中文系，分配到中央人民广播电台播音组任播音员。1963 年 8 月，张颂到北京广播学院新闻系开始播音教学工作。1999 年张颂开始担任博士生导师，招收中国播音学方向博士研究生。在 2009 年教育部组织的第二届高等学校教学名师奖的评选工作中，张颂荣获国家教学名师奖。

张颂老师著作等身，立言不朽。1994 年，他牵头编写出版了中国播音界的鸿篇巨制——《中国播音学》，标志着播音作为一门学科的诞生。他所著的《朗读学》《朗读美学》《播音创作基础》《播音语言通论——危机与对策》《语言传播通论》及续集《传媒语言引领价值的本土意义》《传媒语言文化身份的当下识别》《话语传播简论》《播音主持艺术论》等，也都为播音学科理论体系的完善和发展做出了重大贡献。

本期策划、采访：

阎亮（中国传媒大学中国播音学 2015 级博士、中国传媒大学教师）

刘鹏（中国传媒大学播音主持艺术学院 2009 级硕士，现任职于中国传媒大学播音主持艺术学院）

曾芝星（中国传媒大学播音主持艺术学院 2009 级硕士，现任职于互联网公司新媒体运营）

王珍子（中国传媒大学播音主持艺术学院 2009 级硕士，现任职于毛主席纪念堂管理局宣教处）

于哲（中国传媒大学播音主持艺术学院 2009 级硕士，现任职于中国农业大学党委宣传部）

张颂谈播音教学

张颂老师始终密切关注着广播电视传播前沿的发展变化。一直以来，他以培养具有创新能力的、一专多能的复合型语言传播人才为专业教育教学改革的根本目标。他建议播音系的教学要与新闻系、电视系相结合，发挥自身优势的同时，汲取相关专业的理论知识。

张颂：

应该把我们的学科与电视新闻的有关理论结合，所以我们现在也需要去采访。我不是说了吗，我有一个训练的方法，每天五分钟。先是叙述四分钟，然后评论一分钟；一年以后，叙述一分钟，然后四分钟评论。有了这俩功力，你还怕什么啊？只是人的取向不一样，兴趣的取向不一样，台里使用你的取向不一样，不要想着我全能，没有！不可能有全能！肯定有长有短。

有些东西要看机遇，要看自己的能力，天赋当然重要，但是最终要看后天的努力，（以及）后天努力到什么程度？要和同行拉开距离，（以及）怎么样拉开距离？必须自己要有实力地位。实力地位是杜勒斯在 1952 年提出来的。国家要有实力地位，哪个国家也不敢欺负我，人也是，人要有了实力地位，谁也甭想抢我的饭碗！

这实力地位怎么来啊？不是别人赐予你的，而是自己夜以继日，叫作"日间挥洒夜间思"，整天我就围着它，我对它有兴趣，我乐此不疲，所以我就没完没了地想它，没完没了地练它，那当然就拉开距离了。

才能和机遇是人生的两翼，才能储备不足，机遇来了也会失之交臂；才能储备足了，机遇一来，我就脱颖而出。当然也可能这辈子没碰上机遇，那就怀才不遇了。

目前，全国已有几百所院校开设了播音主持专业，各学校办学条件、生源质量不一。而从就业需求看，各级媒体对播音员、主持人的录用要求普遍是"即招聘即上岗"，毕业生与岗位的磨合期很短。因此，院校的培养重点放在给学生提供更多实践机会上。张颂老师也就此表达了自己的观点。

张颂：

这个问题提得挺好。教育啊分层次，（分）学历教育和非学历教育。进入学历教育以后，它就正规了。

还要有体制的保证，也有建制的规格，（另外还）要有编制、机制——"四制"。现在我们的教育，有好多学校的教育，没有进入真正的学历教育，还在非学历教育当中，就相当于培训，上岗培训，这不叫教育。

不过这个问题呢，他们有他们的难处，条件不允许。当然啦，这不是他们的过错，这是所谓教育大众化的问题。高等学校就要有高等学校的规格，它必须是（培养）高级人才，跟中专技校是不一样的。打好基础，将来才能适应各种，至少是不同岗位的工作。所以，我们现在基本上还是处于打基础（的阶段）。打基础的核心就是锤炼语言功力，紧抓这个不放。什么时候放松这个，播音系在业务上也就要下滑了。

在国际竞争浪潮中，传媒的竞争也不可缺席，播音员、主持人的竞争更是应该步步跟进。许多人都有这样的困惑：播音系作为培养播音员、主持人的摇篮，在培养国际传播人才方面是否应该在教学理念上有所突破呢？对于这一点，张颂老师明确指出，问题的本质在于"人才定位"。

张颂：

这个问题涉及到"定位"这个概念。我们要掌握国际上的话语权就得打造这样的人才。这样的人才缺乏、薄弱，就意味着我们的软实力不能走向世界。这是很重要的一个方面，虽然不能全靠它。一个学科有一个学科的定位，人才规格也有它的定位，我们朝哪个方向去不能乱。

我们要打造什么样的人才？这个目标特别明确。从当前来说，我们要打造的是广播电视主持人，是高级人才，是精英。从长远来讲，我们打造的是能够创造有声语言典范的人才。这是从历史高度来说的，因为"书同文"之后，"语同音"的问题一直没有解决。怎么解决？光推广普通话是不行的，必须得有精英人物、典型节目、广大平台的引领，这就是我们的目标。将来我们培养的播音员、主持人，不仅仅是在话筒前、镜头前完成各种任务。他们最核心的任务是担当历史的责任，要打造有声语言表达的典范。出了典范之后，才能谈普及和提高。没有典范，就失去了方向，我们要给广大人民群众最好的精神食粮，这就是典范。（优秀的）播音员、典范的作品，这是我们最远大的目标。这个目标要是实现了，我们这个队伍就为打造"语同音"做出了巨大贡献。这是和"书同文"地位一样的历史贡献。这是多么宏伟的目标。但是谈何容易？如果我们现在在人才培养过程中过多地引入了很多杂乱的东西，骨干不清晰，就说明我们目标不明确。

中国传媒大学播音系以其扎实的理论根基和精良的硬件设施位居全国相同院系的前列，并且被业界称为"播音员、主持人的黄埔军校"。然而深知"生于忧患，死于安乐"的张老师却对播音专业的前景表示担忧。

张颂：

播音的改革正在往前走，但是在本土化这一块有很多东西需要填充。比如说文化传承方面就很不够。例如，我们古典文学的课程并没有完全按照播音专业的要求来讲，只是一般地泛泛而讲，比高中生稍微深一点而已。播音的文学课要根据我们的专业要求，大量填充古典文学知识。同样一篇古文，学生能从哪些不同的角度来欣赏。学生不仅是在做一般阅读，而需要提炼里面的精神，这样才能融入到有声语言表达的精髓中去。

文化是需要补充的一块，还有一块是人文精神。人文精神在我们的教学中道路是通畅的，也许不太宽但是道路很通畅。比如大、小课中领会有关业务的方方面面。例如背景，背景中的上情、下情，方针、政策，主流、支流。了解这些绝对有好处，它让你形成一种思维定势，一看到问题就一下子想到这方面来，不想到别的地儿去。还有就是人文关怀。一颗心你到底是干什么的？两个选择：表现自我还是服务他人？利己还是利他？

我们在人文关怀方面做得还是不够。能不能播这篇稿子的时候让学生体会到他是在进行一种人文关怀，而不是单纯地完成任务，或者说我播好它就够了。什么叫"播好"？骨子里好不好？这是很重要的。有声语言的其他方面我们还有探讨得不够的地方，因为它究竟是一个新兴学科，正在健全完善的过程当中。

韩愈说"传道、授业、解惑",这是老师的责任。他没说学生,我们必须把学生这部分补充上去。学生干什么,质疑、思辨和追问。一个好的学生一定是善于追问的学生。这个追问不是乱提问,他是经过质疑和思辨之后提出来的问题。这是前提,这样提出来的问题肯定有深度。

我特别重视师德。我最近修改《播音创作基础》,里头有一点比较醒目,第一就是"德",第二是"人文",第三是"话语权"。"德"应该放在最高处。什么叫为人师表?忠诚于党的教育事业。要忠诚于这个事业,我们是蜡烛,照亮了别人,而自己是慢慢燃烧的。

对于播音系师资队伍建设,张颂老师也提出了自己的观点。他并不主张全都扑在教学上,不能一个萝卜几个坑,而是主张"三三制"。并且他对教学岗位上的老师提出了严格对待学生的要求:"教不严,师之惰。"这份严格是一种态度,一种责任,更是一份深沉的爱。

张颂:

我主张师资队伍不能一个萝卜几个坑,要想提高必须"三三制"。这和电台、电视台的播音组一样,一部分在这儿工作,一部分去深造,一部分去实践。播音老师,一部分在教学一线教书育人,一部分青年老师去实践一线播音主持,一部分国外留学读博。轮着来,几年轮一次。

老师一定要严,教不严,师之惰。一个老师如果放纵你,随你的便,没有任何严格的要求和规矩,他就是一个懒惰的老师。严师出高徒,所以我在系里老提倡这个。"严于律己,宽以待人",从个人角度来讲,都应该这样,但是老师可不行,必须严。

淡泊的心境、豁达的心胸,让我们看到了一个大写的"人"。谈到如何培养学生的坚强意志和心理承受能力,张老师又为我们阐释了一个"立体的自尊"。

张颂:

这个人哪,为什么叫"人"呢,他得立得住。怎么立得住呢?顶天立地。别管长得个高个矮,也是一个顶天立地的人。他要支撑啊,风云变幻,波谲云诡,全都要支撑住,这才称得起人。否则那跟动物有什么区别啊,和一般动物差不多了。

我们中华民族历来都有一个自尊的心态,所以可以包容万物,各国来朝都可以,你的好东西我都可以全吸收,但我绝不屈服于异族之入侵。这种自尊上哪儿找去啊!一个人也是这样的,任何东西侵入你以后,你得有抵抗力。人得有尊严地活着。

张颂谈播音科研

播音学是融合的、多维的、多视角的学科。如何开启这扇学术之门，张颂老师给出了自己的答案。

张颂：

人各有志，没有统一的规定。（如何开启学术之门）第一，乐趣。我心有独钟。先得有乐趣。第二是享受。在干的过程里头真是无穷的享受，就舍不得离开。有了这两条，哪个学科你不能拿下？不要追时髦。生产是今天，科技是明天，教育是后天。你得高瞻远瞩，找到规律。

张颂老师谈及学科建设时，不止一次提出中国播音学还很稚嫩。

张颂：

我们的学科现在还稚嫩，稚嫩在什么地方？它要往哪个方向发展？补充什么东西它才能更完善？这是很重要的问题，是一个战略性的问题，应该是每一个从业人员要经常考虑的问题。发现它的不足，思考怎么去充实，这个话语空间里还有哪些空白，必须得做分析。

我想是这样，一个学科建立（起来）很不容易。现在基本上已经建立了，但它的学科体系还不是很完善。比如说，我们的"史"。一个学科必须得有史，这个"史"里面包括实践史、教育史、学术史。"史"的东西是很大的一块，一个学科三足鼎立的一足。现在还没有，就在导论里说了那么一点儿，还很不完善。研究中国播音史，它要有史实、代表人物、典型案例，但现在这些都没有，背景就更不好说了，这是一个很大的空白。这个要想一个人完成是不可能的，一代人去完成也不可能，只能是在逐渐完善当中。

还有一个就是业务。现在中国播音学里的业务虽然不断地往里填充，但是规律性不够。应景的东西多，有了访谈赶紧加上访谈。在我们广播电视传播中哪一种样式是像新闻这么稳定的？还有规律性的东西，将来不可或缺的东西，有没有？这个研究得不够。

在创作基础里面呢，我们现在就是"有稿"和"无稿"的两个的结合。其实"有稿"和"无稿"不是哼哈二将，这边哼，那边哈，两个本来就是一个。为什么我们现在把它分成两个？这一个人怎么去把两个东西同时掌握好？这个问题还没有完全解决。

所以这三块本身就有问题，就需要结合。另外它作为一个交叉学科，它怎么和哲学的观照结合起来。现在我们里面有哲学的东西，很多，但是不够，不够明晰。

哲学怎么观照中国播音学？特别是方法论。世界观基本上还可以了，方法论的东西怎么观照？

怎么和艺术学结合？你的艺术性布点在哪里？艺术性的典型化在哪里？不能笼统地说外部技巧就是艺术，不对。非艺术的也有停连、重音。

传播学的要义怎么渗透进来？我就常说我们这个对象感，现在作为一个内部技巧，是完全允许的，也是科学的，但是给它的位置还不够高！它应该是创作主体和对象之间一个很自然的循环。按照拉斯韦尔模式，就是一个循环。这个循环我们怎么去把它完善，现在没有。所以我只能在语言功力里提出一个回馈力，自己找那个回馈的感觉。实际上这是缺一块的。

怎么和逻辑学结合？现在我们的逻辑，从学科体系上（来说），大体还算合逻辑，但是合规律的东西是最高的逻辑。这方面还有欠缺。

怎么和说服学结合？说服的工作是一项非常重要的工作。从古到今没有一个社会，没有一个家庭，没有一个单位能离得开说服。我们在这个学科里怎么体现说服？信息共享，认知共识，这是空的。怎么填充进更科学的内容？包括心理学的东西、美学的东西等等，我们怎么把它们真正地挪过来以后为我所用，体现在我们的学科里面。现在还没有，只是零零散散的。

所以整个看起来，我们的学科还很稚嫩呢。我们播音学科就像一大块未被开垦的处女地一样，拿个镐，挖一坑，扔上个种子就能长苗儿。好多地方没有开垦呢。

读张颂老师的文字，能够读出他的性格。张颂老师坦言，自己常读鲁迅。

张颂：

我觉得鲁迅是我们当代文化的瑰宝，我觉得他的精神财富太值得继承了！特殊的环境、特殊的境遇、特殊的人文环境就不说了，鲁迅文章里面的内涵就可以终生享用！

鲁迅的书里有很多的典故，你必须得回溯历史。他尽管是在论战，"侧着身论战"也好，"在仅有一口呼吸的黑洞里论战"也好，都在延续我们的文化。包括他翻译日本的书啊什么的，全都是在说文化。应该说鲁迅是我们中华民族文化的集大成者。鲁迅是全面的，所以我最常读的就是鲁迅的书。真解渴，真解气！

我给我们年轻老师布置三年的功夫：第一年，读范文澜的《中国通史》；第二年，读人民文学出版社出版的《中国文学史》；第三年，读鲁迅！没有历史和文学史的知识背景，读不懂鲁迅。这么读了以后，你看看你三年以后是什么样，张嘴都不一样！

张颂谈播音业务

"锤炼语言功力，尽量一专多能"是张颂老师历来所主张的。尽管当前的媒体生态相较以往发生了巨大改变，但他依然认为这两句话是播音员、主持人应对变化的根本所在。

张颂：

从根上说，"锤炼语言功力，尽量一专多能"，就这两句话。"一专多能"，我说有三个层次，本专业的一专多能、传播系统的一专多能、社会层面的一专多能，三个层次。我曾经说过一句话，是 1984 年我提出的"有稿播音锦上添花，无稿播音出口成章"。我说我们只要掌握了这两条，广播电视无论怎么改革，你都会游刃有余，胜任愉快！

而且不要对每个同学都求全责备。培养只会播报的可以，不会播报，但可以聊得很幽默、很风趣，也可以啊！能在学校里扬长补短，工作的时候就能扬长避短。

在张颂老师看来，播音员、主持人应该要有独立的思考、独立的见解，保持独立的人格。同时，张颂老师也再一次对举和厘清"播"和"说"的概念，提出了自己的见解。

张颂：

知识分子最可贵的就是独立的人格。他要有独立的思考、独立的见解，这样（的人）才是真正的知识分子。

"从播到说"这个概念是不对的，都是播。播是一个大概念，播报、播讲、播送、演播都是播。现在只是一个趋势，大家都喜欢所谓贴近老百姓就要像日常说话那样去说，这是不对的概念。我要说得美，说得精彩，而且非说不可的那个"说"是指你说的愿望和要求。真正出口以后要根据情况（的）不同而（去）说。都趋于说，这就坏了，（就）把我们的语言窄化、矮化，没有高度，没有宽阔的包容度。

为什么我们拿播音系的新闻（作为拳头产品），不是我们自作主张，是历来的传承，从中央台开始的。新闻是最难播的，要求语言功力最强、新闻敏感最锐敏、表达特别准确。有了这样一个拳头，其他的都好驾驭了。

播音员、主持人是党、政府和人民的喉舌。在传播过程中，播音员、主持人是国家政策的解读者，也是政治、文化、艺术、审美等的引导者。这种舆论引导者的重要身份与价值应该被我们认知和重视。

张颂：

播音啊，是我们所有行业的一个总称，它里头包含着新闻播音、解说，也包括文艺播音，也包括各种主持，这个概念我是这么界定的。

在这个基础上，有稿和无稿各有它的空间。有稿的空间，（打眼儿）一看，看什么呀，不是先看他的吐字归音，是先看他的精气神。

主持这个空间呢，也不是很大。不要以为那些主持都是没稿的。都有稿，而且都有提纲。（我管它）叫作"率真表白"，我要真心诚意地代表受众提些问题，我要给嘉宾引导，给现场引导，给受众一定的启示，或者给他快乐也可以，但是快乐也是有品位的快乐。

这个引导千万不要把它仅仅看成是政治引导，文化、艺术、审美，都在引导，包括你的发型、你的眼神都在引导啊！太广泛了，不光是内容。所以应该这么说，引导无所不包。但是核心的引导，我认为不是政治引导，而是审美引导。让人们逐渐地明白什么样是美，什么是最美，那生活可就不一样了。所以"维护国家利益，捍卫文化安全"是我们的重大职责。

"真诚"是播音员、主持人天天挂在嘴边的一个词。关于真诚，张颂老师作了如下阐释。

张颂：播音专业教育里最强调的是"四个真"：真实的身份、真诚的态度、真挚的感情、真切的语气。

你必须真，假了以后，你言不由衷了以后就会走上另一条路。我不是说了吗，两条路，一条路就是言行一致，一条路就是口蜜腹剑。你做播音员、主持人不能走（口蜜腹剑）那条路。

在校期间，有些播音系学生急于参与社会实践，甚至以牺牲上课时间为代价，但真正到了工作岗位后，又往往后劲不足。对于这类学生，张颂老师给出了如下建议。

张颂：

相对薄弱（的同学），我的建议是这样的，实事求是，你就给我三分地，我就种好这三分地，我不想那一亩地。知足常乐就是这个意思，我这三分地能种好了，（想要）证明我还能种五分地，就会有人来说，这两亩地你也来种吧。（如果）三分地都懒得种，那谁要你啊？道理就在这儿。眼高手低的事情，不能做。做游刃有余的事情，这才是发挥自己特长的最佳途径。

二、播音人在"联大"

编者按：

东西联大是白岩松的"新闻私塾"，从 2012 年开始，每年从北京西边的北京大学、清华大学、中国人民大学和东边的中国传媒大学招收一年级硕士研究生。平均每年 11 人，"学制"两年，一堂课由四个"1"构成。如今，已有七期 14 名播音专业学生在"联大"学习。播音人在"联大"成为中国传媒大学播音主持艺术学院硕士研究生的培养模式之一。

采访对象：

曾侃（中国传媒大学播音主持艺术学院 2012 级硕士，"联大"一期学生）

白岩（中国传媒大学播音主持艺术学院 2013 级硕士，"联大"二期学生）

翟瀚（中国传媒大学播音主持艺术学院 2017 级硕士生，"联大"六期学生）

本期策划、采访：

孔亮（中国传媒大学播音主持艺术学院 2013 级硕士、2017 级博士生，"联大"二期学生）

2018 年夏，光华路 1 号，中央电视台新演播大楼附近的一处餐厅，曾侃在纠结午饭吃什么。他是"联大"一期的学生，工作是在央视"说球"。他刚刚解说完两场美网比赛，对阵双方分别是莎拉波娃和奥斯塔彭科，德约科维奇和加斯奎特。但网球并不是他的解说主项，足球才是。在刚刚过去的俄罗斯世界杯上，曾侃小小地"火"了一把，但之前可不这样。"欧冠2015—2016赛季，我被球迷骂惨了。"在去俄罗斯前，被学生称为"老白"的白岩松给了他两条锦囊，"一是不要看评论，二是在现场解说要与看电视的观众心理同步"。老白后来回学校讲课也说了这事儿，"那小子后来在俄罗斯干得不错"。曾侃觉得很满足，因为在"联大"的时候老白几乎没有夸过他，尤其是在点评作业的时候。

书　评
"我是从你们的第一次作业开始认识你们的"

"联大"的作业看上去不多，每月三本书，书由老白选，看完写书评，一篇350字，加起来才一千多字。老白觉得长文章好写，用350字把一件事说清楚更难，新闻写作的未来是"短"。"联大"的一堂课由四个"1"构成，点评学生的书评作业是第一个"1"。老白的点评是漫谈式的，往往是作业中的某一句话触发了一次谈话，荡开来讲，也收得住。"写文章也一样，收不住是能力不够的表现。"点评无关优劣，老白更希望每个学生能为自己的写作松绑。

曾侃觉得自己在"联大"时听得多、说得少，如果换作现在，"我希望能跟老白多谈点什么"。这一点在"联大"六期学生的身上就已经很不一样了。六期的翟瀚说，他们的书评会直接表达对某本书的好恶。"跟写法有关，我不喜欢太绕的。有同学在书评里很直接地说自己不喜欢《皮囊》，觉得就是一'凤凰男'。"老白会告诉学生挑选某本书的理由，比如蔡崇达的《皮囊》，老白觉得"动人的描写是克制的"。同时，对于新闻人来说，打捞心灵现场与事件现场同样重要。

"联大"二期书单：
《巨流河》齐邦媛
《邓小平时代》傅高义
《总统是靠不住的》林达
《我与地坛》史铁生
《这些人，那些事》吴念真
《朦胧诗选》

《一个村庄里的中国》熊培云

《万里无云》书云

《病夫治国》阿考斯/朗契尼克

《访美记》胡舒立

《乡关何处》野夫

《工厂女孩》丁燕

《打工女孩》张彤禾

《出梁庄记》梁鸿

《寻找·苏慧廉》沈迦

《我是落花生的女儿》许燕吉

《胡适与自由主义》三联生活周刊

《我的故乡在八十年代》新周刊

《八十年代访谈录》查建英

《闪开，让我歌唱八十年代》张立宪

《七十年代》李陀、北岛

《"文化大革命"十年史：1966—1976》高皋/严家其

《艳阳天》浩然

《处在十字路口的选择——1956—1957 年的中国》沈志华

《从"东欧"到"新欧洲"——20 年转轨再回首》金雁

《皮囊》蔡崇达

《西南联大行思录》张曼菱

《如何成为一个妖孽》胡紫薇

《乌合之众》古斯塔夫·勒庞

《娱乐至死》尼尔·波茨曼

《孤岛访谈录》黄集伟

《媒体的真相：致年轻记者》塞缪尔·弗里德曼

《零年：1945 现代世界诞生的时刻》伊恩·布鲁玛

《苏联的最后一天：莫斯科，1991 年 12 月 25 日》康纳·奥克莱利

《曾国藩》唐浩明

《我的一生》果尔达·梅厄

东西联大尊重每个人的选择，但鼓励多尝试，读书和就业都是这样。"三十岁以前应该不断给自己做加法，多去尝试；三十岁以后应该给自己打一口深

井。"翟瀚目前在一家互联网企业的雇主品牌部门实习，主要负责抖音的海外内容生产和运营。他很看好互联网短视频市场的发展前景："短视频最开始就是在美国发展起来的，Musical. ly 和 Inshort 都是比较大的平台，后来中国的抖音资本起来了，把 Musical. ly 给收购了，因为中国的市场大嘛。现在也不是主要依赖国内市场了，在开拓国际市场，Tik Tok 在日本就很火。"之所以选择互联网企业，除了看重"工作的成就感体验"外，也与他的家人对理想生活的标准有关。"到后来你会发现亲情之间的联系不单是因为血缘，有时候就是缘分，我奶奶、姥姥那一辈人对理想生活的标准是很接近的，后来影响到我的父辈，也影响到我。"这一点是翟瀚在做"家谱"作业时的感受。

"联大"对时间和由时间沉淀下来的东西有偏爱。除了写书评，老白还会不定期布置一些作业，比如"家谱"。他希望学生能去采访自己的父母和祖辈，了解两个家族是如何走到一起的，那条来时的路对每个人都很重要。类似的作业还有为自己和父母的重要物件设计海报并进行两分钟的口语表达，复原同一场景的老照片等。在老白看来，新闻与历史有天然的联系。现在的历史就是过去的新闻，而今天的新闻也将成为未来的历史。因此，新中国六十多年的历史梳理是"联大"作业的重头戏，每个月梳理一个"十年"的新闻事件和新闻人物。半年下来，成为每一届联大人"痛并快乐着"的回忆。

讲　课
"作为不在校园里头的人，想给新闻教育添点不一样的东西"

"联大"的教育有不变的东西，第一年的主题是新闻与历史，第二年则是人生与人性。按老白的话说，"每一期的根子和灵魂是相似的，但大量的作业，包括书和方法都是在变动的，因为它跟我此时在进行的实践紧密相关，所以它永远是动态的"。老白在《新闻周刊》的"人物"中会用一个关键词串起三至五个新闻事件中的新闻人物，这种训练方法被用在"联大"一堂主题为"一分半的语言表达"的课上。以至于后来"联大"学生每每看到几条毫不相关的新闻时，总会自觉不自觉地去找联系，这事儿曾侃干过，白岩也干过。白岩是白岩松的学生，"联大"二期，是一名人民教师。"除了阅读量的增加和文字的训练，思维和表达比较重要吧。这是'联大'给我带来的在业务上的影响。"白岩在教学过程中看重对学生思维和表达的训练，每个学生的三分钟表达练习在他看来是"释放自己的方式"。

在"联大"的课堂上，除了"一分半的语言表达"，还讲过"新闻传播中什么最重要？人，细节和表达""音乐与新闻""《东方时空》给了中国电视什么？"等等，这些都是新闻业务课的主题，是"联大"课堂的第二个"1"，只不过它们都很"老白"。比如，他在讲"什么是主观，什么是客观"时会说："当下的新闻是由独特的角度、独特的表达和快速时间所能到达的深度构成。这个深度的竞争是相对深度的竞争，而不是绝对深度的竞争。"谈到为什么要读诗时，他会用"首先，文字要有洁癖，要做减法；二是锤炼文字的节奏；再有，诗歌像匕首一样讲求准确和到达，诗里有汉字最极致的表达和你想都想不到的组合；最后，人生得有点诗意"来说服你。讲"新闻与音乐"，他会无数次提及在伦敦听到的那句"音乐比新闻更真实地记录历史，文字结束了，音乐开始了"。快毕业了，老白会告诉你"迎接生活的平淡"，也会跟你聊聊钱，"钱首先是基础，基础不牢，地动山摇；其次，钱可以带来某种自由；最后，选择一种不太费钱的生活方式，幸福感会倍增"。最后的最后，还会送你一套《传家》，因为"那里头有中国老百姓的日子"。总之，老白在陪着你成长。

展 示
"做什么你们定，但得变着法儿去玩"

扑克牌是东西联大的象征，扑克牌准则是老白定的，"'联大'所有的选择必须是民主的，这里的民主模式就是抽扑克牌"。轮值班长抽扑克，发言顺序抽扑克，甚至你在"联大"里的大小也与年龄无关，而取决于你抽扑克牌时的运气。比如白岩，二期行七。"联大"的班长一月一换，抽牌决定，负责与老白确定上课时间，收集书评作业，定聚餐的地儿，当然，更艰巨的任务是组织所有人完成一次自定主题和形式的课堂展示。

这是"联大"课堂上唯一的"自选动作"，是四个"1"中的第三个，老白的要求只有一个，换表达方式！主题不能重复，香港问题、宗教、副业等等；形式上更是要逼着你"寻找第二条辅助线"，拍短剧、现场连线、设计海报等等。如何挑战老白，给他带来新鲜和震惊，恐怕是每一期"联大"学生最头疼的事儿了。翟瀚说，六期下一次的课堂展示主题是"重现英国议会"，他们想体会西方代议制民主的运行逻辑。祝他们好运！

看　片
"每个生命，都有尊严"

老白之所以成为老白，倒不是因为工作，而是因为生活吧。老白会给自己找乐子，他对生活本身的兴趣更大，跑步、喝茶、听古典，这些习惯也影响着"联大"的学生。当然，这种持续性的影响源自他对这些事儿纯粹的喜欢和坚持。偶尔，课上到最后，看片子的时候，会发现老白戴上帽子、摘下眼镜，一溜烟跑没影儿了，"跑步是在与自己对话"，片子结束，他快步走进来，"怎么样这片子？"然后，坐下来跟我们继续聊。

看片子是四个"1"中的最后一个了，片子由老白选。跟书一样，片子也永远在变，但第一课一定是《迷墙》。"现实中有很多墙，这些墙把我们束缚到一个又一个空间里头，突不破却都在抱怨，那你为什么不推倒它？我希望联大人是方法派、行动派和建设派，是一个人情练达、更有人性和人文关怀的、同时不以短期的赢或输去做一种评判或者内心太大波动的人。"

朗读者第二季，老白朗读了自己写的歌词《长大回家》。其实，这不是老白第一次干这事儿了，在每一张联大人自制的"毕业证书"上都印有老白为学生写的歌词：

这一次送行

无关输赢

把背影和牵挂放我怀中

你只管风雨兼程

如果记忆中没有苦痛

祝福里就都是笑容

我准备了掌声

也准备了每一次相拥时的

泪光闪动

是的，你是我的光荣

出发吧

天，就要亮了

东西联大毕业了，我很怀念它。

三、廖炎：生活小课堂，实践大舞台

采访对象：

廖炎，1984 年毕业于北京广播学院。同年就职于江西电视台，2001 年调入浙江传媒学院任教。

本期策划、采访：

李斌（浙江传媒学院播音主持艺术学院专业教师，中国播音学 2018 级博士生）

请您先介绍一下您任教的时间和主讲的课程。

廖炎：

广院毕业后我先是在江西广电工作，后来到了浙传，算下来到这儿工作已经有 18 个年头了，教过的课有很多，几乎你能够看到的，咱们学院开出来的课全部涉及了。像《主持人文案写作》《体育解说与评论》《中外栏目赏析》等，其中还有一个很重要的方面就是关于主持人的口语等课程。

您之前在媒体的实践经历对于教学有怎样的影响？

廖炎：

这一段经历太丰富了。当时本科毕业到了地方台，可以说我是作为一个"全才"被使用。也就是说我不仅要完成新闻联播的播报，专题节目的主持，还要做大量的各种各样节目的配音，甚至还包括创意广告配音。除了有声语言锻炼之外，还有很多工作要完成，比如新闻专题素材需要自己去拍摄，自己写文稿，自己做后期编辑，可谓是拳打脚踢，样样都要行。那么这样的实践带给教学什么样的好处呢？那就是高效率和高质量的教学。因为你对各个工种各个环节都有所了解，所以学生拍出来的作业，你一眼就能看出他的问题所在，而且是具体到任何一个环节的，无论是素材准备还是机位设置，无论是语言表达还是后期制作等。

虽然当时我们工作有明确分工，但没现在这么细致这么严格。似乎有一种观点认为不能"跨界"，而当时恰恰相反，我们那个年代是"大串联"，所以才会诞生像崔永元、白岩松、张越这些主持人，他们原来都是幕后的。这就是一种思想的解放，是对于专业勇于探索、勇于实践、勇于尝试而带来的变化。而到了现在，这样的情况就越来越少见了，因为分工越来越细，各工种的要求越来越严。所以说，现在培养"全才"已经很难了，一个毕业生可能在县级台还有这样的机会，而到了省市级的平台，基本上就没有这样的机会了，除非你能拿出有说服力的作品证明你能编导、会主持、擅剪辑，不然的话你就只能是"出声"和"出镜"。这也导致现在引进师资出现了更大的难度，如果是有实践经验的、特别是在一线的各个工种和岗位上都积累了大量经验的"双师型"老师，对于教学来说是游刃有余的，而缺乏这种实践经历的老师，往往在教学上就相对单一，他可能只有话筒前、镜头前这一点经验，而对于节目整体的生产过程缺乏足够的了解和实践。

您个人的成长经历又对教学有哪些影响？

廖炎：

我的成长经历比较特殊，这与时代有关。我读小学、中学时就大量地接触社会，接触社会的各个工种。比如小学的时候就在公交车上卖过车票。因为那时候公车很挤，很多老人和残疾人不方便，我们就作为志愿者帮助别人。那时候只有一个售票员，而这些行动不便的人离售票员很远，我们就举着他们的钱到售票处给他买好票，然后再挤回来把票还给他。其实像这样的社会接触让人成长迅速。了解民情、了解民意，了解各种不同的场景空间、工作环境以及人与环境之间的关系等，这真是一笔宝贵的财富。其实类似于这样的经历还有很多，比如去造船厂给船刷油漆，到医院配药，到印刷厂做铸字工、拣字工、排字工，到农场插秧、栽水稻、维护果树……这些社会实践恰恰给了你很多接触社会底层和各行各业的机会，而这些生活经历和社会实践对于教学来说，那便是最好的"教具"和"教学资源"。所以在我们指导学生的过程中,当学生准备好新闻素材、专题素材在课堂上呈现的时候,你一听便知道哪一部分是真实的,哪一部分是可行的,哪一部分是不切实际的,哪一部分是"胡编乱造"的,你就完全可以判断这个学生他的准备工作是否充分,他对于人物的采访是否深入,而这样的一种教学经验,实际上都来自于生活,来自于体验。

您认为浙江传媒学院播音主持专业的优势和劣势分别是什么?

廖炎:

北广侧重新闻的播报以及对新闻的评论,而浙广的学生更多的则是对人们生活状态的观察和对各种生活状态的体验,所以说浙广培养出来的主持方面的人才比较多,个性色彩也非常鲜明、非常多样。浙传最大的优势在于它的探索性,我们有很多课程是早于中传和其他院校的,包括口语教学,因为口语的教学更多的是在于思考、在于思维、在于听辨和解析。要说浙广的不足之处,我们恐怕要加强的就是新闻,就是新闻评论和新闻分析,这个是它的短板。

近年来,浙传培养了一大批优秀的综艺节目主持人,您作为相关课程的主讲教师,有什么经验分享吗?

廖炎:

首先在招生的环节,浙传对于人才的选拔就有鲜明的特色。我们不仅关注新闻播报能力,还更加注重口语表达能力。那些口语能力强、个性突出的,哪怕在声音和形象上稍微差一点,我们还是会把他招进来,因为他有潜力做一个主持人,他的优势在于他的思维方式和言语方式。另外,回到教学上来说,对于这种拥有认知能力和思维能力的人才,我们要更强调个性化教育,甚至要做到"一人一教案"。因为在培养"播音员"时,你可以按照一条生产流水线,按一个模式去打造,可是"主持人"不行,主持人的培养就必须根据他的个性和发展空间,结合他的个人积累去挖掘和培养。

您最头疼遇到什么样的学生,又最期待遇到什么样的学生呢?

廖炎:

要说我最头疼的学生,就是那一类"他什么都知道,但他什么都不练"这一种,也就是那些天资聪明但却个性懒惰的学生。他有问题却不去改善和修正自己,口头上答应得好好的,但是你回过头来再一听,他根本就没有去实践过,这种学生就没有进步的空间。相反,我喜欢那一类可能起点并不高,但是他能认真听进去老师讲的话,执行力强的学生,他能在老师的引导下,一步一个脚印地成长起来，这种学生会不断提升。

您认为播音主持艺术专业理论建设上存在着什么样的问题？

廖炎：

有关播音方面的专业理论，是相对完善而成熟的，它是以张颂先生的《中国播音学》为理论依据而建立起来的。但是当前大部分教材、专业书籍等理论知识，无法涵盖主持人的言语形态、言语方式和言语目的。主持人和播音员不一样，其是用口语在工作，是即时的交流。我认为，播音主持艺术专业理论建设上亟需形成对于"主持人口语"方面的研究，最好能形成像《中国播音学》这样的系统的理论，包括应用与教学。

为什么有关主持艺术的规律难以把握呢？

廖炎：

其实这跟主持人节目类型的多样性、主持人个性的丰富性以及主持人言语的随机性有关，甚至还与主持人的地域特征、文化背景等有关。要把这些内容统一为理论体系，像《中国播音学》一样，有稿件、有文字依据并能结合相关脚本来进行研究是困难的。我们知道，主持人的语言最大的特征就是随机性（情景式话语）。情景改变了，对象改变了，言语的诉求和目的改变了，说话的方式也自然就改变了，所以说，我认为难以形成一种具有说服力的、可以涵盖各类节目的"主持人话语理论体系"。这里面当然有规律，但是要把它做到能够涵盖多种类型的主持人节目和主持人话语，确实有难度。举例来说，一个综艺节目主持人，不仅要完成"环节式话语"，他还需要完成诸如调侃以及随机的应变。所以有关主持艺术方面的研究，大多都是按照节目类型来分。

您认为播音主持专业学科发展最亟待解决的问题是什么？

廖炎：

一是理论建设要完善。目前有一个突出问题，那就是教学落后于节目形态的发展，特别是新闻训练。打开教材来看，甚至有一些新闻的案例，20世纪50年代、60年代、70年代、80年代的都有，这怎么还能叫新闻？现在新闻的传播方式，特别是对于电视来说，已经完全视听化了，而我们在当前的教材中看到的一些新闻稿件，都是报刊语体，它连广播的（语体）都不是。所以这是我们教学中的一个巨大的"坑"。我们的教材如何跟进时代，这个呢我们要积极调整。

二是要加大实践力度。一方面要加大"教学时间段"的实践。教学实践最好是有难度、有挑战的任务，这种任务要有"大节目的构思"。实践中要体现团队和个人的关系。比如，在我的教学中从来都是把一个大组分成了四五个小组，然后每个小组领走一个任务。每个小组会有组长来安排其他人的任务，但每一位组员必须出镜，而且每个人在完成自己段落之余，还要和其他人共同"整合"来完成节目，这样学生会对整体有思考，他完成的不仅是一个片段的采访。只有通过这样的训练他才可以真正地感受到像一线一样的实践。另外，就是平台实践，播音主持专业的学生必须要去一线大量实践。还记得原来我们在北广的时候，分两次实践。在大一或者大二就有一次"认识实习"，然后还有一次是毕业实习，这两个时间加起来将近有五个月，而且都是在一线媒体，不仅训练量巨大，还直接面对你的听众和观众，这是非常难得又很有实效意义的，我认为只有加大这种实践，才能让播音主持艺术专业在实践中发展，不然就是闭门造车了。

当前存在着一些质疑甚至贬损播音主持专业的声音，"专业"如何专业？这成为很多高校老师思考的问题。您如何定义新时期播音与主持艺术的专业标准？

廖炎：

关于播音主持专业性这样的一个讨论，应该说已经持续了很长的时间。从播音的角度来说，它的专业规范性早有定论，这在张颂先生的《中国播音学》当中就能找到，包括"内三外四""字正腔圆""创作道路"等，这些都已经有了理论依据。那么关于主持的专业性，讨论非常多，但是有几个基本的观点是不变的。

首先，主持人的表达要符合节目形态。主持人前面有一个定语"节目"，也就是说，我们说的主持人其实都是"节目主持人"，其创作是要符合节目的形态，这些在专业性上必须要有所体现的。

另外，主持人的工作方式是个性化的口语表达。那么在口语的使用上他必须要先符合口语的规范。清晰、准确、生动，达到这样的要求，然后是表达个性。再者，我认为主持人在节目中，要受到节目的语境、交谈的对象和传播的对象这些因素的影响。如果说受众对于主持人言语方式不接受，那么主持人的言语是必须要调整的，这也就是规范的约束性。

总之，无论是播音还是主持，在语言的应用上要体现规范。播音是要服务于文本也就是稿件，这是播音的约束性；而主持必须受节目的约束。但是，有一个更高的、可以作为引领的规范叫作职业规范。播音员、主持人作为传播的从业人员必须要遵守传播者的从业规范，这是非常重要的，所以说对于播音员、主持人来说，他要遵循的第一原则是从业的职业规范，其次才是他的专业的操作规范，包括言语的使用、包括播的方式、讲的方式等。

最后一个问题，您认为播音主持专业教师是一种怎样的角色？

廖炎：

首先，他应该是一个聆听者；其次，他才是一个指导者。所以说，播音系的老师，既是最好的听众，又是最好的导师。

四、王泰兴：播音专业一直在创新，
也一直在传承

采访对象：

王泰兴，被称为"播音泰斗"，是粤派主持人中的翘楚，很久以前就与北方名嘴宋世雄并称为"南王北宋"。他1964年考入北京广播学院播音专业，1993年被评为播音指导，1994年获首届广东金话筒奖、全国金话筒奖银奖，2004年评为全国最佳体育主持人，2010年获得中国电视体育节目主持人终身成就奖。近十年来，王泰兴老师在坚守媒介一线工作的同时，受聘于多所大学担任播音与主持艺术专业客座教授，从事播音主持人才培养工作。

本期策划、采访：

李峻岭（中国播音学博士，广东外语外贸大学新闻与传播学院副教授、硕导、播音与主持艺术系主任）

王老师您好，您是北京广播学院播音专业64级的学生吧，您觉得现在的播音与主持艺术专业和您就读时相比有什么变化？

王泰兴：

嗯，我是1964年入校的。变化肯定有，从教学的角度上看，现在播音主持专业的教学已经成系统，而且不光是成系统，我觉得还在进一步深化和扩展。我在学校的时候，其实还谈不上播音理论，主要是从表达的一些技巧训练我们这些播音的学生。现在就不同了，有理论基础作支撑，还有一些扩展。现在出现了各种交叉学科、跨界学科，我们的播音主持虽然独立地成为了一个体系，但它跟其他学科是紧密相关的，我们希望现在可以更加注重扩展学生的知识范围。当然，从基础层面讲，还是那个播音基础，只不过现在是更加明确、更加理论、更加系统。

您觉得现在的播音与主持艺术专业和您当时就读时相比，是传承更多了一些，还是创新更多了一些？

王泰兴：

其实从播音主持行业、专业这个本身来讲，一直都在创新，也一直都在传承，两者同时在进行。我认为播音最强的生命力在于时代感。时代发展了，社会变化了，那播音就要符合社会的需求。比如最早的时候我们都说，播音要讲用声状态。20世纪50年代到70年代之间，那个时候对播音员有声音状态的特定要求，那就按照要求来训练，要求高声大调，那个时代需要振奋，鼓劲儿，需要激昂！那时候的社会是那么一个氛围，播音员的声音形象应当和社会是吻合的。改革开放以后，播音员开始更贴近生活、更接近百姓，社会的需求是这些。那你播音的声音形象就不能隔空喊话，所以就出现了近距离、亲切感、富于交流的声音状态，一个很自然的状态。这些都反映了社会发展需求。所以播音一直在跟着时代发展，如果不跟着时代发展，你就没有生命力。你现在想一想，还用高空喊话的这种方式去播音、去主持，显然是没有人接受的。

您提到的时代感，放在我们的教学环境里，会遇到这样一种状况：我们认为比较经典的内容，放给现在的学生听，他们的接受度却并不是那么高。您有没有碰到这种情况？您怎么看？

王泰兴：

就学校的播音主持专业的教学来讲，永远会落后于现实，可以说它永远是滞后的。比如说节目类型，往往用这些节目类型来指导学生进行训练，等他毕业要走上岗位的时候，节目形态又变了。社会发展很快，而现在学生的学习心态又是比较浮躁的，他认为你告诉我现在怎么做就行了，这个我学到出去以后就可以工作了，这是没有基础的一种状态。因为他们不知道基础的重要性在哪里，更何况要学那么多周边的一些知识。

就好像您说现在播音主持专业与其他学科知识门类的接触比您读书时要更广泛了。

对，实际上从节目和受众的要求来讲，对播音和主持的要求应当是更高了。比如我们当时学播音的时候，应当是什么都能播，因为什么都是通过你的嘴播出去的。所以新闻的、文艺的、社教的等等各种类型，给你什么你都要能播，一个人要能够承担的。那现在要"专"，做经济节目，你要有经济方面的知识和基础，做法律节目，你要有法律的基础。所以说"专"。播音主持专业的学生，一定要有扎实的基础，要一专多能。

您如何定义这种"专"？

王泰兴：

"专"是你自己的专业基础，播音专业的播音技术、艺术。同时，你可能要在某些方面更加深入。比如说体育，我去学习体育，然后把这些知识通过播音专业的基础，运用在节目里传播出去。我觉得"专"是两个内容：一个是播音专业的这个"专"，另外是节目需要你专业知识的那个"专"。这个"专"呢，你不一定是专家，但是你一定不能是个知识盲，你要是做一个医疗节目，你对医疗的基本常识，特别是概念上、一些关键理论上，不能张冠李戴。

您之前学的是播音专业，到后来又做了相当长时间的体育类节目主持人，您花了多长时间完成了从播音的这个"专"到体育这个"专"的跨越？

王泰兴：

我觉得它是一个逐步成熟的过程吧，可以说我从一开始做这个节目到现在依然是在逐步成熟的过程当中。

您做了多少年体育类节目？

王泰兴：

我做了40多年了，中间体育的一些赛事发生了很多的改变，体育节目本身也一直在发展、在变化，所以我一直得紧跟。哪怕我做到现在了，下一场比赛我面临的依然是新的东西，所以我还得跟，还得紧跟。

这几年媒介环境发生了特别大的变化，我们很多学生都没有了看电视机的习惯，您觉得现在就读的专业学生和您就读时的同学们相比，谁面临的挑战更大一些？

王泰兴：

我觉得没什么区别，都一样，谁都面临挑战。你对自己的定位究竟是什么？你所有的一切逃离不了社会环境，你到社会里边以后，对你、对任何人来说都面临挑战，关键是你如何应对挑战。如果从教学的角度来讲，你在学校里面教给学生什么很重要。如果你仅仅教学生应对现在的社会状况，可能等学生走入社会的时候，新的情况又出现了，他如何应对挑战？这是一种情况。

另一种情况是，你在学校的时候教学生打基础、打根基，培育出一块沃土，你有了这块沃土，出去以后不管插上什么新苗，这个沃土都能培育它成长。

所以您认为高校的专业教育重在基础教学？

王泰兴：

高校专业教育重在基础能力的培养，同时也关注社会、了解社会、分析社会，夯实基础，也不脱离实际。现在播音主持专业的老师基本上是两大块，一个是学播音专业出身的，基础比较扎实的学校老师；另一部分是社会的老师，播音员、主持人来做老师，或者说来做辅助。学界业界相结合，我觉得挺好的。一个是基础教学，有老师在这里按系统把控，另一方面有来自业界的老师们讲授鲜活的案例，两方面结合起来，学生的视野就不会很窄，或者是囿于某些理论点。他会把基础理论和社会发展结合起来进行思考，但是两相比较，最重要的还是学习基础这一块。

目前呈现出一种"去播音化"的趋势，比如说有的院校的播音主持艺术学院改为有声语言艺术学院，有的院校的播音主持专业也不再归口于播音主持系，而归为口语传播系，您怎么看？

王泰兴：

我觉得挂什么牌子不重要，重要的是你在这块牌子之下的培养目标是什么？从播音主持到口语传播，这是社会形势产生的变化，是社会发展的一个结晶。因为大家都开始认可：说话是一门艺术了！说话不只是播音和主持，还包括了演讲、新闻发言人、老师等，这些都是用声音工作和传播的，将这些有声语言形态和运用纳入到现在的教学体系里来，这实际上是对专业的一种扩展。

您的教学思路是怎样的？从教至今的十余年间是否有过调整？

王泰兴：

我觉得基本思路没有变。我是从学校毕业出来，直接走上了播音岗位，一直播到现在，从我个人经历来说，理念上我一直认为播音主持专业的学生，学的是播音基础。我在北京广播学院学习的时候，我们主要学的就是发音吐字、用气归音，然后就是语音的训练。虽然我们是北京的学生，但也还是要进行语音规范性的训练。那个时候我离开学校带走的就是吐字发声，知道声音怎么放，怎么控制，吐字怎么清楚。这是一个，第二个带走的是六个字：主题、态度、基调。实际上我就是靠这些最最基本的一些理念，走上了工作岗位，用这些来满足工作的需求。我在学校的时候没有专门地学过文艺播音、体育主持、少儿节目，更没有学过配音。现在的所有这些节目，除了新闻播音、专题类播音在学校有所接触，其他的都没有。那个时候我们晚上都要集中收听中央台的联播节目，早上起来是报摘节目，大家印象非常深，中央台那几个播音员，大家都模仿他们的声音，特别佩服，就像追星一样，特别佩服那个时候的夏青、林田、王欢、葛兰、雅坤，这些在我们心目当中简直是高大上！他们怎么能够播成这样，我们也要播成这样！到了工作岗位以后，用这些基础知识来解决自己专业上的不足和困难。

如果说现在您面前摆着一份教学计划待更新，有一门新课必须要开设，您倾向于在播音与主持专业教学计划里增设哪一门课？

王泰兴：

我们教的是基础，有人说：你现在教的播音主持那一套，都是为播新闻准备的，现在应该教学生在新媒体时代里怎么播音主持。如果是这样，那你就要研究一下新媒体的播音主持状态是什么？需求是什么？然后你才能告诉学生，在新媒体环境里面应该怎么播。从有声语言的表达来讲，我觉得是播音基础的不同运用。现在有一套理论说新媒体播音跟传统媒体播音的异同吗？没有。那我觉得可以让学生用基础的这个能力去解决如何满足应对新媒体的需求。作为新媒体来讲，其实就是技术的发展，接收手段和以前不同而已，以前是看大电视，现在叫小屏化、碎片化、伴随性等等，可还是在听啊，还是在看啊。你要研究它，要把握它，既然用手机看，现在的需求和感受是什么？你要在手机里面表现它所需求的那些，在时间比较短的情况下表现出语言的魅力，传达节目的感受。这些都可以训练，是关于你播什么，为什么播，怎么播，对谁播的问题。

那是不是可以理解成，如果开设一门新课的话，您希望是在这种新的技术形态、新的媒介形态下，对于播音基础的认知和把握？

王泰兴：

嗯，首先要讲清楚这个新形态是什么，新形态需要什么，然后是专业上如何解决。

对于高校播音主持专业的青年教师，将来有志从事播音主持专业教育的研究生们，以及从业界转型到高校从事播音主持专业教育的播音员和主持人们，您有什么建议吗？

王泰兴：

不管是哪个系列，在这个领域进行教学，必须要埋头去研究、梳理基础理论，又要关注社会形态以及业界形态发展。只有这样结合起来，你的教学才能有基础、有内容，哪一边脱节了都不行。这也是为什么我退休这么长时间还在媒体一线坚持，我很感谢台里现在还给我这个机会，我要求做一些节目，实际上现在做节目不是我想再表现什么，而是希望我还能够感受到媒介一线的变化，依据这些变化经过我的思考后再来告诉学生们如何运用基础。对于高校播音主持专业的青年教师们来说，我觉得是不是可以两个途径，一个是争取在一线能够做一些节目，或者是参与一些节目的策划。现在业界和学界还是很愿意结合的，实际上也有很多老师是这样做的。我想起传媒大学的吴郁老师，她学了专业做了主持人后又回到学校去教书，她当时感觉媒体发展太快了，所以她到中央台去做了一个系列节目，这是一种方式，直接去做节目，争取有这样的机会。另一种方式，假如说你暂时没有机会，那就可以采用分析、研究业界节目的形式来归结到理论上再进行教学，实际上现在很多中传的老师，包括咱们广东院校播音主持专业的老师，很多人都是这么做的，研究现在节目是怎么样的，出现了什么，有什么趋势。经过老师的这种消化、思考、梳理，然后再带给学生，实际上这也是一个理论和实践结合的方法。播音主持专业的老师不应当只是埋头做研究，囿于理论圈子。铁城老师说过一句话："声音是时代的声音。"把时间段一分析，真的是这样，不同年代，声音的表现是不一样的，但是它一定是符合当时时代需求的声音。你不是，这个声音就无法存在。

随着传统媒体播音员、主持人的离职潮、网红主播的一夜蹿红，播音主持专业学生在一些理念认知上不断受到冲击，您能不能给目前全国各地就读播音主持专业的同学们一点寄语？

王泰兴：

我觉得作为播音主持专业的学生，首先还是学好专业基础，关注社会，但是不为社会所左右，别人能做的你不一定能做。另外，对于将来，不要太虚无，不要太市侩，因为将来手里没有金刚钻就揽不了瓷器活儿。你还得把金刚钻磨好，这样到社会上你做网红也好，做其他的也好，你都有东西做。否则的话就是水上漂，此一时彼一时。今天晚上你一夜蹿红了，明天形势变了，或者内容变了，或者受众需求变了，你这套不灵了，你就一无所有。所以我觉得学习的过程中眼睛要看，看完了以后你还得想：我要是去做这个我需要什么？我现在缺少什么？在学校里学习，并不意味着现在就要去做，在学校学习的目的是打好基础，将来我能做这个。如果你说现在我用不着这个基础，我现在就去做，那么学习的目的性就和前者不同了。前者可以长久做下去，可以随时应变，后者是短效应，这一趟赶上了就有了，下一趟没有你就没了。所以我觉得作为播音主持专业的学生还是打好基础为根本，所以就算是以后想做网红主播，也必须要有网红主播的必备条件或者资本、能力，你才能够产生竞争力，产生这个社会效应。

编后语：王泰兴老师最早之于我是动画片"圣斗士星矢"中的"子龙"，那一句标志性的绝招"庐山升龙霸"早已经根植进我童年的记忆。与王泰兴老师真正相识于我来广东工作后，到如今已有10年的时间，其间，直播、解说、教学、评审……王老师的日程表总是密密麻麻地被排得满满当当。感谢"播博汇"的"师说"系列，让我能一对一与这位前辈进行一次深入的，关乎专业，关乎理想，更关乎情怀的交谈。采访那天，广州飘起了冬日的小雨，广东台所处的环市东路上车辆熙熙攘攘，灯光一路绵延。我想，我们真的很需要像王泰兴老师这样的前辈，凭着他们多年的历练、思索、人生经验，在变革的大时代下与我们倾谈，点上一盏心灯，照亮后来者前行的路。

五、高贵武：主持传播在新媒体
时代的变与不变

采访对象：

高贵武，中国人民大学新闻学院教授、博士生导师，广播电视系主任。兼任中国新闻史学会视听传播研究会副会长，中国新闻奖审核委员会委员，中国广播电影电视社会组织联合会专家委员会专家，北京影视审查委员会委员。主持国家社科基金及省部级课题多项，著有《形象制胜：新闻工作者的形象管理》《主持人评价与管理：思维·路径·方法》《出镜报道与新闻主持》《主持传播学概论》《解析主持传播》等。

本期策划、采访：

刘超（中国播音学 2016 级博士，浙江传媒学院播音主持艺术学院教师）

广播电视学专业是人民大学一个很有特色的专业，请您介绍一下这个专业。

高贵武：

中国人民大学新闻学院的广播电视学专业成立于 1985 年，是除了北京广播学院等专业院校之外国内最早一批开设此专业的综合性大学。广播电视学专业从最初创立开始，就以实践为导向。1990年第十一届亚运会在北京召开，当时急需广播电视新闻人才，中国人民大学新闻学院受中央电视台委托开设了广播电视新闻专业，在北京地区招收了第一届学生。这届学生毕业后大多数人都进入了中央电视台，从事新闻记者工作，之后逐渐成为骨干力量，像央视新闻中心副主任杨华、《新闻联播》部主任李风、人力资源部主任范昀以及著名主持人刘建宏、张斌等一大批业务骨干都是人大广电新闻专业毕业的。

人大的广播电视学专业以前叫广播电视新闻学专业，目前专业的名称是"广播电视学"，在新闻二字之外有所扩展，这也是因为现在广播电视媒体无论是形态还是影响都发生了很大变化，不仅仅是新闻，甚至连"广播电视"这个词也显得外延不够了。未来广电专业的内涵与称谓是否要覆盖到"视听传播"？这也是有可能的。从专业的诞生和它的未来发展方向看，广播电视学无时无刻不受到实践的影响。

人民大学人才培养的优势是什么？

高贵武：

首先，中国人民大学是一所综合性的大学，人大新闻的广电专业天然地与其他学科有一些交往、融合，所以人大的学生毕业后往往表现得基础比较厚实，能力比较强、后劲较足，毕业生们的社会评价都普遍较好。

其次是人大的广电专业成立比较早，这一方面让我们在广电教学、科研等方面获得较多积累，另一方面，我们很多毕业生现在都已经成为主流媒体和社会各个领域的骨干力量，这使我们专业有着非常广泛的校外师资和校友资源。

当然，在瞬息万变的媒体环境中，有的毕业生在一定程度上对最前沿的技术适应得比较慢。所以我们也在思考，怎样通过跨界的方式，通过借助其他学科、其他专业的优势，充分调动业界的资源来提高学生对新媒体环境的适应能力。

媒介变化会不会对培养方式有所促动？

高贵武：

我们新闻学院目前新制定的培养方案已经有意淡化专业壁垒，在本科阶段不再刻意区分专业，目的就是让学生把基础打牢，把各方面的综合素质锤炼好，让他们在工作岗位上能更快掌握技能。新闻学院目前已在做一些跨学科的实验，与法学、艺术学、国际关系、信息科学成立跨学科的实验班，目的都是为了把学生基础打牢，在大学期间把视野拓宽，使他们在新媒体的环境中有更多的优势。

播音主持专业是否也可以借鉴？

高贵武：

与人大设立广电专业一样，播音主持专业也是完全应媒体需要而设立的。新中国成立之初，由于播音人才的缺乏，需要培训一批播音员，于是当时的北京广播学院就开始有了新闻播音的相关课程和专业。在这一点上，播音与新闻专业非常相似，都是以实践为导向的学科，所以在未来发展的途径上，完全可以彼此相互借鉴。

您认为播音主持专业的理论建设有哪些不足？

高贵武：

中国播音学的历史比较短，但已在前人的努力之下形成了较为丰富的成果。近几年播音主持专业虽然在师资和学生规模上有了跨越式的发展，但播音主持专业的理论发展似乎相对较慢。因为这个学科是以实践为依托的，现在实践发展太快了，所以理论研究相对就显得慢了一点。主要表现为：

重实践、轻理论。播音主持专业扩张的速度比较快，学生人数多，本身专业又是技术性比较强的，小班授课使教师的工作量巨大，这使教师把更多的精力放在学生实践的锻炼与培养上，理论相对于实践就显得略微滞后了。

重教学、轻科研。目前，播音主持专业师生比失调，很多播音教师每周工作量超过十课时，从事科研的精力有限，这使得播音主持方面的论文成果、科研项目申报比较少。而现在从国家层面再到学校层面，学科之间的评价、评估、比对都看重科研，如果科研有缺陷，竞争力就会大受影响，学科纵深发展也会受到影响。

重基础、轻拓展。教师的教学任务重，也给教师新的拓展带来了阻碍。播音教学目前大多仍是延续以前的课程体系，有点跟不上目前媒介发展的速度。虽说基础非常重要一定要打牢，但是如果仅限于基础，也会遇到一些现实性的问题。面对新的环境，能不能在夯实基础之后，解放教师的生产力，进行更大的学科拓展显得尤为重要。

播音主持专业如何适应现在的场景？如何预判未来的时代场景？

高贵武：

首先是要立足特色。播音主持专业是最有中国特色的专业。放眼全球，尤其以美国为代表的西方广播电视专业，由于起步比较早，发展相对成熟，我们现在广电的理论与制作方式基本上都是西方的舶来品。而真正有中国特色的、不属于舶来品的就是播音主持专业。要适应未来发展，绝不能丢掉我们自己的特色。

第二个方面就是要夯实基础。以张颂先生为代表的播音主持学人、前辈总结出的播音主持理论，是播音主持专业面向未来和不断创新的基础，无论何时这个基础都不能丢掉也不能动摇。

再一个方面就是要拓宽视野。目前，随着新媒体和互联网思维的发展，播音主持专业的领域、范畴，播音主持的节目类型、风格都已经大大超出了现有的教学和研究边界，播音主持专业要密切关注这些现象，在兼顾特色、牢固基础的同时要做一些拓展。在理论上、学术上进行探索，不断发展、壮大，提高学术水平。

还有一个方面就是要兼顾教学与科研。科研与教学两者的关系相辅相成。有好的科研，才能有好的教学，通过科研可以把最新的成果和理论转换到教学当中去，真正适应实践之需。教学对科研也大有促进作用，在人才培养的过程中有什么问题？媒介环境的发展提出了什么新的要求但暂时无法解决？这些都可以在教学中体现出来，这样又为科研提出了新的课题。

在媒体飞速发展的当下，以我们的视野不太可能对未来做太多具体的判定，但我们仍然可以看到一些趋势和苗头。比如，在媒体融合的大背景之下，在"去中心""去边界"的状况下，未来播音主持专业肯定会不断扩展，其覆盖面、包容度肯定会越来越大，这就为播音主持的科研和教学提出了新的要求。当然，在不断拓展专业边界的时候，怎样体现和坚守专业主义的精神、怎样坚守专业的基础？这些问题都需要进行更广泛和深入的思考。目前，好像人人都能成为主播，专业门槛越来越低，但恰是在这样的情况下真正的专业会变得越来越可贵。所以，播音主持专业在未来发展场景中，一方面要不断拓展边界，另一方面仍要坚守和提升专业主义的精神。

几年前您曾经探讨过"新闻主播"的"主"与"播"，是节目的主人、主编、主导、编辑。主播的议论、访谈、报道、处置能力都必须具备。这两年网络上也出现了很多"主播"，您认为二者有什么不同？

高贵武：

这两者之间既有区别又有联系，既有不同又有相同。

二者的不同首先体现在主体和身份的不同。传统主播不是人人都能当的，需要千里挑一，属于社会精英层，代表专业化的媒介传播组织。而现在的网络或网络主播，多数是个体内容的展示，大多只能代表个体，不代表机构或组织，属于草根化的自媒体性质。

其次是二者在专业与非专业方面的不同。过去传统媒体主播代表的是专业组织以及专业水平。而社交媒体不是专业化的，其主播也大多是非专业型的，他们的传播往往也是自主化和非专业的，不能真正代表专业的品质和水准。

第三是受众对二者的期待不同，这也体现了二者在风格和形态上的不同。现在网络上呈现出的许多样态和方式以前是不可能出现的，这使二者在风格上往往体现为严肃与娱乐的不同，也正是这个原因受众对其有着比较明确的区别性期待。

虽然有很多不同，但二者之间仍是可以借鉴的，许多传统媒体在形式上、风格上已经开始借鉴网络主播。当然网络主播也需要学习、借鉴传统主播的严肃、责任、价值导向和情怀等等，二者之间需要互补。在目前初级发展阶段，由于市场和逆反心理等因素，我们更多看到的是由高（严肃）向低（娱乐）的流动，很少看到低向高的进步，这个跟当下网络主播的传播意识、政府部门的管理水平和媒介生态环境都有很大的关系，相信未来这种状况一定会有所改变。

二者的相同点则首先表现为二者都是一种人格化的传播方式，都是以传播者本来的面目、个体的角色、与受众面对面进行平等交流式的传播。网络主播和传统媒体主播一样在传播策略上采用的都是与受众之间实实在在、人格化的交流。

二者的另一个相同之处是，不论是专业还是非专业，不论是在主流媒体还是自媒体中，主播都始终是最有影响力的传播者，用现在的话说就是最有流量的传播者。过去，传统媒体的主播影响力非常大，其个人品牌和舆论领袖价值都不可低估。今天这种影响力又成了流量的基础和保证，尽管在技术上可以实现人人都是主播，但大家都知道，直播平台和网络公司，不会随随便便找一个人来签约，他们会找一些有影响力的人当主播。而每天在直播平台上，不知有多少人在进行传播，但真正留下来的、被关注的，形成一定关注度的还是有流量、有影响力的那些人。网络主播对传播的影响和效力是不一样的，因此他们的价值更值得关注、开发。

新媒体环境下主持传播的格局有什么变化？

高贵武：

新媒体环境下主持传播的格局变化主要表现为四个方面。

一是垂直性的结构向扁平式的结构进行转变。过去主持传播主要靠媒体级别等行政资源，传播格局是垂直式的，这使很多主播具有天然的优势。现在网络传播是扁平式的，无论哪个点，只要有流量，都可以形成一定影响力。

二是塔状结构向网状结构转变。过去的主持传播格局是塔状的结构，不同媒体主播之间的层级在某种程度上是不可超越的。现在是网状的结构，不管在什么位置都会获得关注。在网络世界这样的新传播环境中，《新闻联播》与小规模的网络节目，获得的机会是一样的，这使主持传播的格局发生了变化。

三是由单一格局向多元格局方面的转变。过去播音主持工作由精英人士从事，体现为一种单一性。现在不管什么专业和背景都有可能成为主播。过去，央视一统天下，其他电视台的主持人都是央视模式。但是未来，央视模式只是一种风格而已，其他更多元的内容和形式也会出来。

四是主持传播的格局会越来越丰富。现在主持传播面对的不再是短缺，而是日益丰富的需要。传输方面也越来越丰富和多元。传播格局的变化对传播的意识也有所改变，格局动摇了一些东西。动摇与瓦解不是坏事，而是对新世界的开辟，应该积极面对。

现在许多节目在社交平台上呈现，原来的广播、电视应该怎么办？用您的话说，怎样进行"突围"？

高贵武：

广播电视媒体要进行流程再造，要适应新的变化，新的市场。不仅是在产品和服务上改变，在管理和生产流程上也要重新塑造。从流程再造的角度，去探讨广播电视的突围。突围不能停留在表面，要从观念上、服务上进行转变。以前，节目播完了就结束了，以前没有好的收视率，就意味失败了。现在可以借鉴长尾理论，从更长远的角度来说，尽管当时需求很小，但是从纵向的历史来看，也是不可忽视的。不是一次就播完了，节目放在那儿，不断会有人发掘，这是一种积累。

社交平台上呈现的节目体现了社交化，这成为传播的大趋势。现在把媒介融合分成好几个层次，最初在电视上播的，放到网上播，就是融合了。后来是人和媒介的融合。将来媒介置入到人的身体内，这种融合的程度将会更加深入。因此，融合是趋势，社交也是一种趋势。过去看电视像约会的情景，有仪式感。现在是私密化、个人化的。人是离不了社交的，传统媒体那种有仪式感的社交如今正在演变成一对一的社交。未来媒体走向社交成为传播的大势。从社交的角度来说，融合也是一种必然阶段，只是手段和方式还在探索。

媒体融合是一个深层次的融合，是从骨子里的融合，不是一个简单的拼凑、搬迁，所以，判断未来的趋势不可能在具体的细节上做出一些结论。但是未来的融合，一定要围绕产品进行市场定位。现在我们做的媒体融合，都是微博、微信上音频、图片、文字都有，好像就是融合了。这其实是最简单的方式，不是根据市场产品的需求与定位进行融合。微信的用户，微博的用户，他们要的是什么东西，不同的媒体的定位点是什么，什么才是真正符合媒介特点的内容，都需要认真思考，只有这样，最终才能产生传播效果。所以，怎样融合、怎样突围无法从具体细节上判定，但真正要体现媒体的特点、受众的特点，从受众需求上去考量才能真正形成突围。

越来越多的年轻观众选择观看网络视频节目，但也有一些像《国家宝藏》《听写大会》《诗词大会》等节目拉回了一批观众，您认为这些节目成功的因素是什么？

高贵武：

《国家宝藏》等节目的红火再一次说明了内容为王的铁律是不可动摇的，也说明了即使是在媒介环境、传输手段、受众需求有所变化的背景下，内容生产的本质规律依旧不会发生变化。即使媒体呈现和媒体接收的方式有了很大变化，但故事、情感、人文、信息、知识、审美这些元素无论在什么媒介环境之下都不会发生变化。仔细分析会发现，这些节目在一定程度上满足的还是受众对媒体的需求，这些节目提供的仍是真实的情感、有价值的信息、人文情怀、审美等等元素。如果没有这些东西，这些节目是不会成功的。比如在一些具体环节的设计上，对抗性、悬疑性等仍然是共性的规律。技术再变、手段再多，没有悬念、没有对抗同样没人买账。所以，无论是新媒体还是传统媒体，本质上的规律是不会变的。

当然，在坚持内容为王的同时，也不能否认技术和媒介在文化建构中的作用。在把握内容为王的基础上，也要借助特有的呈现方式和手段去探索新的传播方式。历史也证明，技术和媒介的因素在传播中确实有不可忽视的作用。传播学上有技术决定论，麦克卢汉等从整个人类文化的脉络中，剖析媒介技术的发展为社会和人类文明发展所带来的影响，在今天这些因素也不能忽视。内容通过社交平台、手机媒体，无论是小屏还是大屏来呈现，都会有各自的特点。所以，如果仔细剖析抖音、微视等每天发布的海量视频，就会发现真正赢得大家关注的，除了是在满足我们所说的内容为王的基本信息需求之外，新手段、新方式确实也功不可没，这些手段也确实使传播内容如虎添翼，增强了传播效果。

电视节目在文化传承的过程中，怎样对受众心理进行把握？

高贵武：

无论从普通心理学，还是从传播心理角度来看，总有一些基本的规律和东西不会变，比如人类的好奇心和同情心等等。具体到文化传承，无论从国家的发展战略还是社会良性发展的角度来看，文化传承都是电视节目必不可少的也是应该引起我们重视的电视功能之一。一个社会要良性健康发展，必须要有理性的、能够促进人类公益的价值观。文化传承也是维持社会良性发展、凝聚社会正气、推动社会进步的重要途径。优秀的传统文化都是经过了几千年的沉淀，经过历史检验的最精华的东西，这些优秀的人类经验一定要去传承、借鉴、发扬光大。所以从社会发展上说，文化传承是媒体应该承担任务的重中之重，是不可推卸的责任。

主流媒体和自媒体要呈现互通互融的局面。一定程度上，由于其优于市场逐利的目标，自媒体、非主流的市场化的媒体在发展初期一般不太能够意识到这个问题，也无法真正体会到媒体所要承担的责任，这需要一个漫长的过程。

人们都说现在是后真相时代，一切的信息跟着感觉走，跟着情绪走。其实，即使在新媒体环境中，人们对信息的需求，特别是对其生存环境的关注，或者说对于其生存环境事实真相的需要也是不变的。所谓后真相只是人们换了获得事实真相的方式而已，最终的目的还是要抵达真相。比如，最近的"坐霸"事件，一时间所有人的情绪都爆发了，从表面上看，人们是更多关注了情绪、关注了感性的东西，但实际上人们只是通过另一种方式满足了对社会真相的需求。

变化的方面也体现在受众的心理方面，比如由于受到更多媒体和信息的刺激，人们的注意力更容易分散，持久度也会大大减退，人们追求真相不再是从事实到事实，而是从感性到事实，从情感到事实，从情绪到事实等等，所以在文化传承中，虽然不能忽视、偏废媒体文化传承的功能和责任，但也要充分估计受众的心理变化，从而最终达到文化传承的目的。

当今时代怎样对主持人进行评价？如何建构评价体系？

高贵武：

时代在变，媒体环境在变，受众需求在变，对主持人的评价也需要做出一些变化，但在这种变化当中也必须要坚持一些不变的东西，所以当今或未来时代对主持人的评价也可以从"变"和"不变"两个方面来考虑。

首先，不变的是：作为传播者特别是作为具有传播影响力、传播引导力的传者，评价仍要从他们的影响、效果、价值上入手，要从专业角度去考量，特别是专业主义方面的内涵是不变的。不能因为人人都是主播，不能因为草根主播多了就降低专业主持人专业标准。主持人归根结底是一个传播者，虽然我们不能完全按照西方的第四权力的说法，但不可否认的是，主持人的传播在社会发展、文化身份的认同、社会凝聚力等方面的作用与价值是不能忽视的。这些东西体现在主持人身上就是他们的专业水准和媒体责任。不论是新媒体还是传统媒体，主持人对于社会、文化影响的标准和要求不能降低，在坚持原有标准的基础上，甚至还要提高。现在人们一言一行、一举一动都能通过网络传播，影响越来越大。以前，收视率再高，也是有限的。现在动辄就是十万加，所以更要提高专业水准。

变化的方面则主要是指主持人评价在方法、路径等方面的变化。比如，过去对主持人评价要依靠收视率指标来考量。而过去的收视率指标只是在节目播出一次之后，由专门的电视调查公司调查和发布数据，在新媒体环境下，这种传统的评价方法和数据调查方法就会显得有些偏颇，不能真正评价一个主持人的全貌。今天，在传统媒体、电视上的播出只是其中的一次，而转发、评论、新媒体拓展等等也要作为评价的指标进入到对主持人的评价中来，只有综合了这些数据之后的评价才有可能是客观的和有价值的。

再比如数据处理的方式，现在有了大数据的实时跟踪，甚至对数据的获取也有了更加先进的手段，比如很多媒体的算法、推送等等。未来在主持人的评价过程中，这些数据收集处理的手段都要运用到主持人的评价中，这样才能让主持人的评价更完备、全面、客观。

最后还是要强调一点，无论数据采集的方式和对主持人评价的技术方法怎么变化，我们对主持人评价的原则也不能改变，具体来说就是必须合目的性、合规范性，更具体地说就是主持人的评价始终要符合实际、符合逻辑和符合专业规范。

六、金重建：播音主持创作应有"创作自觉"

采访对象：

金重建，浙江传媒学院教授、播音指导。1978 年毕业于北京广播学院新闻系播音专业；1996 年毕业于浙江大学汉语言文学专业；2007 年毕业于中国传媒大学语言学及应用语言学专业中国播音学方向，获文学博士学位。先后工作于浙江人民广播电台播音组、专题部，浙江广播电视集团文艺台、新闻台，2007 年 10 月调入浙江传媒学院播音主持艺术学院，任国家级特色专业播音与主持艺术专业项目负责人。出版专著有《播音创作主体论》《播音思辨集》《播音主持艺术导论》等。

本期策划、采访：

卢彬（中国播音学 2014 级博士，浙江传媒学院播音主持艺术学院教师）

近年来，播音主持领域中有哪些明显的变化？对创作有什么影响？

金重建：

最明显的变化是出现了很多新媒体，以及新媒体技术发展带来了一些新的节目形态。以前我们只是注意话筒、注意镜头就好。现在有很多融媒体节目的创作元素很丰富，技术含量也可以被听出来。所以在我们的播音主持创作中应该体现新技术的含量。如果做节目时没有技术含量的话，就很难吸引住用户。比如现在有些学生做的节目技术操作不好，艺术手段贫乏，听上去和20世纪七八十年代的节目很像。没有融媒体元素，节目创新度就很弱。现在做节目，从选题到形态，都要考虑如何适应新的传播环境。

您多年来一直坚持给学生上播音主持艺术导论课，您如何看待这门课？

金重建：

《播音主持艺术导论》这门课很重要并且要深化。它的重要性在于入门向导。要明确你学这个专业究竟想干什么，要想学好它必须付出极大的努力。现在有些一线播音员、主持人虽然在岗，但对播音主持的认识是不足的。有的播音员、主持人太重名利，不愿意吃苦，这是不对的。学生如果一开始不进行正确的观念引导，到了一线就会和名播音员、名主持人攀比待遇，而不注重自己的创作。如果一直拥有想做"明星"的心态，而不能在有声语言和副语言方面进行创造性劳动，他的艺术生命就无法长久。一旦个人利益有所缺损，他们即刻会离开播音主持岗位而另谋其他职业。

在您多年的教学中，学生有哪些专业学习方面的问题比较显著？

金重建：

学生对播音主持的认识不够明确，这就会导致他在学习过程中的"自觉性"就不够强烈，最后出来的学习效果就不如想象中那样完满。

我一直强调"创作自觉"。有的人以为到了岗位一切问题就都解决了。实际上不是这样。有的人差一分钟到岗位播新闻，虽然也一字不错地表达出来了，听上去也流畅。但是这看来流畅的语言中是否就一定有"创作"？这很难说。表达流畅说明你对新闻稿的基本形态了解得很清楚。但我们深究一下，你语句中包含的意思表达出来了吗？也许在日常的学习中，对类似新闻事实的背景有所了解，理解稿件深度的速度快些，还能有一定的表现，但是一旦拿到比较深刻的稿件，如果你不备稿，或者没有学会真正的备稿，深究起来，你的表达肯定是会出现问题的。

我们的播音主持创作应当包括两个方面，一个是有文字依据的，一个是没有文字依据的。没有文字依据的，更需要有充分的准备。现在直播都会有预案，对我们播音员、主持人来说就是要认真备稿。白岩松能够在节目中滔滔不绝，肯定也是事先准备充分的结果。

尽管我们在学校学习备稿是分步骤进行的，熟练以后可以几步并作一步。但是"背景"必须了解，不了解背景，主题就出不来，传播目的就很难实现。准备不充分，就不会有强烈的播讲愿望，最终播出来的作品就会流于文字表面，艺术感染力也就无从谈起。

我们对播音主持的研究怎么才能更深入？这跟我们对语言本身的理解是有关的。语言映射的是理想社会和现实社会，是不断升华的，我们的创作也永远在路上。

当前高校播音主持专业教学面临着什么样的新环境？如何应对？

金重建：

高校播音主持教学跟媒体一线紧密相连。当年我们大学毕业的时候，播音岗位基本上可以满足学生的就业需求。当时我跟杨曼去湖南台实习，满足了我到韶山去的梦，待了三个月，实践锻炼很多。现在我们的"小学期"我总觉得太短了。

现在媒体一线有些吃力，因为受众群改变了，原来是广播听众和电视观众，有了网络以后，通过手机，网民和用户成为新的受众。像我们自己作为专业人士我们回到家还会打开电视看看，那普通受众呢？还会打开电视吗？据我了解很多家庭放一架平板电脑收看节目，更多的就是使用手机。现在还有人拿着收音机听广播吗？除了老年人，年轻人几乎不会这样，这都是新的变化。这些和我们教学中"对象感""接受主体"等概念都是密切相关的。这些变化如果不考虑的话那就有点守旧了。有很多类似的问题我们都要了解，都要熟悉，要注入新的内涵。

现在全国高校播音专业招生很多。我们的学生毕业后也不一定非去传统媒体不可，还是要看社会和媒体当时的需要。我当2011级班主任的时候就跟学生们说：你们不一定都要考虑去传统媒体，现在去媒体任务更艰巨。2014年媒体需求量就很少。2011级学生去爱奇艺等新媒体的也有不少。我觉得，我们培养的学生知识面要宽，适应性要强，现代传播技术太快，我们毕业的学生要学会主动适应社会、媒体的变化，当然，凡是传播的岗位我们都要努力去争取，这也是义不容辞的。

您认为播音主持专业教学的未来走向会是怎样的？

金重建：

未来走向要抓住一个核心：播音主持在整个广播电视里是什么样的地位和作用。如果抓不住这个核心，想游离于广播电视媒体单独拿出来去研究，我想可能会比较难。我们强调创作的政治要素，这是一个定向的问题。如果政治方向不明确，你的播出目的就不明确，其他的具体表达都无从谈起。创作自觉也从这儿来，要树立创作的引导意识。只要是我出现在广播电视网络媒体上，我要呈现的就是我生命的综合，我呈现的是我的理解、我的感受，是我生命的体现。为什么我们的专业叫播音主持"艺术"？因为在艺术里才能体现你的创作活力。有声语言和副语言的艺术创作，这个是核心。我们这个艺术和其他的艺术还不一样，因为我们的影响要更大，而且是大的传播。

　　在新的传播环境下，播音员、主持人应该秉承什么样的创作观念？

金重建：

　　播音主持涉及的主要创作主体就是播音员、主持人。现在有播音员、主持人离开了播音主持岗位以后又发表了一些过于张扬个性的言论，这样是不合适的。这就涉及到他是哪个范畴里的播音员、主持人，现在有一个说法，叫"人人都是麦克风"。除了在各级党和政府所属媒体的主持人，其他的是否也在我们的探讨之列？这关系到我们怎么看播音员、主持人属性的问题。比如今天融媒体时代，播音员、主持人的属性该怎么去认定？从改革开放后播音主持发展的历史看，"主持"刚开始出现时，绝对属于"喉舌"的范畴，跟播音员在实质上是一样的，也就是说，他们是党、政府和人民的"喉舌"，是媒体的代表，只是以个人的面目出现而已。

　　我觉得，融媒体环境下各级各类播音员、主持人还是要确立传播的原则，一定要有"喉舌"意识。如果没有这个意识，那它的传播代表什么？仅仅代表个人吗？那样的话，每个人各说各的话，我们研究的意义和价值在哪里？这是当前新形势下我想到的问题。不是有个别人从台里出去以后就以为自己自由了吗？脱离媒体不等于你就可以随便说话了。当然离开媒体就意味着你已经不是媒体的代言人了，当然你的影响还在，这就更得注意对外发表言论的分寸。我觉得，对主持人个性张扬的问题一定要注意有"度"，一定不能是生活个性的完全袒露，而是要结合传播的个性，将自己的个性与节目的个性、媒体的个性连接在一起，可以将自己个性中符合节目、媒体要求的部分充分张扬。现在媒介环境发生了很大变化，一些人的确不是以媒体代表的身份出现的，但哪怕他以个人面目出现，也要有"喉舌"意识。因为只要对外传播你就具有了传播者的身份，你传播出去的话就表明了你的立场、你的态度。而你的立场和态度所支持的言论，若有违党和国家的意志，有违国家法律和党的路线、方针、政策，那就出问题了。试问，如果没有一定的传播原则来制约，传播领域不就是杂草丛生了吗？

您如何看待当前的播音主持理论研究？

金重建：

我觉得播音理论研究要落到实处。以前我们从新闻学、语言学、表演学理论中借用了一些概念、技巧和方法，关键是融入到播音主持中来后，怎么能结合实践需求来探讨、研究、深化、拓展。像张颂老师的《朗读学》就是结合实践来写的，现在来看也没有过时。

现在我看到的一些播音主持理论文章中，研究主持创意的比较多，有一些文章写得比较表面。所以，播音理论要深入，实践是基础。如果没有实践这个基础，理论的升华内涵就很难体会。我觉得，有了一定的实践体会后再上升到理论比较好。只是一线的变化太大、太快，我们的理论要跟上时代的步伐，就不能有丝毫的松懈。我觉得，播音主持专业出身的研究者要学会拓开眼界，不要局限在声音、语言等问题的研究上。其他专业背景出身的播音主持硕士、博士，优势在于他们的眼界会超脱于播音主持本身，但需注意切实体会播音主持内涵，要加强实践积累。这的确是一个矛盾。但是，这两者如果能达到融合，齐心合力把播音理论向前推进，前景会很开阔。

总有人说播音主持面儿比较窄。但播音主持真得窄吗？语言学是面向整个社会的。有声语言也是面向整个社会的，只是目前我们理论研究涉及、探讨的部分比较少。我觉得如果能涉及的话，有很多值得研究的内容。只要能挤出更多的时间，我很想和大家一起不断地去研究探讨它。在我心里，播音主持创作"艺无止境"，它永远是我创作研探的努力方向，也希望用这四个字和大家共勉。

七、周翊：美国高校普通话教育的
历史、现状与趋势

采访对象：

周翊，北卡罗莱纳大学教堂山分校亚洲研究系教职教授，对外汉语语言项目负责人。除教学外，还从事商务汉语、汉语水平测试方面的研究。

本期策划、采访：

苏凡博（博士、副教授、硕士生导师，广州大学新闻与传播学院播音系主任，北卡罗来纳大学教堂山分校访问学者）

能否介绍下美国高校普通话教育的历史及现状？

周翊：

"美国高校普通话教育"应严格地定义为"美国高校汉语作为二语或外语教育"，简称"美国高校汉语教育"。英文"Chinese"在美国或翻译成"中文"，或翻译成"汉语"，美国夏威夷大学东亚语言文学系姚道中生前谈到"中文"包括文言文和白话文及各种方言，"汉语"则专指"普通话"，我们一般互用这两个概念。有史料记载的美国高校汉语教育始于 19 世纪中后期，即自 1871 年耶鲁大学正式开始汉语课起（姚道中 & 张光天，2010），至今约有一百多年的历史。汉语教学研究者（盛译元，2016）就美国高校汉语教育的发展分成不同阶段，第一阶段是汉语教学从无到有的萌芽时期（1875—1911），其特点是汉语学习与研究联系紧密，学习者学习的目的多为传教或猎奇；第二阶段是发展阶段（1912—1945），美国政府由于战争需要汉语教学；第三阶段是停滞阶段（1946—1970），二战结束初期出现了一些"反共"和"恐共"情绪，20 世纪 50 年代汉语教学的发展受到抑制，后因中国政权的巩固，国际影响力的增强，美国政府及高校加强了汉语教育，1962 年"中文教师学会"（The Chinese Language Teachers Association，USA，简称"CLTA"）成立，高校、学会和研究机构开始推动汉语教学相关的活动。值得一提的是，70 年代开始，到 1979 年中美正式建交，美国民众对汉语学习的热情大增；第四阶段是振兴阶段（20 世纪 80—90 年代），经济发展需求开始影响汉语教育，同时大量说普通话的新移民涌入美国，汉语教育在教材编写、水平测试及研究方面都取得了快速的发展。进入 21 世纪以来，美国的汉语教育进入了更加快速发展的轨道。特别是受"9·11"影响，美国政府把外语教育和国家安全联系在一起，把汉语、日语、阿拉伯语等非西语系语言列为第一层次的"非普遍教授"的关键语言。2003 年，美国大学理事会批准了大学汉语先修课程及考试项目（Chinese Advanced Placement Program，简称"AP"），SAT II 中文考试，很多大学允许学生凭 AP 或 SAI II 考试成绩并达到学校要求的分数而获得大学外语学分。2007 年，美国政府与高校合作培养高级关键语言能力人才的"国家旗舰语言项目"（National Language Flagship Initiative）设立，以促进国家的安全和繁荣，鼓励民众学习阿拉伯语、汉语、印度语、韩语等 8 种关键语言。据美国现代语言协会对美国大学的调查，截止至 2016 年秋，在美国高校学习汉语的学生人数由 1998 年的 28456 增至 53069，人数几乎翻了近一倍，排在包括西语在内的外语语种的第七位。汉语教育在美国外语界的蓬勃发展跟中国在世界上的经济地位和影响密切相关。

美国高校普通话教育的师资主要来源于哪里？

周翊：

美国中文教师协会（CLTA）是全球汉语教师互相交流汉语教学理论及研究、教学实践、职业培训及传播中国文化的主要平台（网址 http：//clta - us. org/），也是有意在美国从事对外汉语教育的人士获得招聘信息的主要来源。根据中文教师协会历年教师招聘广告及我个人多年招聘汉语语言教师的经验，高校汉语语言教师的职位大致分为两大系列，一是招聘终身教授系列，另一系列是招聘非终身制教授、讲师和小班练习课教师。终身制教授的应聘条件是具有相关汉语专业的博士学位，相关专业主要包括汉语语言学专业、中国文学专业、应用语言学专业、外语/二外教育学专业等，由于每个高校的语言项目的目标及课程设置不同，因此在招聘教授时，会有一些特殊要求，比如对海外班项目的熟悉程度，对中国某段文明史的研究特长，总之，应聘人要有研究方面的专长或发展潜力。但对在何处获得学位没有明确要求。与终身制教授不同的是，非终身制教授、讲师的工作职责主要是汉语语言的教学工作，招聘高校大都在中文教师协会的网站刊登广告，并把广告发送至会员的邮箱。应聘者至少具有相关专业的硕士学位，有些高校要求是博士学位，一旦录用，需与雇主签订一年到三年的合同，有的招聘广告上会写出"可能根据个人表现和资金"续期的字样。小班练习课教师，有的高校是聘请在校的研究生或博士生担任，有的高校是面向社会招聘。总之，这些招聘广告对应聘者在何处获得的学位、现居住在何处没有任何要求。当然，了解美国高校的教育体制和校园文化，并在美国高校有相关工作经验是招聘学校特别要考虑的因素。除上述招聘情况外，有些高校在中国有海外班项目，在当地雇佣对外汉语教师，有些教师后被聘用到该校在美国校园继续任职。

美国高校普通话教学的教学模式是怎样的？

周翊：

　　美国高校的汉语教学强调语言的实际应用，因此在教学方式上根据语言功能或话题多采用交际法、任务法和近乎于沉浸式教学模式。从学科设置上看，汉语课程主要设立于外语系、亚洲研究系、东亚语言与文学系、东亚研究系等。从课程类别上看，主要包括两类，一类是为汉语专业或以汉语为主的亚洲研究专业的学生开设的必修课，这些与汉语相关的课程包括从初级到高级语言课程。另一类是面向全校学习外语的学生开设的选修课，选修汉语课的学生大都是出于兴趣、好奇，也有华裔学生受家庭影响选修汉语课。有些大学，因材施教，把修汉语课的学生分为两类，华裔班和非华裔班，针对学生的汉语水平进行分班。华裔班注重读写、汉字的认读，基本上对日常交流的话题没有听说方面的障碍；非华裔班则是听说读写并进，主要以语言的实际应用为教学目标。一般来说，高校每周汉语课时约为3—5学时，非华裔班初级到中级班（大学一、二年级），有些学校采用大小课分班制，大班课是主讲老师以讲带练，小班课以练为主，由助教或小班课老师带领操练，有的大学也开设了课后的一对一个别谈话训练。也有些大学采用"分技能教学"模式，即一周内每天授课和练习的"听说读写词汇"技能侧重点不同，教师针对每天的教学目标进行技能训练。还有的高校受资金、人员等各方面的限制，用每周有限的3—4学时对学生进行"听说读写"技能方面的综合训练，没有大小分班制，甚至有些高校因选修汉语的学生人数不多，而不得不把华裔和非华裔学生分在同一个班学习，其学习效果可想而知。值得一提的是，随着华人移民人数的剧增，学习汉语的华裔学生日趋增加，开设华裔班的数量也在因此增多，这种趋势也受到了汉语教育者和研究者的关注。

能否给我们介绍下美国高校汉语教学研究的理论来源？

周翊：

美国高校汉语教学研究的理论体系是集语言学、教育学、社会语言学、心理学、文化学等多种学科的一门新型学科，是基于美国二语习得和外语教育理论发展起来的。对外汉语教学理论受到了语言学及其分支学科即心理语言学、神经语言学和社会语言学的理论以及因代变迁而演变出新的教学理论的很大影响。这些理论主要是围绕着理查德和罗德（Richards and Rodger）总结的外语教学研究领域所涉及的三个方面：（1）教学方法，即被研究语言的相关理论和观点；（2）课程设置，即教学中使用的教材所涉及的语言形式和功能，也包括文化方面的研究；（3）步骤，即教学过程中相关的教学实践和技巧，也包括研究第一语言是否可以使用在二外/外语课堂上，以及评估学习者在学习过程中（非只注重结果）所取得的成绩。美国高校汉语教学研究理论涉及的主要方面：

（a）语法—翻译教学法，是传统的语言教学方法，注重语言的形态和句法，翻译和语法讲解为主。

（b）听说教学法，建立在行为心理学和结构主义语言学的基础上，这一教学法认为学习语言是通过一个有效的语言环境和有系统多样化的外界刺激所引起的内在反应，强调反复的语音和句型操练。美国明德大学在中国的教学模式很大程度上是根据这种理论设立的，其有效性被学生所取得的显著成绩而肯定。也有不少持异见者。

（c）行为心理学语言教学法，认为第二语言的学习是建立在第一语言的基础上，所以母语对目的语的学习或有促进的正迁移，或有干扰性的负迁移，因此引起了学术界的讨论，至今，汉语教学研究领域也出现了很多就学习者的母语和目的语进行对比分析，也有学者研究偏误分析就两种语言学习者出现的偏误进行比较研究。

（d）认知心理学教学法，强调语义的重要性，语言的内容先于语言的形式和结构，课堂上以教师为中心，让学生了解词或句子的意义，以达到学习语言的目的。

（e）Krashen's 的监控模式（Monitor Model），也叫自然方法（Krashen's Natural Approach），这一理论方法在 20 世纪 80 年代对美国外语教学的影响最大，为后来的交际教学法理论奠定了基础。Krashen 认为任何一门语言的习得跟母语的习得是相同的，他的基本观点是掌握任何一门语言需要的两个因素是语言的输入和对输入语言的理解。这两个因素成为了后来的美国外语教学理论中的沉浸式教学和输入假设教学法。在美国高校汉语教学理论研究中出现了大量相关理论应用于汉语教学的研究和实践。

（f）交际教学法，始于20 世纪80 年代，一直盛行在外语教学领域，强调外语的交际功能，这一理论不仅改变了传统的教学方法，也对教材的编写具有较深的指导意义。课堂教学根据教学内容设计任务、对话等活动，教师起着指导和提示作用，但也有人指出这种方法需要注意"流利"与"准确"之间的平衡，不可顾此失彼。众多的汉语教师受这个理论的影响，在设置课程、教学方法、设计课堂活动乃至课后作业都采用了这一理论，相关的理论及教学实践研究也层出不穷。

汉语除具有第二语言教学的一般性，也具有其教学的特殊性。汉语因其汉字、声调及某些语法结构如"把"字句，各类"补语"等的特殊性，在美国高校汉语教学研究领域中也出现了很多研究课题和论文。

随着现代技术在汉语教学中的使用，汉语教学工作者和研究者也从最初的计算机辅助教学（Computer – Assisted Language Learning，CALL）到汉语教学的各个阶段都有可能使用多媒体技术和网络教学，因此相关的理论研究和讨论多涉及到多媒体如何在课堂教学、课件制作和教材编写方面的应用及其利弊，汉语教学网络的建立和开发；如何利用语料库进行教学活动和研究等。

另一快速发展的领域是美国外语教师协会发布的"21 世纪语言学习"的教学目标——5 个 C，即交际（communication）、文化（cultures）、关联（connections）、比较（comparisons）、社区（communities），培养多方面发展的外语人才。该协会还制定了多种语言的听说读写水平测试。美国高校汉语教学研究也涵盖了这些方面特别是测试和文化方面的研究论文和成果。

您觉得美国高校普通话教学面临着哪些问题及挑战呢？

周翊：

美国政府的外语政策及相关项目、华裔人口和亚裔人口的迅速发展，中国政治和经济地位在全球的显著提高，都给美国的汉语教学带来了机遇，同时美国的汉语教育也存在一些问题和挑战。首先，最大的挑战是经费问题。聘用教师的资金来源主要来自大学、个人捐款、公司企业捐款及政府项目基金和某些基金会捐助。因此，汉语项目的发展或缩减很大程度上会受到政策和经济变化的影响，另外，学生在选修汉语课时除兴趣外，也多是考虑其"实用性"，所以学生人数直接影响到师资队伍的发展壮大，这也使汉语教学工作者在设置课程种类和教学大纲方面在满足美国外语教学协会的标准的同时，也会根据学生的兴趣和水平设置课程。就美国高校汉语教学面对的挑战，休斯顿大学温晓虹教授总结了四点：（1）由于初、高中和网络汉语课程数量的增加，华人移民的人数剧增，学生语言文化背景和学习动机的多元化，使得教师必须了解和适应这种环境；（2）由于学习动机的多元化和中文的难度较大而造成生源流失和升班率低的问题；（3）师资的专业水平亟待提高；（4）从小学、初中、高中到大学的完整的中文教学体制和课程衔接也亟待解决。

您怎么看美国高校普通话教育的发展趋势的？

周翊：

在开始我也提到，美国高校学习汉语的学生人数由 1998 年的 28456 增至到 2016 年秋的 53069，人数几乎翻了近一倍，但近几年人数却有所下降。根据美国现代语言协会 2018 年统计数字，美国高校学习外语的学生人数继 2013 年秋降低 6.7% 之后，2016 年秋又降低了 9.2%。除日语和韩语的学生人数增加之外，包括汉语在内的其他所有外语学生人数都成下降形势。与 2013 年秋相比，学习汉语的大学生人数下降了 13.1%。但若从 2006—2016 年的统计数字看，学习汉语的人数还是成上升趋势，特别值得一提的是，在学习初级和中级汉语之后，继续学习高级汉语的学生人数在增加。其主要原因本人认为有三个。一是近年来学生通过多渠道的资助项目，比如国家汉办、个人捐助等参加了暑期、一学期或一学年的海外语言密集培训班的项目，留学归来的美国大学生多数选择继续深造；二是美国的汉语教学向中小学发展，一些学生在初中或高中甚至小学选修了汉语课程，具备了一定的汉语基础，通过大学的分班考试被分到非初级汉语班，从而继续学习汉语；三是网络教学的发展，使得汉语学习者可以不受时间和空间的限制，因个人兴趣、财力和水平选择教师、教学方式和进度学习汉语，因此在进入大学时具有一定的汉语水平了。

然而，总体来看，形势不容乐观。从 2010 年到 2016 年美国政府对国际教育的经费减少了 36.9%，政府强调"科学、技术、工程和数学"（science, technology, engineering and mathematics, STEM）是重振美国的重要因素，政府的政策变化致使一些高校减少或者停止外语课程的开设。另一方面，现在的美国大学生多重"实用性"，所学的科目关系到职业规划和未来的生活，所以对是否学习汉语的抉择并非只从兴趣出发。最后，中美贸易战是否会影响学生学习汉语的人数现在还不能预知。

参考文献：

1. 曹贤文. 明德模式与中国大陆高校基础汉语教学常规模式之比较［J］. 暨南大学花纹学院学报，2007（4）：17－21.

2. 娄开阳，杨太康. 美国"明德汉语教学模式"移植过程中出现的问题与对策［J］. 国际汉语教育，2010（2）.

3. 孟艳华. 美国汉语教育政策变迁及启示［J］. China Studies Review, 2017, 5（2）：49－62.

4. 盛译元. 美国高校汉语教学发展历程研究［J］. 海外华文教育，2016（5）：613－617.

5. 温晓虹. 美国中文教学面临的挑战与对应策略［J］. 世界汉语教学，2011（4）：538－552.

6. 温晓虹. 汉语作为外语的习得研究［M］. 北京：北京大学出版社，2008.

7. 姚道中，张光天. 美国汉语教学回顾与现状［EB/OL］. http：//hdl. handle. net/10125/23236, 2010.

8. Boyadzhieva, E. Theory and practice in foreign language teaching – past and present Journal of Modern Education Review, 2014（10）.

9. Chan, S. The Routledge encyclopedia of the Chinese language, 2016.

八、武传涛：谈地方院校播音主持艺术专业的发展路向

采访对象：

武传涛，山东省演讲学会会长，山东省语言文字工作督导专家，山东青年政治学院播音主持艺术专业创始人、教授。

本期策划、采访：

孙良（山东师范大学播音主持艺术系副主任、讲师，中国传媒大学中国播音学博士）

武老师，您如何看待近年来播音主持专业的发展过程？其中有哪些经验教训？

武传涛：

关于播音主持专业的发展过程和经验教训，我觉得有两方面。从好的方面来看，这个专业发展速度比较快，破除了原来中国传媒大学一家独尊的局面，呈现出百花齐放的状态。从积极意义上来看，播音专业为社会提供了大量口语传播人才。虽然播音主持是一个职业岗位，但是它的应用范围又不局限在媒体，

口语传播能力强的人才在社会上很多方面都有用武之地。与此同时，播音主持专业在发展中存在的问题也不少。首先是一拥而上的情况比较严重。过去播音主持专业比较少，后来一段时间上得太快、太多，像河南省就有30多所学校办播音专业，湖北省武汉市也有多所高校上这个专业，还有东北的一些学校也存在这个问题。"快"当中就容易出现问题。现在看，主要表现在一拥而上，参差不齐。

前一段时间，我们为了办好专业进行了一些调查研究，走访了一些兄弟院校。有些情况的确让人深感忧虑。这个忧虑就是有些学校专业基础打得不好，对专业定位、人才规格、课程体系等都没有成体系的认识与规划。有些学校仅仅是拿到了中国传媒大学付程老师编的《实用播音教程》这四本教材就来办这个专业，对于课程之间的关系认识还不是很清楚，凭着自己的一己之见就在那里办专业，这个现象还是挺严重的。

在您看来，当前地方院校播音主持专业发展的总体态势如何？有哪些具体表现？

武传涛：

总体来看还是向好的趋势。过去有些学校脑袋发热，看到生源充足，又是艺术类专业，觉得能赚钱，就一拥而上。现在开始冷静思考，考虑如何办好专业，考虑高等教育培养人才的规格、行业需求的标准和社会发展的需要，比过去理性了很多。但是，这种努力还不太够。过去我们经常感慨，围绕着播音主持教育的学术组织不健全，活动也不多。最近一段时间，我们的学术交流比过去好多了，渐渐形成了制度化与常规化的学术交流机制。例如，中国高校影视学会就成立了播音主持专业委员会。组织建立起来了，我们希望它能够更好地发挥作用，比如说，除了建群、发信息之外，多组织同行们在一起进行业务交流探讨。这几年大家已经形成了共识，要办好这个专业就应该积极研讨探索教学规律，大家要齐心协力，团结起来，共同商量，不能关起门来仅凭着个人的理解感受闭门造车。现在看，这种交流的愿望在各个学校的老师们之间也是非常迫切的。

武老师，您对山东高校播音主持专业发展的环境作何判断？

武传涛：

就山东的情况来看，播音主持专业的发展同时面临机遇和挑战。当然，立足于全国来看也是这个情况。当前的大环境对播音专业发展很有利，我们也必须用积极的态度来认识这个环境。当下，口语传播能力越来越受到社会的重视。

用人单位、包括干部人才的评判标准已经从过去单纯重视写作水平、写作能力和文字表达能力，到现在口头表达和文字表达能力并重，甚至偏重于口头表达能力，这是一个新的趋势。

立足于播音主持专业的发展来看，我觉得机遇与挑战可以概括为三个方面：第一个是政治环境。十八大以来，中央重视宣传工作和舆论工作，近期政治局专门开会，讨论加强宣传工作和意识形态工作。在这样一个大背景下，媒体受到高度重视，媒体所需的人才也受到高度重视，这就是我们面临的机遇。举个简单的例子，曾经有一段时间，我们的媒体被冷落，相当多的县级电台停播，地市级的和省级的很多频率停播。最近一段时间，电台复播，频率进一步增多，广播电视媒体以及网络媒体中的音视频内容越来越受到重视。这种重视会带来相关人才的需求，这对于办好播音主持专业，大力培养专门人才来说是一个难得的机遇。

再一个机遇是科学技术的发展。应该看到，无论是在播音主持工作实践中，还是相关人才培养过程中，科学技术为我们提供了极大的便利。拿我们学校来说，山东青年政治学院在 2003 年开始办专科的时候，仅仅有磁带式录音机，现在我们有大量的数字化音频、视频设备。这些设备和技术手段为我们提高教学水平提供了重要的保证。再一个是社会文化背景。现在很多人喜欢有声读物，比如有一个手机 App 叫作"懒人听书"，从名字来看就很有意思，看书变成听书。还有"全民悦读"活动，同样很有意义。在这种社会氛围中，朗诵爱好者大量增加，播音主持专业教师经常有机会被邀请做顾问、做示范、做指导，发挥专业能力，体现专业价值，这对于提升播音主持专业的社会认可度有很大的帮助。很多自媒体、客户端需要大量的声音作品，为我们的学生提升专业水平、创造就业机会提供了条件。这些都是播音主持专业发展的良好机遇。

当然，在看到机遇的同时，我们也要认识到挑战的存在。我们要加强舆论宣传工作，对播音主持专业学生的政治素质要求就更高了。我们不仅要培养声音好、会表演的学生，更要培养政治立场坚定，能够宣传党的路线方针政策的学生。这方面的要求只能提高不能降低。技术的发展同样也存在类似的问题。目前，人工智能发展很快，声音合成不再困难。甚至有些同行感叹：利用人工智能和语音合成技术，想要罗京的声音就有罗京的声音，想要康辉的声音就有康辉的声音，播音主持专业还能办下去吗？对于这个问题，我始终充满信心：不管设备多么先进，机器永远无法从根本上取代人。那种能够适应情感、情境要求的真挚表达只有人声才能够实现，而且是经过训练，有着深厚基本功和专业素养的人声。即使是人工智能语音合成也需要采样，采谁的样？还是得采一个规范的、优美的声音吧。还有一点，虽然社会文化背景有利于播音主持的发展，有利于口语传播的推广。可是反过头来看，各行各业的口语表达水平和鉴赏能力也提高了。过去听到一个著名播音员、著名演员的声音，人们一下子就会生出崇敬之情。现在不是这样了，很多爱好者的欣赏鉴别能力大幅提升，他们的语言驾驭能力也大幅提升。前段时间，听有些学生反映，有些高校的播音专业，四年内也没有学到多少东西，甚至有些考生感慨，在大学四年居然没有在艺考培训班那一年学到的东西多，这样的学校、这样的学生就难以适应社会的发展，在将来一定会被淘汰。

您认为，当前的高校"双一流"建设对地方院校播音主持专业发展有何意义？有何影响？

武传涛：

这个问题我是这样认为的：双一流建设既然是党中央、国务院提出来的，是作为引导教育潮流，提升教育国际竞争力的大政方针，我们是必须拥护、必须赞成、必须紧跟的。每一个专业、每一个学科都应有一个努力追求更高层次目标的愿望。就播音主持艺术专业来看，要适应双一流建设就必须明确它的学科归属。尽管经过老一辈播音教育家的努力，比如张颂先生最早提出中国播音学的概念，时至今日，它的学科地位和学界公认程度，还存在着不尽人意的地方，学科归属也一直有争议。比如，播音学科到底是归到新闻传播学还是归到戏剧影视学？在目前的戏剧影视学下面，由国家学位办和教育部有关专家最后审定的学科目录里面，给我们留下了很大的遗憾。例如，按照我们的理解，如果说戏剧与影视学是一级学科的话，底下应该有一个广播电视艺术学作为二级学科。现在，音乐学、舞蹈学、美术学都能够争到这么一个二级学科地位，可是跟我们直接相关的广播电视艺术学就没能够获得这样的地位，这就给学科的生存发展带来一些尴尬，在双一流建设中难免会被行政领导所忽视。这确实是我们面临的困境。

目前，有相当一部分高校以双一流建设为名停招了包括播音主持在内的一部分专业。这不能不说是一个遗憾。在这个问题上，我呼吁同行们继续为我们的学科地位、为我们的学科建设做出贡献。老话儿是有道理的："有作为才能有地位。"所以我们必须要主动加强学科建设，加强理论研究，夯实学科基础，确立学科机构，增强学科竞争力，在"双一流"建设当中争得一席之地。所以，从积极意义上来看，双一流建设对于播音主持专业的建设发展是有积极推动作用的。说到不利影响，就是我刚才分析的这个情况。我们这个学科基础薄弱，专业同仁们科研能力偏弱，这也是普遍存在的现象。强调专业的实践性，往往忽视理论基础的建构，以至于在很多学校没人愿意教《播音主持概论》这门课。都不愿意教，那怎么办？那就让新来的老师先教一遍。播音学的任务、基本观点还没有完全整明白，就去教操作性强、实践性强的课程，觉得那个能显出自己的专业水平。这种认识显然是错误的。我认为，播音专业的老师，尤其是学科带头人和专业负责人必须得教"播音主持概论"，必须得在理论上站到相当的高度来引领专业发展。否则在专业建设上难以把握方向。现在的问题不是人家瞧不起我们，而是我们自己忽视了应有的理论建设。我们强调播音主持专业是一个应用性很强的专业，但是任何应用性专业必须有一定的理论支撑。没有理论指导的实践，那是"盲人骑瞎马"，走到哪算哪，这是不合适的。所以，对于双一流建设，我们还是要多从里头汲取一些积极的东西，多看到它对我们的这个学科建设的推动作用。

您对地方院校播音主持专业的未来发展有何判断和估计？原因是什么？

武传涛：

未来地方性院校播音主持专业的发展，我看还是会面临很多困难。刚才谈到"双一流"建设，在这方面中国传媒大学有得天独厚的优势。如果说播音主持艺术专业所归属的学科能够出现一个一流学科，那一定会在中国传媒大学，而不会在我们地方院校，这的确是我们面临的困难。但是前面我们也说了，播音专业目前数量很多，这也有好处。它破除了原来一家独尊的局面，呈现出了百花齐放的态势。所以地方院校在寻求自己特色、服务地方经济社会发展、呈现鲜明个性方面还有很大的空间，还可以寻找到自己的发展方向和探索的领域。不过，在追求地方性和个性的时候，绝不可否定共性。在专业发展中，几乎所有的领导们和专家们都在反对所谓的同质化，反对千篇一律，都在追求特色。特色是什么？特色就是个性。但是没有共性何谈个性？这是规律性问题。所以共性与个性之间的关系要处理好，要把老一辈播音艺术家、老一辈播音教育家所积累起来的优良传统，把普遍公认的东西作为灵魂贯穿到专业建设中，然后再结合地域特色、地域文化形成自己的个性特征。我觉得这样才能把地方院校播音主持专业办好，办出特色。

您所在的山东青年政治学院播音主持专业近年来发展很快，您认为发展动力是什么？有哪些经验值得向兄弟院校推广？

武传涛：

近年来，山东青年政治学院的播音主持专业走得比较稳，我们一直在稳扎稳打地向前推进。如果说非得总结出点东西来，我想有三个方面：第一个叫不忘初心，信念坚定。这不是唱唱高调，是实实在在。我们办这个专业，希望在山东乃至全国有一席之地，能够踏踏实实地为广播电视等行业培养合格的专门人才，就要坚持规范化办学，坚持高标准、高起点办学，在这一方面我们始终是不动摇的。我们从办学之初就有一个比较高的标准，这个标准就是中国传媒大学。中国传媒大学一直是我们学习的榜样，我们从专业建立之初就与中国传媒大学播音主持艺术学院保持密切的联系，这是我们发展的一个基础性条件。

第二点叫作尊重规律，探索创新。播音主持是个艺术类的专业，艺术专业就要遵循艺术教育的规律，其中非常重要的一点，就是要给学生开小课。小课是一种实训课，是能力的训练课，强调可操作性，能够切实帮助学生提高实践和操作能力。这些年来我们一直在说，千难万难，小课要保障。老师不够，我们外请；教室不够，我们找学校积极申请；设备不足，我们努力建设，只有这样才能使学生的专业基础打扎实。当然了，除了小课，我们也有大课的理论指导，大小课的有机结合才是播音专业应该具有的培养模式。

第三点是建设思路一直比较清晰，有继承也有发展。最早张颂先生鼓励我们办好播音专业，提出"以播为主，一专多能"。我们先继承下来，然后过渡到"以播为主，播说并重，一专多能，全面发展"。再后来我们进一步探索，围绕学生应知应会的基础理论知识和全面综合能力，探索播音主持教育的基本规律，探索这个专业有别于其他专业的特点。以前有些人会质疑我们："相声演员能做主持人，舞蹈演员能做主持人，那你这个专业还有什么特点呢？"经过反思，我们认为，播音主持专业必须要有和人家不一样的地方。经过进一步的探索，我们提出"播、说、诵、演"四个能力作为播音专业教学体系的基本结构和学生的核心能力构成，并且出版了配套教材，得到了全国同行的普遍认可。这就是我所说的边做边思考，既有继承又有创新，这也是山青播音专业能够保持良好发展势头的重要原因。

此外，我们重视充分发挥人的决定性因素。概括地说就是教师团结，学生向上。我们播音专业的老师们关系都很好，大家沟通及时，交流充分，拧成一股劲，一起向前走，形成好的发展态势。与此同时，我们的学生也是积极向上的，能够以非常饱满的专业热情参加各种活动和比赛，并且取得优异的成绩。在这方面，我认为坚持很重要。这两年我们在齐越节上成绩不错，在全国的影响力也进一步扩大。需要说明的是，齐越节取得成绩不是一蹴而就的，是一个长期积累的过程。我们从开始举办这个专业就积极参与齐越节，一直坚持了十年，终于进入决赛。正好应了那句话，叫十年磨一剑。我们始终这么坚持，不断总结经验，找出差距，我们就是有这种韧劲，所以最终有所斩获。有的同行们觉得我们很厉害，其实也算不上厉害，兄弟高校的很多方面也值得我们学习，但是我们这种坚守还是值得说一说的。

如果说还有什么需要跟大家交流，那就是一定要有真心热爱专业的老师，特别是专业负责人、带头人，必须得是真心热爱。有了这样一个带头人，整个团队才能团结奋进，才能风清气正。

当然，我们目前也还有不足之处，这个前面也提到，就是要在理论与实践相结合上进一步努力。目前，我们一些年轻老师的课堂讲述还稍显肤浅。我们这个学科是新兴学科，它以很多传统学科作为基础和支撑。像是汉语言文学，传播学、艺术学、美学等都是播音学科的基础和支撑。所以，我提倡老师们必须要好好读书，学历很重要，学习更重要。如果没有理论支撑，对很多现象做不出科学的解释，就没办法给学生正确的指导。所以我们反复强调理论与实践并重，老师自己加强学习，然后也引导学生重视理论知识的学习。有理论基础的人，如果缺少实践经验，可以在理论指导下去摸索尝试；但是只有实践没有理论指导的，他的实践往往只是个人探索，在向前推进时就会遇到困难，就这方面来说各个专业都是一样的道理。

九、云贵彬：播音主持教育的"瓶颈" 与"多维突破"

采访对象：

云贵彬，首都师范大学科德学院传媒学院院长、教授，中国传媒大学语言学及应用语言学博士生导师。国家社科基金项目专家库成员，曾多次参加国家社科基金项目及省部级相关项目的立项、结项和奖项的评审。曾发表和出版专业论文数十篇、专（译）著八部。

本期策划、采访：

杨颖慧（中国传媒大学中国播音学 2018 级博士生，辽宁广播电视台主持人）

您认为播音主持改革的专业方向应该是怎样的？

云贵彬：

我早年接触过台湾世新大学的同行，知道他们有个口语传播系，我认为那是播音主持专业将来的改革方向之一。因为口语传播的内涵和外延比较大，除了新闻播报，包括晚会，导览导游，演讲，日常口头交流这些都是口语传播。而对此生而知之的很少，都需学而知之，播音主持专业应该将之视为自己的使命。

卡耐基有本书叫《语言的突破》，讲的就是任何人都需要口头表达技能。掌握这一技能不只是练嘴皮子的问题，也需训练思维能力。当然，练习口语表达，用气发声，字正腔圆，声音有磁性、有张力是前提，是必要条件，但绝对不是充足条件。卡耐基为什么把它叫语言的突破呢？它的突破不是说语音的突破，表达的突破，主要指的是你心理的突破，就是要克服在公众面前讲话的心理障碍。所以他给你介绍了好多方法，比如说任何人谈自己的事情和经历，可以说毫无困难，所以练习就从讲你自己的经历和故事开始。

口语传播是非常多元的，因为现在媒体的形式也越来越多元了，播音学科如果不进行及时的变革，地位可能会岌岌可危。所以播音学科的研究，必须有所"突破"，"突破"非常重要。

您对于这个"突破"是怎么理解的？

云贵彬：

所谓批判不是负面词语，是一个很正面的词语，你要学会在不疑处有疑。任何名人、任何伟人都有他的局限，有时代的、本人的等等各个方面的局限，所以科学研究总是站在巨人的肩膀上，再向前走一步。如果没有，你总是重述别人的，所谓"述而不作"就不叫科学研究，所以你要研究就必须是对前人有所突破。无论多大的权威，你都得有所突破、敢于突破。不突破，那就等于你没有科学的贡献。

亚里士多德说的这句话非常经典，"吾爱吾师，吾更爱真理"，就是我爱我的老师，如果没有他，肯定不会启发我的思维，但是我更爱真理，不是我老师说的就是绝对正确的，如果那样就一代不如一代了。现在的时代已经发生了这么大的变化，我们肯定得有所作为，不能老是停留在原来的语境下，止步不前。应该说，当代的学界缺少挑战权威特别是老师的勇气，也缺少接受批评特别是来自后学批评的胸怀。

民国时期的学界很值得我们学习。比如，胡适当时是蔡元培聘用的老师，很重用，很信任。可在《红楼梦》的研究上，胡适是反对蔡元培的观点的，而这并不影响他们之间的友谊。学术的研究和探讨，就是"奇文共欣赏，疑义相与析"。"突破"就是科学进步的必需。

您对融媒时代的播音主持教育有什么看法？

云贵彬：

实际上，无论是新媒体还是传统媒体，传播的本质和内容没有发生根本变化，依然是文字加音视频的形式，只是媒介发生了改变。网络也只是一个新的载体，一个更好的传播媒介而已。所以我认为，广播节目、电视节目、网络节目的划分不如改为音频节目、视频节目更科学一些。我们看西方的媒介机构，都是综合经营的，广播、电视、纸媒，乃至网络都是一家公司的不同媒介，针对不同的受众，全覆盖，似乎没有传统媒体和新媒体那么明晰的区分，总是与时俱进，有什么好媒介就用什么，完全因应技术的进步、受众的需求。预计音频、视频节目的发展方向将会更多地向网络媒介（互联网和通信网）倾斜，以便符合人的接受心理和行为习惯。

既然传播的本质和内容没有变，对播音员、主持人要求的基本标准也不会发生本质性的改变。不过，不同的受众、不同的媒介对播音主持的要求总会有些不同，播音主持专业的教育也需要在保持原来优势的前提下回应这种需求，不能还按当年广播电台新闻播音的标准和方法包打天下，以不变应万变，否则，总有一天会被受众冷落。

您对于目前高校播音专业学生的培养体系有什么看法？

云贵彬：

我们把西方大学本科教育的理念翻译过来，就这四个字，"素质教育"，也可以叫"博雅教育""通识教育"，并不一定要培养你的某一种专业技能。就像耶鲁大学校长说的那样："如果我培养出来的学生，他只是学会一个专业的技能，这是我教育的失败。"那么他们大学培养的是什么呢？是你的批判力、质疑力、思维力，至于社会需要的职业能力，并不是学校培养出来的。我有个朋友的女儿，本科在复旦大学，博士在美国圣巴拉拉大学，比较文学博士，现在在硅谷一家大公司做人力资源，硅谷并没有规定你必须是人力资源专业，但从国内的视角看，这个专业跨度是很大的。

美国约翰霍普金斯大学的结构生物学家施一公，现在也是中科院和清华大学的教授，西湖大学的校长。他说我们现在的大学培养很大程度上以就业为导向，跟大学的功能和本质是违背的。并不是说你学的什么就一定要做什么，我认为只要你是大学毕业，就说明了你有在社会上适应学习工作的能力。同理，播音专业的培养，不应该仅限于专业本身，更多的是人格、思维、价值观的引导，对相关学科知识体系的培养。

在播音主持专业人才培养建设过程中，您遇到的难点和痛点是什么？

云贵彬：

我感到，最大的问题是中学期间的文化基础太过薄弱，很难接受播音之外的其他学科知识，以致于毕业后一旦无法找到对口工作，就很难有较好的发展。特别是，不是凭高考成绩而是凭专业条件录取的学生，这方面尤为突出。而现实是播音学生的社会需求日渐萎缩，如果不能达到宽口径、厚基础、高素质、强能力或者一专多能的话，播音专业毕业生的出路会越来越窄。

您认为播音学科当前发展最亟待解决的问题是什么？

云贵彬：

就是在保持原有优势的情况下向外拓展，加强学生的语言、文学、逻辑、历史、社会学、心理学、传播学等学科的训练，鼓励学生阅读经典，当然也要跟上新媒体前进的步伐，熟悉新媒体的运作和技术。

当前存在着一些质疑甚至贬损播音主持专业的声音，"专业"如何专业？这成为很多高校老师思考的问题。您如何定义新时期播音与主持艺术的专业标准？

云贵彬：

我一直认为，单纯的用气发声或朗读播报训练很有必要，也是这一专业存在的理由，借用逻辑术语，这是作为主持人的必要条件，也就是没有它不行。但还不是充足条件，光有它还不行，还需要"腹有诗书"，懂媒体，懂受众，对社会问题有深刻的把握理解。不仅能照本宣科传声或简单"再创作"，还能自出机杼，有自己的见解。换句话说，现在的主持人要采编播全能，临场反应和发挥的能力强，压得住阵。也就是说，新时期的专业标准纵向更深，横向更广。

第三编 **03**

| 时代之音 |

写在前面的话——

1940 年，人民广播肇始；1963 年，中文播音专业诞生；1994 年，《中国播音学》问世。

由此，播音作为一项业务、一类专业、一门学科，在华夏大地生根，发芽，枝繁而叶茂。

播博汇，是中国播音学的播博汇。

我们缅怀前辈，我们铭记时代之音。

因为声音可以成为一个时代的标志，记录时代的声音也值得被时代所记录！

《时代之音·赏析》是中国传媒大学曾志华教授为中国播音学硕士研究生开辟的课外学术活动，以作为对播音主持创作实践课的补充。

活动以小组为单位，每2—3人为一组。"轮值小组"课前完成音视频资料收集、PPT 制作、课程讲述预演等工作；讲述分享以"时代之音""作品时代概览""传媒大事件""人物掌故""向大师致敬"等为主要环节展开。

《时代之音·赏析》始于 2017 年 11 月 10 日。

我们的初心——

以声音为介质，

以作品为切口，

完成从直觉聆听到感性赏析再到理性批评的评价过程。

同时经由作品了解人物生平掌故，带出时代背景与传媒大事件，在聆听经典声音中，了解中国播音主持艺术发展与社会发展的关联。

特别感谢中国传媒大学播音主持艺术学院杨涛老师对于《时代之音·赏析》的指导与把关！

一、共和国之声——齐越

他，是我国著名的老一辈播音艺术家；

他，在天安门城楼上发出新中国广播第一声；

他，是中国播音学科的创始人之一；

他，是中国第一位播音学教授。

今天，让我们一起走近齐越，透过声波去聆听大师带来的时代跫音。

人物简介

齐越是我国著名的老一辈播音艺术家。1922 年生于内蒙古满洲里，1946 年毕业于西北大学俄语系，同年 10 月参加革命，从 1947 年开始担任陕西新华广播电台播音员，1949 年 10 月 1 日与丁一岚一起向全世界现场直播开国大典的盛况，次年加入中国共产党，1975 年调入北京广播学院任教，1978 年成为第一位中国播音学教授。齐越的播音风格气势磅礴、坚定豪迈、准确生动、张弛有度，语势庄重稳健，文体转换自如。

作品赏析

阅评作品：《县委书记的榜样——焦裕禄》

阅评人：孔亮

1964 年，走过困难时期，新中国出现了难得的"小阳春"。经济社会复苏，出生人口增多，但包括豫东兰考县在内的灾区或贫困地区，不单面临"干旱、风沙、盐碱"等自然灾害，也面临如何安顿基层政治生态的问题。焦裕禄成为一种政治符号，是时代的选择。

《县委书记的榜样——焦裕禄》是齐越播读的长篇通讯作品，全篇时长1小时11分，而仅有播音员的声音元素，这在今天的传播语境中是很难想象的，但也说明齐越驾驭篇章、人物塑形和声音共情的能力之强。

长篇通讯虽有别于报告文学，但在齐越的有声语言中，焦裕禄人物弧光的成长和大跨度的时空场景转换都得到了文学人物式的塑造。当然，整部作品带有强烈的时代印记，不一定与当下有声语言的审美趣味相符，个别字的发音甚至没有达到现代汉语普通话的标准，但依然不妨碍我们欣赏经典。而历久弥新的原因就在"真"上。阳明心学中有知行合一的说法，播音中也讲真听、真看、真感受，齐越自己也不止一次提出"播音要玩儿真的"，这部作品也贵在一个"真"字。旱了庄稼、吹了麦子，发统销粮，甚至革命烈士被敌剖腹，是真实的生活；"党派焦裕禄来到了兰考""他是带着《毛泽东选集》来的"，是真正的信仰；焦裕禄的话、县委副书记的话、兰考人民在坟前哭诉的话，都带有"我就是"一般的真。没有这种真，作品敌不过时间，也成不了经典。

阅评作品：《背影》

阅评人：毕天骄

这是齐越先生后期的朗诵作品，以圣桑的《天鹅》作为配乐，用平实、低沉的声音将朱自清的一篇回忆性散文娓娓道来。

和以往在演播一些重大题材作品时所呈现的气势磅礴、坚定豪迈的特点不同，齐越先生对散文的朗诵更具抒情性，但丝毫无矫揉造作之感。初听让人如临一潭平静的湖水，波澜不兴。声波那头仿佛不是一位职业播音员，而是阔别多年的老友在向你讲述一段与父亲有关的回忆。在质朴、自然的朗诵中，听者的情绪被播者逐渐牵引代入，入耳入心，才渐渐感受到这湖水下竟蕴藏着一股巨大的能量。直至听到全篇最后的一声喟叹——"唉！我不知何时再能与他相见！"播者声渐弱，不作过多渲染，音乐也停止了，但阅听人的情绪却仍在流动着，无法释怀。这一叹，饱含对往昔故人的留恋和对世事沧桑的无奈。我想，同样作为有声语言的创作者，在结篇时，尤其是在情感最后的抒发阶段，换做是我也许会努力去强化语气吧。但大师的处理，却让人于无声处听惊雷。

播音创作需要技巧吗？答案无疑是需要。作为播音学子，从接触中国播音学这门学科伊始，我们就会接受有关气息运用、吐字归音的专业化训练，也会在播读稿件时注意停连、重音和节奏等，这些当然是我们职业素质中很重要的一部分。但是技巧也会成为枷锁。播音终究是一门有关于"人"的学科和艺术，它是真实的创作主体和真实的受众之间的一种真实的传播与对话。由此也理解了齐越先生说的"播音要玩儿真的"，我们每个创作者本身都应该是真实的自己，我们不去过度渲染本身未曾感知到的情绪和体会然后自以为是地强加给受众。这才有了齐越先生的这篇朗诵。他卸下来所有专业化技巧的枷锁，或者说这些技巧早已内化于心，呈现的是一个本真的人和本真的情！

时代在迁移演变，今天的有声语音创作环境和当年已有很大变化，此刻再听前辈大家的朗诵时，不仅是在听一种真实的声音，去阅一位真实的人，更是在忆一个真实的时代。很多个瞬间，比如听到齐越先生在读"戴着黑布小帽，穿着黑布大马褂"时把"着"念成"zhuo（二声）"，这跟今天的惯常念法有很大不同，但却显得那么真实、质朴，正如那个离我们远去又绝不应该从我们记忆中抹去的时代！于我们90年代出生的播音学子而言，齐越先生是中国播音学科开宗立派之人，是足以彪炳播音史册的前辈大家。但正如齐越先生所朗诵的这篇散文《背影》，他留给我们的也只是一个背影。声音是一种真实的介质，让我们得以真实地走近大师的内心、真实地触摸那个时代。

掌故轶事

结缘广院，教学严谨

谈到齐越老师和广院之间的缘分，这里有一段齐越老师的夫人杨沙林的回忆。回忆中说："那是1975年的夏天，我正在家里洗衣服，齐越就站在我的身边。我对他说：'我要调工作了。'我所谓的调工作也只不过是从一个科室调到另一个科室，可谁知我的话音刚落，齐越也对我说：'我也要调工作了。'我很疑惑，连忙问道：'你要调到哪里？'可他却不慌不忙地对我说：'我要调到广院去教书了。'"齐越老师在学生眼中的形象可以用一个词来概括那就是严厉。一次，齐越老师的学生吴郁正在教研室练习播读一篇赞扬解放军连长苦练技术的稿子，看到齐越老师便想向他请教。齐越听了她的录音，皱起眉头严肃地问吴郁："你刚才录音时心里在想什么？那位连长想的是什么？"吴郁当时好像是挨了一闷棍，觉得齐越老师太严厉了。但静下心来一想，齐越老师是一针见血地指出了她的毛病。

认真创作，感人至深

娄玉舟是齐越老师的研究生，在他自己的回忆当中他曾谈过这样一段话：

"齐越老师的声音对我早就具有不可阻挡的磁力。最突出的印象是那篇描写河南兰考县委书记焦裕禄的文章，通过齐越老师的播诵，焦裕禄、穆青、齐越这三位汉子的赤情同时扑进人的情怀！焦裕禄当然是站在最前面的，《县委书记的榜样》的作者穆青同志的形象隐隐藏在最后，而扑进你的耳鼓，听得到他的心跳的是齐越老师的声音。当时我已经在开封市龙亭学区一所学校参加工作，同事们聚在一起，默默地听着广播，随着齐越老师的播讲而流泪，而扼腕。我做了齐越老师的研究生，才逐渐知道当年齐越老师曾听过穆青同志非常动情的报告，但那时并不知道由自己来播这样一篇大块文章。可后来中午拿到稿件，傍晚就要进演播室录播！齐越老师在短时间里备了稿。录播之时，播音多次为自己的泪水所打断，播音间外的编辑和录音员和他一样感动得流泪……齐越老师用他的心，用他整个丰厚的'积蓄'在播……"

至亲相伴，父爱深沉

工作当中的齐越老师总是让人觉得他就是在用生命播音，在生活中，齐越老师则是一位爱得深沉的父亲。在一次采访齐越老师的女儿齐虹的视频当中，她是这样回忆自己的父亲的："他话不多，总是在工作，但是他是一个有情趣的人。记得有一次他去苏联出差还给我带回了玩具。他的工作性质就是需要经常的三班倒，周末有的时候休息会带我去北海公园划船。"从齐虹的话语当中我们能感受的到一位父亲对女儿的爱是细腻的，是深沉的，可是由于工作的繁忙却不能时时刻刻陪在女儿的身边，这对于齐越老师自己可能是极为愧疚的。在齐虹 13 岁给齐越老师的一封信的信封上赫然写着三个大字"回信吧"。

参考资料：

1. 杨沙林. 用生命播音的人——忆齐越［M］. 北京：中国广播电视出版社，1999 年.

2. 朱军在沧州师院访问著名播音艺术家齐越之女齐虹［EB/OL］.（2016 - 11 - 23）. https：//v. qq. com/x/page/b03486x7qpc. html.

资料整理：

毕天骄（中国传媒大学播音主持艺术学院 2017 级硕士生）

曲洪圆（中国传媒大学播音主持艺术学院 2017 级硕士生）

孔亮（中国传媒大学播音主持艺术学院 2017 级博士生）

二、永远的"华夏青年"——夏青

他是新中国党培养的第一代深受人民群众喜爱的播音艺术家；

他在第一届全国人大一次会议上宣读了新中国第一部宪法；

他对待业务一丝不苟，韦编三绝换来"活字典"的美誉。

他就是永远的"华夏青年"——夏青。

人物简介

夏青（1927—2004），本名耿绍光，出生在黑龙江省哈尔滨市，中共党员，中央人民广播电台播音指导。"夏青"为播音名，取"华夏青年"之意。1948年入东北大学（今东北师范大学）中文系读书并参加革命工作，1949年进入新华社新闻干部训练班学习。1950年5月从新闻总署主办的北京新闻学校第一期毕业，分配到中央人民广播电台，改名"夏青"，取"华夏青年"之意。他是新中国党培养的第一代深受人民群众喜爱的播音艺术家，是我国播音员、主持人的楷模。抗美援朝期间，他播出了大量战况报道，鼓舞了国内听众和朝鲜前线的志愿军将士。1954年，他在第一届全国人大一次会议上宣读《中华人民共和国宪法》全文。20世纪60年代在国际共产主义运动的论战中，他主播"九评"等一系列重要文章。1976年，他播出了周恩来追悼大会悼词和毛泽东逝世时的《告全党全军全国各族人民书》。在党的十一届六中全会上，他全文宣读《关于建国以来党的若干历史问题的决议》。论著有《播音员的读音问题》《谈逻辑重音、逻辑顿歇和语调》《新闻播音刍议》等。夏青酷爱古典文学，他曾在中央人民广播电台《阅读和欣赏》栏目中讲解古典文学作品，受到了广大听众的喜爱和称赞。

作品赏析

阅评作品：《夏青——国家声音表达者》

阅评人：赖冬阳

时光倒转 65 年，1226 位代表聚集在庄严的会场，聆听着一个声音回响，刚刚诞生的中华人民共和国宪法，从一位青年播音员的口中宣读而出。他是夏青，那是 1954 年，他 27 岁；

时光倒转 43 年，1976 年 9 月 9 日，一位播音员的声音沉痛地宣告一代伟人的逝世，夏青播读《告全党全军全国各族人民书》时，他 49 岁；

时光倒转 41 年，1978 年 12 月，关注中国命运走向的国人守在广播旁，紧张地听着一个激昂的声音，认真地解读着每一个字所传递的真实意涵，《十一届三中全会公报》正从一位播音员口中宣读而出，这份公报逆转了国运，彼时的夏青，51 岁；

2004 年，他离开了我们，生命的休止符，停在了 77 岁；

但，他的声音永存，永远留在这个国家的历程中，记录在国家历史的进程里。

今天，当我们重新聆听夏青播读《九评》的声音时，仿若走进了国家声音的博物馆，用耳朵做一次巡礼，来一次溯根追源的再发现；仿佛翻开了国家声音的相册，那一张张声音的"照片"，一下子把我们带回历史的现场，触摸到那个时代的脉搏，鲜活地感知到那个时代真切的气场。

夏青老师播读的《九评》，磅礴大气，激昂坚定，有着真理在握的自信，又有严密和层层深入的逻辑力量，有理，有节，有力。

夏青老师播读的《九评》，不仅仅是作品，更是一件珍贵的国家文物，一份国家宝藏，一个历史文化遗产。

夏青老师播读的《九评》，聚合着那个历史片段的纷繁信息，悬置而凝固成一个珍贵的时代琥珀；那个时代波谲云诡的世界格局、错综复杂的大国关系，以及彼时中国鲜明的国家立场，夏青基于当时国家领导人亲自创作的文本，把纷繁元素全息收摄，融汇于心，用专业的播读，凝结成时代和国家声音的系列篇章。

每当我们提起夏青，常用的是这个称谓：夏青，著名的播音艺术家。诚然，夏青是当之无愧的播音艺术家。但他又不仅仅是一位艺术家，他有一个更为庄严而厚重的身份：他，是国家声音的代言者，是国家精神的传播者，是国家立场的公共表达者。

同时，我们可喜地看到，在国家声音的长河中，群星闪耀，还有一大批如他一般的群星团队，以及由中国播音事业所培育出来的前赴后继的庞大队伍。

那个事业，如今已根深叶茂，那支队伍，如今已蔚为大观。如夏青一般，他们，也是国家声音的代言者，也是国家精神的传播者，也是国家立场的公共表达者。

当我们的目光穿过历史的风尘，回望共和国的成长历程，我们会发现，这个群体，他们的声音总是与这个国家的成长史紧密相连。

他们的播读，文本是国家大政方针，是国事，是社情，是民生；他们的报道，聚焦的是全球视域下中国的立场和态度，是中国观点和国家行动，是大国关系博弈中的中国方案，全球治理中的中国智慧；他们把这一切，用专业的匠心，化为声音，变成话语，融汇而成精彩的创作和弥足珍贵的公共表达，并且经由这些专业工作，塑造国家形象，表达国家立场，争取国家利益，构建世界秩序。

历史转折的大事件离不开他们，国家战略传播窗口前，他们是展示在最前面的那个形象，他们的声音是最真切的国家表达。

播音主持，是这个群体的职业内容；但他们的工作又有着超越职业的深刻内涵，他们担负着这样一个使命：国家形象的音声化，国家声音的人格化。

聆听夏青，聆听一个时代，致敬国家声音表达者；

聆听夏青，发现生生不息的根脉和源流，接续国家声音表达的传承，不忘本来，开创未来。

掌故轶事

1954 年的怀仁堂，27 岁的夏青宣读一万多字的宪法草案，一字未错。20 世纪 60 年代，周总理亲自点名夏青为在国际共产主义运动的论战中具有世界影响的中共反驳苏共的 9 篇重要评论文章播音（《九评》）。

周总理、毛主席逝世时的《告全党全军全国各族人民书》，夏青播得悲，听众听着痛，万分悲痛，而又庄重深沉。

很多人对夏青所播的政论性文章赞誉有加，说他的播音"有理、有力、有节"，拥有"政治家的胸怀"和"雄辩家的机敏"。这与他的博识是不无关系的。

夏青喜欢讲三个"万"，即"读万卷书，行万里路，交一万个朋友"。博观而约取，厚积而薄发，只有博览多闻，才能做到学问习熟。

夏青不仅在专业上不断地研究和学习，在业务理论和一线播音问题上也在不断地思考和学习。他长期坚持吐字发声训练的同时，还努力学习和掌握每一个汉字的字形、字音、字义，而且了解其出处、古今演变过程及趣闻轶事。到最后，他便有了"活字典"及"字音政府"的美誉。葛兰曾说："为了学习标准读音，他把字典都翻破了。"

在年轻人面前，夏青是前辈，是老师，但他从不自满。他始终以"学习者"的身份自居，并且善于聆听。很多编辑记者、年轻同志乃至录音员有时给他提意见，他都能听进去，并择取有意义的积极改进。

他对待每一次节目和稿件，都要做到精益求精，他要求自己和青年播音员在准备稿件的时候要做到"三读三思"。所谓"三读"，就是拿到稿子后要读三遍：第一遍要粗读，宏观把握，了解整体，如果细读，反而会陷进去；第二遍要细读，逐字逐句挖掘自己不懂的地方和有误的地方，把握文章内在的逻辑联系；第三遍再粗读，以防第二遍细读、分析之后转而陷入文章的细枝末节。所谓"三思"，就是分析完文章后还要进行思考，第一是要把文章放到大的时空背景当中去审视；第二是要把文章放在整个节目中去审视；第三是要把文章放在听众那里去考虑，从播和听的对比中思考实际的传播效果如何。

"三读"即：

（1）了解文章的脉络大意；

（2）分析文章的逻辑结构；

（3）从文章的整体去理解。

"三思"即：

（1）把文章放到历史和现实的大背景中，思考它们所占的位置；

（2）把文章放到所播出节目中，思考它与其它稿件及整个节目之间的关系；

（3）以听众视角再看文章，思考会产生何种传播效果。

夏青很关心青年播音员的成长，他曾主动承担辅导青年播音员的工作，深入基层台、站，对青年播音员的工作予以指导，同时也给播音短训班授课。他还经常被邀请到北京广播学院播音系授课，为青年播音员队伍的建设贡献自己的力量。

葛兰老师心中的丈夫也是她的老师，遇到问题总会向他请教。1997年，夏青因类风湿病住进医院，1998年6月夏青突发癫痫，后又昏迷不醒。三个多月的时间里，葛兰一直陪在爱人夏青的身边，给他播放录音、唱歌、朗诵诗歌，终于夏青从昏迷中醒来，有了意识。

参考资料：

1. 冯会玲. 声音里的传奇，【难忘中国之声——广播传奇】播音员夏青［EB/OL］.（2016－10－25）. http：//www. sohu. com/a/117153794_ 394097.

2. 百度百科"夏青"词条［EB/OL］. https：//baike. baidu. com/item/夏青/25269？fr＝Aladdin.

3. 夏青文化艺术馆.

4. 凤凰大视野. 苏联总理谈中苏论战：你们的"九评"太厉害了［EB/OL］.（2011－02－24）. http：//news. ifeng. com/history/phtv/dsy/detail_ 2011_02/25/4852445_ 3. shtml.

5. 百度百科"中共九评苏中"词条［EB/OL］. https：//baike. baidu. com/item/% E4% B8% AD% E5% 85% B1% E4% B9% 9D% E8% AF% 84% E8% 8B% 8F% E5% 85% B1/14584206？fr＝Aladdin.

6. 古诗文网. 送元二使安西［EB/OL］. https：//www. gushiwen. org/GuShi-Wen_ aff9d6f4ad. aspx.

资料整理：

许成龙（中国传媒大学播音主持艺术学院2016级硕士生）

马明扬（中国传媒大学播音主持艺术学院2017级硕士生）

三、声声代入，拨动心弦——费寄平

她是著名演播艺术家，也是新中国第一代女播音员。

她在多年的播音生涯中积累了丰富的实践经验，形成了独具特色的播音风格。

在 20 世纪中叶的中央人民广播电台，她与齐越、夏青、林田和潘捷并称为"五大名播"，为播音艺术的发展、播音人才的培养作出了重要贡献。

今天，让我们一起翻开历史，走进费寄平的播音生涯。

人物简介

第一阶段：初识北平新华广播

1949 年初，费寄平在齐越的介绍下进入北平新华广播电台，主要从事记录新闻的播音工作。她继承和发扬延安广播时期的革命传统，把自己的工作看作是革命工作的一部分。

第二阶段：远赴莫斯科

1952 年—1959 年，费寄平被派到苏联的莫斯科广播电台华语部工作，主要对中国听众和东南亚华侨广播。这段时间对于费寄平"谈话式"风格的形成有极其重要的作用。

在莫斯科的那段日子，费寄平涉猎各类型节目，包括国际新闻、国内新闻、特写、录音报道等。受苏联功勋播音员托别士等人"播音要像日常说话"的播音观念的影响，费寄平尝试着用生活化的语言给大家"说"，而不是"念"。在播音实践中，用自己的自然音区来播音，并不断探索生活化的语言规律来丰富自己的播音语言，逐渐形成"谈话式"的播音风格，播音创作趋于成熟。这一阶段是费寄平播音创作最为辉煌的时期。

所谓"谈话式",是播音的表达方式之一,它不仅吸收了播讲方式中的吐字准确规整、富于音乐性之长处,同时也吸收了生活口语的亲切自然和机敏灵活等优点。这种方式,语言流畅,节奏多变,吐字灵巧,交流感较强。亲切和蔼,流畅爽快,费寄平以自己独特的播音语言样式传达着党中央的声音,给听众带来美的享受。

第三阶段:重返人民广播

1959 年—1976 年,是费寄平播音创作的困惑迷茫期。

多种体裁的播音实践经历,使费寄平成为中央人民广播电台挑大梁的播音员之一。自 1959 年回国以后,费寄平便承担起了包括《新闻和报纸摘要》《各地人民广播电台联播》等重要节目的播音工作。其独特的嗓音、富有魅力的语调给当时的听众留下了极为深刻的印象。20 世纪 50 年代,费寄平特有的"莫斯科调"一度成为同行们纷纷模仿的典型。但由于当时中国正值"群情激奋""斗志昂扬"的大跃进时期,费寄平那种低缓沉稳的声音、轻松委婉的表达与中国当时的社会环境不合拍,她的播音开始受到争议,加上回国以后身体一直不好,播音工作逐渐减少。尽管如此,费寄平仍然珍视每一次在话筒前的播音,她不仅对自己的播音风格、方式进行调整,还参与了"中共九评苏共"等重大政治评论的播音工作。另外,费寄平在电影录音剪辑解说上的艺术创作成就颇高。

第四阶段:基础理论创作

费寄平在播音理论上颇有建树。20 世纪 50 年代起,她开始参与苏联播音经验的译介工作。1976 年—1984 年,是我国广播电视事业拨乱反正和部署改革时期。这一时期,费寄平的谈话式风格得到了进一步的发挥,而她也开始逐步从理论上来总结自己的经验和体会。

比如她的《播音基础理论探讨》一文,从六个方面对播音基础理论体系进行了探讨;针对当时大家对"播音腔"的不满,对于降调问题的讨论,她写了《我对改变播音腔的一些想法》一文,对如何解决播音语言与生活语言距离较远的问题进行了较深入的思考。"文革"以后,费寄平的播音特点才得以重新展现。她的播音观念是追求生活化的播音语言,追求与听众心与心的交流,这种播音语言与听众的内心期待相吻合,这种交流是平等的、亲切的、诚恳的、自然的。这一阶段她的"谈话式"播音风格开始重新被更多的人所认可,但遗憾的是此时她已到了该离休的年龄。

费寄平于 1984 年离休,1990 年 1 月 7 日因病在北京去世。

作品赏析

阅评作品：《阅读和欣赏——山市》

阅评人：孔亮

欧阳修引梅尧臣语"状难写之景，如在目前"作为中国古代文学批评的标尺。费寄平在《阅读和欣赏》节目中用这句话评价了蒲松龄的《山市》："把不容易捕捉的景物能描绘出一幅逼真的形象，点染出浓郁的意境来，让读者看了以后，仿佛亲临一般，这才显示出作者高超的写景艺术。我以为，蒲松龄写景的功力并不亚于北宋名家欧阳修，他的《山市》也是一篇不可多得的写景小品。"然而，对于听众而言，真正让他们身临其境、仿若站在奂山山市跟前的却是费寄平的播音。

费寄平的播音有"视像感"，中央人民广播电台播音员黎江曾评价费寄平的播音"能让人产生无限美好的遐想"。这与费寄平曾在前苏联莫斯科广播电台华语部长达七年的工作经历有关。她认为"莫斯科调"的播音方式"自然、亲切，很接近人们的日常生活"。然而，这种改革开放后逐渐成为主流的播音方式在此前并没有得到重视，反而给费寄平带来不少困扰。

在这期节目中，费寄平于开头和结尾处两次诵读《山市》，并以谈话的口吻为听众细细解读该作品如何悬念起笔、如何以情铺景、如何动静相生，"你看，奂山数年不现山市，现在忽现山头出现孤塔，无中生有，这岂不是离奇吗？孤塔不是渐渐隐现，而是突然耸起，这又是一奇"。"突然耸起"四字如平地惊雷，音调陡升，但口腔控制有力，留有余地，继而"这又是一奇"缓缓道出，引人入胜。在赏析作品主要段落时，费寄平谈道："对城市中的村落、山水、花木、曲径，以整体布局，不作详述，只以'（中）有楼若者，堂若者，坊若者，历历在目，以亿万计'概括之。我们虽不细知其详貌，但是历历在目，以亿万计的高楼、祠堂、街坊，就足以想象那城市的繁荣景象了。"这般娓娓诉说，仿佛在听众眼前缓缓拉开一幅民俗长卷，屋舍俨然，楼宇纵横。

无论是文字艺术，还是有声语言艺术，能"状难写之景，如在目前"都是极高的艺术造诣。这种让人恍惚、虚实缠斗的造境能力甚至让读（听）者想要伸手触碰。"我们的视觉、听觉、触觉都被摄入景中，仿佛在眼前的山市已不是幻景，而是置身其间的现实了。"

掌故轶事

名字的由来

她追求思想进步，在进行革命工作的过程中，认识了后来成为她终身伴侣、对她影响至深的王兆臻同志。王兆臻将费淑瑛改名为费寄平，有"寄托平安"的含义。

播音的机缘

在北京，费寄平被安排到人民日报做助理编辑，原本是要去找范长江报到，不凑巧的是当时范长江人在北京电台，他们又追到了北京电台。在同去的人当中，有和电台的工作人员相熟知的，索性就聊了起来。齐越听到后觉得他们普通话好，便说："你们留下来当播音员吧，有意见没有？"其他两个人急着工作，干别的去了，费寄平留了下来，她没有考试，没有试音，连播音室都没见过，就当上了播音员。播音前几天，还不会开话筒闸，由老同志负责，等到他点头示意才开始播，播完了再跑进来关闸，第四天她才敢抬头，偷偷地看播音室是什么样。

播音的趣事

住的屋子里睡八个人，大部分人没有手表，突然有一天有一人说"六点半了，快起床吧"，结果所有人手忙脚乱地起床后才发现看错时间，当时是凌晨两点半。

电台要播放文艺节目唱片，费寄平在走廊摔倒，走廊铺的是破麻包片，她抱着唱片大哭。

播音的困扰

"大跃进"时期，费寄平使劲"拔高"，失去了个人特色。老编辑朱世瑛在内刊《从找寻费寄平说起》中写道："费寄平现在的播音，如果不是在末了通姓报名，已经分辨不出是她播的了。"

参考资料：

1. 马烨. 就是那一种代入感，挑动听众的心弦，【难忘中国之声——广播传奇】播音员费寄平［EB/OL］.（2016 - 11 - 03）. http：//m. sohu. com/a/118063433_ 394097.

2. 费寄平——我国播音史上的独特声音［EB/OL］.（2017 - 06 - 03）. ht-

tp：//blog. sina. cn/dpool/blog/s/blog_ 5b6866320102xb44. html.

3. 白谦诚. 追求，执着地追求——著名播音员费寄平的自述［J］. 中国广播电视，1982（3）.

4. 费寄平. 谈谈人民广播的传统播音风格［J］. 广播电视杂志，1982（4）.

5. 费寄平. 播音基础理论探讨［J］. 现代传播，1980（1）.

6. 张颂. 播音创作基础（第三版）［M］. 北京：中国传媒大学出版社，2011：143－146.

资料整理：

李颖（中国传媒大学播音主持艺术学院 2018 级硕士生）

党帅（中国传媒大学播音主持艺术学院 2018 级硕士生）

孔亮（中国传媒大学播音主持艺术学院 2017 级博士生）

四、故事叔叔孩子王——曹灿

他是几代人心目中的故事叔叔，是《小喇叭》节目中名副其实的"孩子王"；

他是国家一级演员，是众多影视作品中邓小平艺术形象的塑造者；

他就是听众最喜爱的演播艺术家——曹灿。

人物简介

曹灿，1932年12月生于江苏南通。中国国家话剧院一级演员、著名朗诵表演艺术家、十大演播艺术家、北京市语言学会朗诵研究会名誉会长、北京市教育学会朗诵研究分会名誉理事长、曹灿艺术学校名誉校长、曹灿艺术团顾问。

曾在《雷锋》《天山脚下》《沙恭达罗》等四十多部话剧中担任主要角色。在《你好，太平洋!》《左权》《特区冒险家》《千里跃进大别山》《东方巨人》《上海沧桑》等影视作品中塑造的邓小平形象，享有"形神兼备"的美誉，受到中央领导、戏剧评论家和广大观众的好评。

曹灿先生自20世纪50年代起就进入了广播领域。曾在中央人民广播电台《小喇叭》节目中为孩子们播讲《李自成》《地球的红飘带》《少年天子》《鸦片战争演义》等百余个励志故事，他善于运用自己的嗓音特点及演员的职业特长把朗诵和传统评书、故事结合起来，创造出自己的演播风格。曹灿先生播讲小说的节奏鲜明、绘声绘色、亲切感人。

以曹灿命名的"曹灿杯"朗诵展示活动至2019年已成功举办了五届，每年有近200万海内外青少年儿童参与活动，在文化界、教育界都产生了一定的影响，进一步激发了广大青少年参与朗诵艺术活动的热情，也为中小学开展的朗诵艺术教育增添了新的平台。

1984 年被中央人民广播电台列为"十大演播艺术家"；

1991 年被评为"听众最喜爱的优秀演播艺术家"；

1998 年获山东文化艺术节表演一等奖；

同年获上海佐临话剧艺术最佳男主角奖；

曾获"全国少年儿童校外教育先进工作者""全国语言文字工作先进工作者"称号。

作品赏析

阅评作品：《竹》

阅评人：李斌

在一次主题为"松竹梅菊"的重阳诗会上，曹灿朗诵了郑板桥的《竹》（清），只见其往来踱步并大声吟诵："举世爱栽花，老夫只栽竹。"在台上的曹灿俨然一位古代老者，咏竹言志，直抒胸臆。竹，青葱翠绿，笔直挺拔，自有一种洒脱俊朗之姿，比起娇弱的花儿，竹总给人以坚贞、向上、挺拔的性格，透过朗诵，我们能听到其对于诗句的理解和表达，同时似乎也听到其对人生的一种态度——虚怀若谷，气节高尚。

在朗诵的多维审美空间中，我们常常会谈及韵律美、节奏美、形式美和意境美等。其中，意境美的呈现不仅要求朗诵者善于情景再现，能通过有声语言将文本进行转化，使之呈现出不同的形态和状态，更要求朗诵者具有"筑造"之功，能通过不断的延伸和拓展，使意境营造出层次感和艺术感。曹灿注重对意境的营造，其朗诵画面感强，新鲜动人，形象可感并动态呈现，仿佛一位"筑梦大师"，在抑扬顿挫间为观者搭建出"楼阁"与"街景"，在虚实相生间引领听者感受时空变幻。于是，听其朗诵《人生》，我们似乎在一棵梧桐树下听老人讲人生哲理，时而云淡风清，时而"树欲静而风不止"，节奏分明，引人入胜；听其朗读《藤野先生》，瞬间将我们送到特殊的年代，异国之生活，留学之所见，仿佛一场电影拉开了序幕……这般意境的营造体现出创作者较高的艺术价值和审美能力，使得受众能跟随其画面及情感的流动而不断达到愉悦共鸣，并深入感受作品的情感内涵。

在《词格》中王昌龄曾提到诗歌境界的三重维度："一曰物境；二曰情境；三曰意境。"他提到，"意境亦张之于意，而思之于心，则得其真矣"。也就是说意境是受众主观情绪与客观事物相融相依而营造出的一种情感体验时空。曹灿在创作过程中善于对文本进行"解意",而后"会心"。其在意境的营造中注重情感与画面的"和谐度",注重细节的运用和把控,并通过对文本的"再加工""再创造""再上色",使意境的营造更为自如洒脱。比如在诗朗诵《竹》中,"花"和"竹"都运用了重音的技巧,而在"花"和"竹"这一对对比重音中,处理方式又有微妙的变化,"花"字尾音升调快收,而"竹"字则加重提气。使两字呈现出别样的色彩,"花"的娇弱和"竹"的挺拔活灵活现,耐人寻味。再如,全诗最后一句"玲珑碎空玉",其重复了三次,呈现出多维意境,从热烈到强烈再到虚无,从所见到所悟再到所感,给人以想象和联想的空间,彰显出动人的艺术之魅力!

朱承爵在《存馀堂诗话》一文中提到:"作诗之妙,全在意境融彻,出音声之外,乃得真味。"笔者认为,曹灿在有声语言艺术创作过程中,其朗诵之妙,在于意境殊胜,音声为斧,开辟天地。

掌故轶事

他的童年

1932 年,曹灿生于江苏,他的童年是在日本侵略者统治下的南京度过的,那种切肤之痛在他儿时的记忆中十分深刻。

半个世纪的"曹灿叔叔"

"嗒嘀嗒、嗒嘀嗒,小喇叭开始广播啦!"1956 年 9 月 4 日,中国大陆第一个少儿广播节目《小喇叭》在中央人民广播电台开播,中国青年艺术剧院 24 岁的话剧演员曹灿加入了节目组。作为一名"兼职客串"的播音员,他为小朋友们讲故事一讲就是 50 年,一直讲成了"全国少年儿童校外教育先进工作者"。

演员曹灿

曹灿先生是中国国家话剧院国家一级演员。他 1951 年入行,正赶上话剧最为红火的时候,曾先后在 40 多部话剧中担任角色,更是成功地塑造了两大经典形象:雷锋和邓小平。

当被问及"邓小平本人看过你演的邓小平吗?"曹灿说:"看过,但是他没有评价。""邓小平特别低调,他也不说演得好不好,像不像,光说剧情的历史背景。他看我演的《千里跃进大别山》,一边打着桥牌,一边扫一眼电视,说:

'这个时候前方打得正紧……'"

文化志愿者曹灿

从 2002 年开始，曹灿就当起了文化志愿者，走进街道、社区，开始推广朗诵文化。志愿者服务在当时也算新生事物，可在曹灿看来这却是瓜熟蒂落、顺其自然的事："这个志愿者也是领导推荐，让我来当。我就想街道上有很多文化，有唱歌的，有跳舞的，可是没有朗诵的，我想当这个志愿者也好吧。"

参考资料：

1. 李红艳. 演播艺术家曹灿：从"小喇叭"到"老玫瑰"［EB/OL］.（2018 – 07 – 10）. http：//media. people. com. cn/n1/2018/0710/c40606 – 30136365. html.

2. 张乐. 名家经典诵读之《师说》朗诵：曹灿［EB/OL］.（2017 – 08 – 11）. http：//www. sohu. com/a/163844792_ 355450.

3. 搜狐网. 曹灿——中国最会给孩子讲故事的人［EB/OL］.（2018 – 03 – 30）. http：//www. sohu. com/a/226829836_ 377373.

资料整理：

胡子豪（中国传媒大学播音主持艺术学院 2015 级硕士）

五、听君细陈，如饮甘醇——陈醇

他，是著名的播音艺术家，是全国首批播音指导之一（共五位），上海人民广播电台播音指导。

齐越评价他："返璞归真犹奋进，声屏耕耘勤创新。"

方明评价他："陈醇老师是一位严肃的播音艺术家，是一位永不满足的播音艺术家，同时也是一位清醒的播音艺术家。"

孙道临评价他："听君细陈，如饮甘醇。"

巴金说："（他）读得比我写的都好。"

本期时代之音，让我们共同走近陈醇。

人物简介

在中国播音史上，涌现出了众多很有造诣的播音艺术大家，有著名的"五大名牌"：夏青、齐越、潘捷、林田、费寄平。在他们之后又有：葛兰、林如、方明、铁城等著名的播音员。

除了这些曾经在中央新闻单位工作的播音艺术大家之外，在各省市区台，也涌现出很多颇有造诣的播音艺术家，上海的陈醇就是其中一位。

陈醇是全国首批播音指导之一（共五位），其余四位分别是：中央台的林田、夏青，辽宁台的路虹，天津台的关山（另有说法：中央台的齐越、夏青、方明，天津台的关山）。

人物生平

1933 年 6 月 18 日生于北京。毕业于华北人民革命大学。

1951 年，18 岁的陈醇高中毕业，中央广播事业管理处招播音员，陈醇考入徐州台。

1954年，21岁的陈醇接到自己播音生涯中第一个艰巨任务——播读我国第一部《宪法》。

1955年印尼总统苏加诺访沪，在上海人民广场举行欢迎大会，由陈醇现场进行采访。

1956年"南京路上好八连"命名大会，陈醇在南京路现场做实况转播。

1976年，含泪直播"上海军民沉痛追悼伟大领袖和导师毛泽东主席大会"实况。

1977年，借调北京广播学院（今中国传媒大学）任教。

1984年，直播节目《国庆的一天》被"第三届全国优秀广播节目评委会"评为"特别奖"。

1987年，中国广播电视学会播音学研究会成立，连任三届副会长。

1988年1月，被评为"播音指导"正高级职称，是我国第一批获此殊荣的播音员之一。

1990年，获"彩虹杯"播音荣誉奖。

1992年起，享受政府特殊津贴。

1995年，上海市先进工作者。

1996年，退休后继续从事语言艺术及播音主持业务和社会活动。

1999年，66岁正式办理退休手续。

2001年，举办"陈醇从事播音工作50周年"研讨会。

作品赏析

阅评作品：《白杨礼赞》《再别康桥》

阅评人：孙良

陈醇老师演播的《白杨礼赞》和《再别康桥》，仅从直观感受上来听，一阳刚，一阴柔；一豪放，一婉约，差异极其鲜明。然而，它们却又是同一位朗诵者的创作。这位朗诵者，就是陈醇老师。

在六十余年的话筒生涯中，陈醇老师录制作品无数，体裁包括新闻播报、专题配音、小说演播、诗文朗诵等多个方面，而且都达到了很高的艺术水准。1988年，陈醇老师与齐越、夏青、方明、关山一起被评为正高级播音指导，成为首批获此殊荣的播音员，是一位不折不扣的播音大师。

对于自己的创作风格，陈醇老师曾经总结了五个字：情、意、味、畅、准。对于后学者来说，前面四个字更具吸引力。是啊，抒发感情、表达意蕴、读出味道、语流顺畅，这不是每个朗诵者孜孜以求的目标吗？而最后一个"准"字，却有些让人费思量。准，不就是准确吗？也就是读准字音语调、轻重格式，进一步说，准确理解文章的精神内核。这些只是入门层次的基本要求啊，怎么到了大师这里，给提拔到创作理念中去了？是不是有点小题大做？然而，当我们对照陈醇老师的作品细细品读，却又发现：准，不仅是情、意、味、畅四字的基础，其本身也蕴含着深刻的专业内涵和鲜明的现实指导意义。

1. 准是一种态度

斯坦尼斯拉夫斯基说过："演出的主要任务就是要在舞台上传达出作家的思想、情感，他的理想、痛苦和喜悦。我们就把这个目标——这个吸引着一切任务，激发演员——角色的心理活动和自我感觉诸元素的创作意向的基本的、主要的、无所不包的目标叫做：作家作品的最高任务。"话虽如此，可当我们拿到一篇文字作品时却常常发现，作家并没有把他的思想情感直截了当交代给我们，那统御一切的最高任务也没有白纸黑字写在扉页上。而这些，非要我们下大力气去探求发掘不可。

拿《白杨礼赞》和《再别康桥》来说，前者是茅盾在延安参观讲学之后所写，后者是徐志摩离开欧洲返回祖国的旅途上所作。前者借对西北高原上白杨树的赞颂表达了对抗战军民的热爱与赞美，后者借对康河景色的描绘抒发了对精神家园的依恋和感伤。前者是散文，寓意深刻，结构严谨，语言凝练；后者是自由诗，情思浪漫，韵律工整，语言优美。在陈醇老师的朗诵中，我们听到了对这两篇作品极其精准的表达：前者语调铿锵，如高山般峻拔，后者一唱三叹，如溪水般舒缓；前者情绪激昂，催人警醒，后者情思缱绻，让人流连。毫无疑问，这两种风格完全符合两篇文字作品的立意、目的，与茅盾、徐志摩这两位作者的形象气质也十分贴合。试想，如果没有对于作品的认真分析和深入领会，这种由表及里的深度贴合是难以实现的。

再看作品细部：《白杨礼赞》的最后一句是"我要高声赞美白杨树"。在这一句的处理上，陈醇老师没少下了功夫。他写道："（这一句）重音是在'我'上，只有突出'我'字，才能表现作者强烈的爱憎。而这个'我'，气流不易送出，声音发不响，这给表达带来了一定的困难。朗诵了好几遍，重音还是在'高声赞美'上。后来，我把它拉长音韵，并且前后稍作顿歇，以求突出。这样处理，虽是接近了作品的精神，但听来还不甚理想。"古人作诗，有"吟安一个字，拈断数茎须"的美谈，陈醇老师为了一个"我"字的准确表达也是苦苦探求。这种探求的背后，不正是一种认真负责、力求准确的创作态度吗？

2. 准是一种能力

朗诵作为语言艺术，具有直觉性和时间性两种特点，这就要求创作者必须具备精湛的基本功和精准的声音控制能力，才能适应不同体裁、风格的稿件且能曲尽其妙。

我们仍以上面两篇朗诵为例进行分析。从技术层面上来分析：在《白杨礼赞》中，陈醇老师多使用较为明亮的中高声区，气息饱满激荡，有顿挫感，吐字结实有力，口腔控制积极；在《再别康桥》中，他以浑厚柔和的中低声区为主，气息平顺，流动感强，吐字轻缓舒展，口腔状态宽松。虽然这是两种完全不同的用声状态，但陈醇老师使用起来仍然游刃有余、挥洒自如。

除此之外，作品层次之间细腻的变化和情感的微妙流动也体现了陈醇老师精准的艺术表现力。比如：《再别康桥》中"我甘心做一条水草"一句，他在"甘心"二字上略有加重，既把徐志摩对于康河的眷恋皈依之情表现出来，也没有破坏整句乃至全篇行云流水般的节奏和韵律。在《白杨礼赞》第八自然段结尾处，"我赞美白杨树，就因为……以及力求上进的精神"，这是全篇的点题之处。在此，陈醇老师没有一下子抬高声调予以突出，而是把音量逐渐放大，一层层递进，把最高处落在最后一句，一下子把整篇文章的题旨凸显了出来。

听着这样的朗诵，听众不仅感受到声音与文字，更能够在细微处获得直观刺激，在头脑中形成鲜活形象，对文章的精神内涵有了更为深入的理解和把握。

3. 准是一种修养

朗诵既然是一种再创造，就必然面临着创作中多层次的主体间关系问题。具体来说，就是作为创作主体的朗诵者与文本之间的关系和与听众之间的关系。对这些关系的把握，体现了朗诵者的艺术修养。

"朗读创作主体与文字创作主体，存在着并不完全相同的人生际遇、人生体验、人生感悟。正是因为'存在'着相异，才会有风格相异的土壤，而在运筹、酝酿之中，必然会从不同的视角、语域上产生貌合神离的升华，同床异梦的分写。然后，又趋于百川汇于海、殊途竟同归的契合。"张颂教授的这番论述，正说明朗读者作为创作主体与文本作者之间的关系问题。朗诵者既不能对文本漠不关心，或者凌驾于文本之上，也不必奢望化身为作者，对文本中的事件景色置身其中。而应该通过调动自我生活经历，借助想象和联想创造出独具个性的心理感受。生活阅历越丰富，心理感受能力越强，就越能够获得面对文本内容的涵化能力。"其涵化能力越强,其风格样式也就越独特,越稳定。"

在陈醇老师那里,他的创作个性正是通过涵化能力体现出来的。在谈到《白杨礼赞》的创作过程时,陈醇老师说:"它使我想起东北松辽平原三年多的生活。在农村时,我常常要在沙丘地带走路,有时一走就是几十里,风沙扑面,精疲力竭。但是,翻上岗子,迎面看见矗立着的一排排高高的白杨,心情为之一振,大有生机勃发之感。甚至那时也是惊奇地叫了一声的。因此,当我诵读这篇文章时,感受就很具体、丰满。"我们知道,茅盾先生笔下的是西北黄土高原上的白杨,但这丝毫不妨碍陈醇老师将其置换为东北平原上的白杨。而当他感受到这种形象时,就越发明确了白杨树"伟大、正直、坚强"的战斗精神。同样,当他带着这种形象感和理解把文章诵读出来时,也就更能够把听众带到作品的意境中去。这种涵化能力来自陈醇老师丰富的人生阅历,也是其艺术修养的重要组成部分。

同样,在处理朗诵作品与听众之间关系方面,陈醇老师也表现出高超的艺术修养。我们知道,文字作品是拿来"读"的,朗诵作品是用来"听"的。前者是作家文本化思维的创造,是为读者的眼睛服务的,后者则需要朗诵者进行类似于口语化的再造,从而为听众的耳朵服务。朗诵创作是一个从"诗化"到"诗话"的重构过程。如果把握不好"读"与"听"二者之间的关系,要么成为高高在上的宣讲,拒人于千里之外;要么成为家长里短的絮叨,破坏了文字作品的节奏和韵致。在陈醇老师那里,一方面力求做到对原作忠实地体现,另一方面,又丝毫不妨碍他对听众娓娓道来。例如,《白杨礼赞》的开头第一句"白杨树实在是不平凡的,我赞美白杨树",陈醇老师认为:"如果起口就高声赞美,慷慨激昂,会让听众吓一跳的。他们在习惯上不容易接受这样的处理方式。"因此,他采取了"欲扬先抑"的手法,情绪非常饱满,但是声音却是含蓄深沉,既没有违背原文的本意,也便于听众欣赏聆听。在《再别康桥》中,他把每节的四句短句,按照停连的规律处理成两句长句朗诵出来(如"那河畔的金柳/是夕阳中的新娘/波光里的滟影/在我的心头荡漾"读成"那河畔的金柳是夕阳中的新娘/波光里的滟影在我的心头荡漾")。这样的处理方式更符合日常口语的表达习惯,听起来更加流畅舒服。凡此种种,不一而足。要做到这一点,"没有坚实的语言功力,没有高深的语言造诣,缺少长期的文化积累,缺少艰辛的口耳磨合",是不可能做到的。

上面我们从态度、能力和修养三个层面对陈醇老师的"准"进行了阐释。之所以如此大费周章,也是想提醒当下的朗诵者与爱好者们:朗诵是二度创作,我们必须对创作文本抱有足够的尊重，同时，还要着力锤炼我们的语言功力，始终把听众装在心里。而那种以自我为中心，以炫耀为目的，将文本视为附丽，将听众视为鼓掌机器的表演是走不远的。创作者只有面对文本和听众低下头去，才能在舞台上与话筒前抬起头来。

掌故轶事

与巴金的故事

与作家巴金的交情，是陈醇老师最有感触的回忆之一。陈醇与巴金相识几十年，20 世纪 50 年代起，陈醇因工作关系经常见到巴金，而巴金也总是亲切地招呼他。

彼时，长白山音像出版社要出一套全国著名播音员的播音与朗诵艺术作品带。陈醇选了巴金的散文《愿化泥土》。当这盘朗诵带正式出版，送到巴金手上时，巴金当即放听，高兴地说："读得好！"能得到原作者的首肯，陈醇感慨地说："除了幸福，更有一种满足。"

也因为这一盘磁带，激起了陈醇为巴金制作录音带的念头。1978 年 8 月，巴金难以忘却与他相濡以沫生活了三十多年的爱妻萧珊，终于提笔写他因悲伤过度而没写成的怀念文章。他花了整整五个月的时间，断断续续写成了那篇《怀念萧珊》。陈醇读完这篇文章，眼前模糊了。他了解巴金的心情，也明白老人的意思。于是他请朋友帮忙录制了由他朗读这篇文章的磁带。当他送给巴金后，想不到它竟成了巴金的"随身听"。

看到巴金喜爱，陈醇又先后录下了他的最佳"音响制品"。巴金的女儿李小林称其为"百听不厌"。

1979 年，巴金的小说《家》重印。巴金没有忘记把签名本留给陈醇。使陈醇特别感到幸福的是，以后又不断得到巴金的签名赠书。陈醇没有什么可报答的，只有在各种场合朗读巴金的作品。后来，他被北京广播学院和浙江广播电视高等专科学校聘为兼职教授。在高等学府的讲台上，他常常说："我为巴老只做了作为一个晚辈应该做的事，而巴老却给了我很多很多，够我用一辈子。"

参考资料：

1. 张东钢. 最高任务的体现［J］. 当代电影，2003（1）.

2. 陈醇. 散文朗诵浅谈［J］. 现代传播，1981（2）.

3. 张颂. 朗读学（第三版）［M］. 北京：中国传媒大学出版社，2010 年.

4. 王尹麒. 孙道临称他：听君细陈，如饮甘醇［EB/OL］. （2016 – 10 – 30）. https：//www. sohu. com/a/117655832＿394097.

5. 仲梓源. 用真情吐字归韵，传和谐顿挫之声——陈醇 60 载播音艺术的人生启示［C］. 鲁景超：用声音传播——人民广播播音 70 年回顾与展望. 北京：中国传媒大学出版社，2011 年.

资料整理：

丛冠月（中国传媒大学播音主持艺术学院 2017 级硕士生）

张志刚（中国传媒大学播音主持艺术学院 2017 级硕士生）

孙良（山东师范大学播音主持艺术系副主任、讲师，中国传媒大学中国播音学博士）

六、人民的声音——张家声

他是演播艺术家，《钢铁是怎样炼成的》《复活》等历历在"耳"，被评选为"全国听众喜爱的演播艺术家"；

他是国家一级演员，出演作品曾获电视剧"飞天奖"；

他是国家级有突出贡献的话剧表演艺术家，主演数十部经典剧作，并获全国话剧演员"金狮奖"。

今天，让我们共同走近张家声。

人物简介

1935 年 7 月，生于河北沧州。1949 年，就读于北京国立回民学院（中等师范）。1952 年，进入大厂回族自治县中学担任体育、音乐、美术、劳作教师，任教 3 年。1956 年，考入中央戏剧学院。1960 年，以全 5 分的成绩被分配到中央戏剧学院实验话剧院（中国国家话剧院前身）。1981 年，荣获我国广播剧首届"丹桂杯"大赛"最佳男演员"称号。1984 年，被中央人民广播电台列入十大演播艺术家。1988 年，出演的电视剧《师魂》荣获电视剧"飞天奖"。1991 年，被中国广播电视学会评选为"全国听众喜爱的演播艺术家"。2008 年，参加"崇高的致敬"——抗震救灾优秀作品朗诵合唱音乐会，朗诵诗人李黎的作品《生命颂》。

作品赏析

阅评作品：《人民万岁》

阅评人：孙良

观张家声先生的朗诵，常如陶渊明在《桃花源记》中描述的那样："初极狭，才通人，复行数十步，豁然开朗。"试想，若没有入口与穿行过程中的曲径通幽，就很难在出口的开阔处一下子放开心胸。这既是审美接受规律，也是一种创作手法。张家声先生在《人民万岁》中，就把这种手法及其效果展示得淋漓尽致。

毫无疑问，本诗的高潮部分应该落在最后一节的"人民万岁"上。但是，仅仅意识到这一点还远远不够，更要想方设法将创作意图落实到艺术效果上面。朗诵者在台上的"呼风唤雨"，是要在受众心中"翻波涌浪"，这才是艺术创作"能使无情尽有情"的高妙之处。那么，张家声老师是如何做到的呢？首先，在前两小节，他语调适中，节奏舒缓，娓娓道来。到第三小节结尾处，忽然以湖南口音高呼一声"人民万岁"，顿时，伟人的形象、历史的画面扑面而来，受众的记忆瞬间激活，掀起第一重情感波澜；其后三个小节，他的语速渐渐加快，声调渐渐抬起，受众情感的湖水也随之扰动起来，兴奋与期待油然而生；来到第七小节结尾处，在语速极快，调门渐高时，突然一脚刹车踩下去，语流急停，声调急落，而这时，受众的情绪如同湍急的水流来到瀑布顶端，欲行而不可行，欲止却不能止，在这急剧的断裂和压抑处，情感的能量瞬间积聚起来，紧跟着便随着那一声响遏行云的"人民万岁"一起喷涌而出。

张颂老师在《朗读学》中谈道："在思想情感的运动线上，在声音形式的起伏线上，总有某种制高点，它是朗读中思想感情的凝聚点，声音形式的突出点，作品内容的重点，落实目的的焦点。"在朗读过程中，"一定要像蜻蜓点水，旋而不停，落而不坠；像大军长驱直入，过关斩将，直捣黄龙。这样在达到高潮点时，便像重锤击鼓，一锣定音，振聋发聩，使人豁然开朗"。看完张家声老师的《人民万岁》，能让我们对张颂老师这番话有更加深刻的认识。不过，如果我们的认识只停留在节奏把控与细节呈现上，仍然是不够的。我们还要更进一步，从中窥视张家声先生的语言创作观念。这种观念首先是一种大局观。《人民万岁》的创作手法是由小入大，但这种设计的背后却是由大入小，由整体而至局部，是一种统领全局后的纵横捭阖，撒豆成兵。所谓"艺高人胆大"，正因如此，张家声先生才敢于大停大连，大起大落，才能把一个几分钟的"小作品"演绎出奇崛恢宏、荡气回肠的大效果。因此，看张家声先生的《人民万岁》，不能只停留在对于艺术效果的叹为观止，而应当对其背后的创作理念与实施策略深入揣摩，帮助我们跳出语言创作中"自动"的盲区，进入"自觉"的状态，早日达到"自由"的境界。

大师之大，非在技巧，而在于其格局与气象。从这个角度看，《人民万岁》是一篇不折不扣的大师之作！

掌故轶事

钟情朗诵，从心出发

张家声朗诵过很多诗歌，他也特别喜欢朗诵，他喜欢在朗诵中那种入神的感觉。在接受中国播音网采访时，张家声说："朗诵的规律就是四个字：理解、表达。理解作品是前提，是基础，如果不能准确、深刻、丰富地理解作品，就没有权力去表达作品；但即便深刻地理解了，也未必表达得出来，还需要好的表达技巧。"因此，张家声理解作品是把作品本身消化，慢慢变成自己的经历，从而使作品的画面仿佛呈现在自己眼前。虽然是朗诵别人的作品，但是消化了作品后，再转化为自己的思想感情向观众抒发，他认为这一点尤为重要。

小说演播，震撼心灵

张家声录制的第二部长篇小说是苏叔阳的《故土》。播完之后接到许多来信，其中一封是用盲文写的。信上写道："张老师，我们是盲人工厂的一群盲人，本来什么也看不见，听了您演播的《故土》，我们仿佛看到了一个五彩缤纷的世界。感谢您，张老师，是您给了我们眼睛。"张家声十分感慨："我的创作灵感，源于广大的人民，源于生活，我时刻没有忘记应该从生活中提炼感受。是他们深深地教育了我。我就是为人民服务的。那些盲人说我给了他们眼睛，这是最高评价。我得了很多奖，绝没有这个奖高！"张家声的小说演播，让人们感受到生活中未曾有过的美好，也张开了他们感悟生命的眼睛。

尊重舞台，做性格演员

每次上舞台表演前，张家声都要反复读剧本，揣摩角色，在阅读过程中展开想象，调动直接经验和间接经验来完成角色赋予的任务。他去酒馆看别人喝酒，观察到有人喝酒之后脸越来越红，声音越来越高，而他演的福斯塔夫就是这样一个处于喝醉状态的角色。为了更加贴近人物的形象特征，本是男中音的张家声在戏中变成了小高音。消化剧本之后，张家声通过想象变成另外一个"张家声"，因此他扮演的角色都有血有肉、立体丰满。作为一个老艺术家，张家声曾严肃地批评个别演员练功少，表演小品、相声时装傻充愣，剧场里居然还要导演"领笑"，这很荒唐，他希望社会舆论要引导艺术往上走。

探望张家声老师

今年六月底的一天，我准备去看望张家声老师。

我给照顾他的阿姨打了个电话，阿姨在电话里告诉我：张老现在卧病在床！

尽管去之前我思想上已有准备，但是，在我推门进屋见到张老时，心里还是非常沉重难受：张老原本是胖乎乎的圆脸，现在，两腮塌陷，行动不便，对很多事情都记不清楚了。

可令人诧异的是，张老对有关专业的事却是记得很清楚。他在床上自言自语，说的就是他讲过的课、演过的戏、朗诵过的作品。

他对我说看我面熟，问我叫什么？我说我叫张翼飞。

当我说我是他的学生的时候，他用依然清晰洪亮的声音问我："你觉得在舞台上朗诵、主持，最重要的是什么？"

我说最重要的是跟观众交流，他说："非常好，没有交流就没有舞台艺术。"

聊着聊着，他说："来两句，我听听。"

他让我离他近一点，我知道张老耳朵已经不行了。

我就趴在他的枕边，小声地说："假如我是一只鸟，我也要用嘶哑的喉咙歌唱，这被暴风雨所打击着的土地，这永远汹涌着我们的悲愤的河流，这无止息的吹刮着的激怒的风，和那来自林间的无比温柔的黎明……"

我朗诵不下去了……

谁知道，张老跟我说："继续啊，底下还有啊，'然后我死了'，是不是这内容？"

我说是，我说："老师，就朗诵前面那些吧。"

他说："我听到你朗诵，我很高兴，因为你现在开始用心说话了。"

张老曾经说过，人这一生啊，最无情的是光阴，一个人现在20多岁，不可能永远20多岁，转眼就80岁了。

光阴对于现在的张老师来说，真的是很无情。

张老曾经说过，年轻人，趁着年轻，抓紧时间生活，活出质量。

作为他的晚生后辈，尽一切可能有质量地生活，才是为老人最好的祈福的方式。

（作者张翼飞，系中国传媒大学播音主持艺术学院2011级硕士，国家大剧院周末音乐会主持人）

参考资料：

1. 叶咏梅. 中国长篇连播历史档案（上）作家作品卷［M］. 北京：中国广播电视出版社，2010年.

2. 叶咏梅. 中国长篇连播历史档案（中）演播风格卷［M］. 北京：中国广播电视出版社，2010年.

3. 叶咏梅. 中国长篇连播历史档案（下）传媒反馈卷［M］. 北京：中国广播电视出版社，2010年.

4. 邓昱凡. 张家声的语言演播艺术［R］. 云南艺术学院，2014年.

5. 杨琳，肖文娟. 张家声：用声音感染听众［J］. 中国体育报，2008年.

资料整理：

夏帅（中国传媒大学播音主持艺术学院2017级硕士生）

纪懋雷（中国传媒大学播音主持艺术学院2017级硕士生）

孙良（山东师范大学播音主持艺术系副主任、讲师，中国传媒大学中国播音学博士）

七、抒情的男中音——方明

他在播音大家齐聚的年代里努力汲取养分，在潜移默化中形成了自己的风格；

他年近杖朝，依然活跃在有声语言艺术的舞台上；

他就是齐越口中"抒情的男中音"——方明。

人物简介

齐越老师曾称他为"抒情的男中音"。那么，为什么是男中音呢？难道不应该是男高音么？是啊，在我们这样的年代，他的声音的确属于男高音，可是在那个无论播什么都是高八度的年代里，他的声音远谈不上高音。他的声音干净、悦耳，同时又有表现力和感染力。他的音域很宽，普通的播音员正常达到一个八度就可以，但是方明老师的音域大约两个八度以上，他的声音在高音和低音中可以运转自如，圆滑流畅。

人物生平

1941 年出生，本名崔明德，北京人。中央人民广播电台播音部主任，播音指导，并任中国播音学研究会会长。

1956 年 10 月入中央广播事业局技术人员训练班学习无线电发射专业。

1958 年 4 月调至中央控制室录音科任录音员。

1960 年 4 月调至中央人民广播电台任播音员。

1961 年北京电视大学中文系肄业。历任中央台播音部副组长、副主任、主任。曾被推荐为第五届全国青联特邀委员。

1985 年被评为全国广播电视系统优秀工作者。

1992 年起享受政府特殊津贴。

播音风格

准确的政治把握、深厚的文化底蕴、充沛的情感掌控。

刚劲沉稳，干净流畅，大气庄重，至情至性。

作品赏析

方明的播音能力强，也很全面，在播音界以"业务发展全面"著称。他的新闻"三大件"（消息、评论、通讯）播音都很出色。从消息、通讯、评论，到诗歌、散文、文艺节目解说等各种文体的播出，从播报、宣读，到讲述种种语言样式的表达，从叙述、描写，到抒情、议论等各种表现手法的运用；从广播播音到电视播音；从播音室里的创作到舞台上的朗诵主持，他都有大量成功的实践。同时，他注意掌握其中共同的规律，在不同的场合、不同节目中，抓住特定节目的独特之处，恰到好处地完成各种创作方式的结合和转换。

阅评作品：《在大海中永生——邓小平同志骨灰撒放记》

阅评人：宋梓棉

这一篇通讯播音获得了第一届播音与主持作品奖一等奖。

方明老师这篇通讯播音和讣告是不一样的：讣告是沉痛宣告，通讯则是一种追忆。这时候不是悲痛，而是在悲痛中有所升华了。虽然在"撒骨灰"一处，有一个情感的高潮，但是在全文中只占很小的分量。这篇通讯更多的是在确立了继承邓小平同志遗志的信念的这一基础上，概括邓小平同志的一生。所以说，方明讲的不仅仅是稿子上的文字，而是一个个场景、一个个坚定的信念，讲的是全党、全军、全国人民的一种共同的理想、愿望、心情。比如说，大海的三起三落预示着政治上的变化，有很深的政治含义。这篇通讯节选前九段，全文共51个段落。

第一句话是评价性的话，把邓小平同志的伟大和在中华民族历史上的重要作用体现出来了。所以第一句很重要，确定了整体的基调，在平稳中慢慢升高。文中有这么一句"捐献角膜、解剖遗体，不留骨灰、撒入大海——这是把毕生毫无保留地献给祖国和人民的邓小平同志的遗愿，也是他留给党和人民的一份珍贵遗产，表现了一个彻底的唯物主义者的高尚情怀"，这里，都用感情色彩很浓重的语言进行叙述，而且在重音的地方，更加重了语气。比如说，在"毫无保留""珍贵遗产""彻底"三处加重语气,以表达党和人民对小平同志的充分肯定。

阅评作品:《岳阳楼记》

阅评人: 王瑞鹏

从这首诗歌朗诵中,我们可以感受到方明老师的表达特点:具体的画面感、饱满的抒情性、流畅的韵律美。首先,方明老师的朗诵很细腻,把每个层次间的区别都体现出来了,比如说《岳阳楼记》中"衔远山,吞长江,浩浩汤汤,横无际涯"这一段,和"至若春和景明,波澜不惊,上下天光,一碧万顷"这一段,他在情绪和基调上就有很明显的不同,但是他的细腻又不流于琐碎,都统一于一个风格和基调当中,给人很流畅的感觉。第二,尽管他已经 70 多岁了,我们依然能感受到他慷慨激昂的饱满情绪。在参加工作的时候,齐越老师和夏青老师都对方明说"你要玩儿真的""你要感觉到"。加上戏曲、曲艺、民族管弦乐等姊妹艺术潜移默化地给他带来了熏陶,让他学会调动情绪。第三,方明老师很喜欢研究中国古典诗词的格律,也就是字数、句数、对偶、平仄、押韵的格式和规则,所以我们会感觉他的朗诵很流畅,很有韵律,甚至感觉像唱歌一样,就像他自己说"播音要像流水一样流进听众的耳中"。

掌故轶事

方明祖上是一个家道中落的封建大家庭。他自幼受到比较严格的传统教育。性格特点直接影响着他的语言表达方式。比如方明性格中的板正、为人处世的严谨,以及对民族传统艺术的偏好等等。他最初参加工作是做录音员。先是在小录音室里录音,跟播音员接触比较多,后来开始外出录音,主要是录各种文艺节目。比如经典的《阅读与欣赏》,他的诗词造诣也在这档节目中慢慢升华。由此,方明接触了古今中外的很多文艺形式,开阔了视野,潜移默化地受到了艺术的熏陶。方明是北京人,在发音上没有太大的问题。他说:"语音规范是可以练出来的,当然在练的过程中要遵循科学的标准。"他很注重基本功的训练。他认为,发声的能力是练出来的,嗓子也是练出来的。"著名的武生王金璐艺术生涯 70 年,他 80 多岁了,还能上台唱赵云,80 多岁仍然坚持每天练功。所以真正有作为的艺术家,都十分注重坚持基本功的训练。"方明经过"文化大革命"后，播音上高了一个八度，长时间嗓子喊"横"了。后来，碰到广播合唱团的聂中明老师，帮助其练习咽音。方明在经过一段时间的刻苦训练后，发声饱满扎实、铿锵有力。

刻骨铭心的"出错"

在那个播音大家齐聚的年代——1960年，19岁的方明成了中央人民广播电台的播音员，他目睹播音大家齐越工作时大写意似的热情奔放，耳闻夏青工笔画一般的细腻，潜移默化中形成了自己的风格。听众开始喜欢这个年轻、干净的声音。可是刚刚工作三年，方明就闯了一次大祸，这次惨痛的经历让他至今难忘。

夏青播的罗荣桓讣告，五千字大讣告，一个字没错。感情、态度、分寸、火候非常合适。方明当时也想，"我能不能像夏青同志那样播，调子低低的，速度慢慢的。开半截会来个电话，中午十二点半新闻没有男声，你们谁来帮个忙吧？才二十二三岁嘛。我去！到下面一看稿，罗荣桓去世的后续消息。我是怎么播的呢？罗瑞卿同志从罗荣桓同志的家属手里接过罗瑞……错了。汗都下来了，赶快又从头再说一遍"。

这次走麦城的经历让方明刻骨铭记，在一遍遍的检查中开始真正懂得播音的真谛，至今对稿件不敢有半丝懈怠。此后的很多年里，方明一直心存感动，许多重要的播音任务领导依然放心交给他。

零差错转播

1984年，中华人民共和国成立35周年，那一年的开国大典给人们留下了很深刻的印象。方明担任了那一年的天安门阅兵、游行的实况转播工作并受到广播电影电视部通令嘉奖。方明和王欢一起在天安门城楼上转播，每人都要读一万二千五百字的稿子，从早晨九点四十五开始，一直到十二点半。方明在一次采访中回忆起当时的细节说道："必须要照着念，不能出错，一个字都不能出错，因为全国都在转播，你出了一个错，广大老百姓是不答应的。"方明讲道："转播更重要的是基调把握的问题。一开始声调起得合适，后面就不至于显得声嘶力竭。"转播完成之后，齐越老师说："你这个基调把握得准确。"三个小时的转播活动，一万二千字，一个字都没错，也没打结巴，比较顺利地完成了任务。这都是由于方明老师的正确政治把握、基调把握、详尽的备稿以及现场的随机应变，最重要的是他对待播音工作的一丝不苟以及严谨认真的态度和对待播音工作的敬畏之心。

1997年邓小平同志去世讣告

在播邓小平同志去世讣告时，方明回忆道："1997年小平同志去世，中国的前途是什么？人民的命运是什么？看得比较清楚，给我们画了一个比较好的蓝图，所以小平同志去世的消息我们很悲痛，但是我们有力量的支点，所以用的是悲壮的语言。"

　　可以说，只有在中国、在建设具有中国特色社会主义事业中，才会有邓小平，也只有在建设中国特色的广播电视事业当中，才会有方明这样的播音员。从方明的重大报道中可以看出我们人民广播的 60 年深厚的积淀。那是从延安新华广播电台的第一声呼号开始，历经了风风雨雨，在我们长期的播音创作实践中培养出来的。方明是继齐越、夏青等老一辈播音艺术家之后，在 20 世纪 60 年代成长起来的播音艺术家。他的播音，有人民广播的源头——延安陕北时期的播音特点：强烈的革命事业心和高度的政治责任感。他创造性地吸收了延安时期的精髓，使它们在新时期又充实了新的内容，得到了新的发展。既吸收了老一辈艺术家的党性修养与热情，又借鉴了播音逐渐成熟的学科规范，热爱生活、体验生活，磨炼声音、磨炼表达，真正达到了恰切的思想感情与尽可能完美的语言技巧的统一。

参考资料：

　　1. 姚喜双，郎小平. 方明谈播音［M］. 北京：中国广播电视出版社，2000 年.

　　2. 冯会玲. 一个播音艺术家的事业与信仰，【难忘中国之声——广播传奇】播音员方明［EB/OL］.（2016 - 10 - 27）. http：//m. sohu. com/a/117379521 _ 394097.

资料整理：

　　宋梓棉（中国传媒大学播音主持艺术学院 2017 级硕士生）

　　王瑞鹏（中国传媒大学播音主持艺术学院 2017 级硕士生）

八、平凡的世界，不凡的声音——李野墨

他，是优秀的演员，也是优秀的导演；

他，是著名的演播艺术家，被中国广播电视学会评选为"全国听众喜爱的演播艺术家"。

他对艺术从不盲从，总是有自己独到的见解。

他对艺术执着、用心，用爱找到了艺术的真谛。

本期时代之音，我们共同走近李野墨。

人物简介

李野墨，1958 年 7 月 13 日出生于北京；1977 年至 1980 年在中国人民解放军广州军区话剧团任演员；1981 年至 1985 年在北京广播学院电视系导演专业学习；1985 年起在中央电视台中国电视剧制作中心任导演，拍摄各种题材风格的电视剧、专题片有 50 余部集。

李野墨 1991 年被中国广播电视学会评选为"全国听众喜爱的演播艺术家"，深受广大听众欢迎和喜爱。1980 年，李野墨开始为翻译片、电影、电视剧、动画片配音（按部集算已数以千计）；同年开始为故事片、纪录片、专题片录制旁白，作品数以千计；从 1984 年播讲第一部小说《新星》开始，至今已经录制并播出了《平凡的世界》《猎神》《毛泽东的故事》《北京人在纽约》《白鹿原》《幻灭》《静静的顿河》《八月桂花遍地开》《活着》等百余部作品。

作品赏析

阅评作品：《平凡的世界》

阅评人：夏帅

《平凡的世界》是路遥于 1986 年至 1988 年创作的长篇小说。这部作品以其恢宏的气势和史诗般的品格，全景式地表现了改革初期中国城乡社会生活的巨大变迁和身处其中的人们思想感情的波澜起伏，具有极高的文学价值和社会价值。1991 年，《平凡的世界》荣获第三届茅盾文学奖。

1988 年，由李野墨演播的广播小说版《平凡的世界》在中央人民广播电台播出，立即引发社会轰动。这部广播小说也成为李野墨的成名作和代表作。这部广播小说曾经荣获中央人民广播电台优秀节目二等奖，成为 21 世纪听众点播排行榜第一名。2009 年，北京十月文艺出版社推出系列活动，纪念路遥诞辰 60 周年。作为活动的一项重要内容，广播小说的原制作团队重新集结，录制了 150 集的广播配乐小说《平凡的世界》。

广播版《平凡的世界》的诞生多少有些偶然。1987 年春天，中央人民广播电台编辑叶咏梅在北京的无轨电车上邂逅了多年未见的路遥。此时的路遥比较郁闷：《平凡的世界》第一部刚由中国文联出版社出版，市场反应平平，甚至受到一些作家和评论家的否定。当时的文坛上，新文化思潮、意识流等外国文学思潮颇为流行，这部坚守现实主义手法的小说显得格格不入。在认真读完小说的第一部后，叶咏梅决定，把它录制成广播小说。

小说前两部在电台播出的时候，作家路遥还"带病闷在暗无天日的斗室中日夜兼程赶写第三部"，路遥自己也说："在那些无比艰难的日子里，每天欢欣的一瞬间就是在桌前那台破旧收音机上，听半小时自己的作品，这等于是每天为自己注射一支强心剂。"按照要求，路遥须在 1988 年 6 月 1 日前，将第三部完成稿交到中央人民广播电台，"5 月 25 日，我才在陕北甘泉县招待所用激动的像鸡爪子一样的手，为六年的工作画上了句号，然后当夜启程，截近路从山西过黄河赶到北京，6 月 1 日准时走到中央台"。叶咏梅回忆说，录制第一部时用的是已经出版的成书，第二部用的是出版社二校的清样，第三部用的则是路遥专为广播赶写的手写稿。

李野墨能演播《平凡的世界》似乎也是冥冥中注定的事。当叶咏梅为这部作品挑选演播者时，正巧接到李野墨的电话。她了解到，李野墨为了拍摄电视剧《天狗》，几乎走遍了陕西省，对那片土地饱含深情。李野墨在读过小说之后，给叶咏梅写了一封长信，谈了自己的感受。这一切，最终让叶咏梅下定决心，让当时年仅 29 岁的李野墨担纲演播。小说播出后，李野墨的名字也随着小说一起，蜚声全国。

为了演播好《平凡的世界》，李野墨对作品的演播风格进行了大胆的设计与尝试。他没有采用当时广播中流行的评书风格，而是用低沉的声音，以一种含蓄自然、不事雕琢的手法娓娓道来，营造出在聆听者耳边低声细语的感觉，并尝试用演员扮演角色的方法来演绎书中的众多人物，拉近了演播者与听众之间的心理距离。他还把小说中有"信天游"歌词的地方都单列出来，用几种不同的方式演唱出来。

李野墨的演播不仅得到作者路遥的高度评价，也被广大听众所喜爱，听众来信如潮水般涌来。有听众说："李野墨的演播就像坐在我们对面，在我们耳边娓娓动听地叙述着我们想知道的一切，听起来是种艺术享受。"江西大学（现南昌大学）新闻系一位教师专门写了一篇题为《李野墨——长书演播新明星》的评论稿，文章说："对比一下诸多明星的演播，我觉得李野墨锤炼、创作出了区别于其他人的演播风格，这就是贴近听众，侃侃而播，绘声绘色，口语自然，以粗犷、憨厚、豪放、诚挚的声音魅力吸引了广大听众。"新疆马兰基地的柴俊峰不仅天天收听小说连播，还把节目录下来反复聆听200多遍，有些章节都能背诵下来。受到广播中小说的启发，他开始尝试创作，最后出版了自己的作品《大漠深处的兵》。

阅评作品：《静静的顿河》
阅评人：王瑞鹏

2007年，为庆祝《小说连播》栏目成立60周年，中央人民广播电台与其他10家电台联袂制作播出了诺贝尔文学奖获奖作品系列。作为首批启动的六部作品之一，肖洛霍夫的《静静的顿河》颇为引人注目，李野墨再次受命，成为这部120集长篇连播的演播者。

李野墨回忆说，当时尽管已经做了充分的案头准备工作，研究了电影、书籍、绘画等，但是由于刚播完铁凝的长篇小说《笨花》，一时还难以抽离出来，当他坐到话筒前时竟不知道如何播讲这部小说的第一句话。此时，担任编辑的叶咏梅对他说："没事，你先听听我给这部书选的开场音乐吧！"当一阵低沉的哥萨克男声合唱响起时，李野墨的内心"具有了一种极其真切的质感"，书中的语言像顿河流水一样从他的嘴里和心里"涌了出来"。

从此之后，李野墨获得了让他一直受用的创作理念："跟心，跟感情，跟感觉，跟所有与心灵有关系的东西相比较，一切手段和技巧都是次要的，都不过是手段和技巧而已。语言的技巧、录制的技术、别人的评价等诸如此类的需要用脑子去思考的问题都能置之度外，只管信马由缰地跟随着自己的心，跟随着自己的感觉走，只管恣意地去享受着录制过程本身带给你的快乐就是了。这时录书已经不再是一种工作、一个任务、一种负担了，它变成了一种完全意义上的享乐了。当然，这是在所有需要用脑子来做的事情在开始录音之前就已经周到、细致、认真地完成了的前提下才能实现的。"

阅评作品：《青春》

阅评人：马明扬

这首诗是李野墨参加 2004 年国庆"首届沃尔沃卡车杯"CCTV 朗诵艺术大赛时朗诵的篇目。他从诗歌的不同段落选取了合适的句子组成新的节选作品。《青春》原文刊载于 1916 年 9 月 1 日《新青年》2 卷 1 号。当时的中国内忧外患，积贫积弱。在这样的严酷的现实背景下，李大钊写下了这首诗歌，以此来号召中华有志青年为民族、为祖国奋斗。在作者看来，一个民族，有"青春之民族"，也有"白首之民族"。在李大钊心目中，中国这个古老的国家即使沦为"白首之民族"，依然可以重新焕发青春的活力。为了使这样的理想变为现实，李大钊寄希望于"青年之自觉"，而青年之自觉一方面表现为"冲决过去历史之网罗，破坏陈腐学说之囹圄"，另一方面表现为"脱绝浮世虚伪之机械生活，以特立独行之我，立于行健不息之大机轴"。

李野墨通过自己独特的内容和朗诵风格上的处理，让作品展现出鲜明的个人风采。他以一种大气磅礴、充满激情、充满力量的状态进行创作，很好地诠释了青春的主题。在内容的选取上，也很有章法，节选部分逻辑清晰、一气呵成。在情感的表达上真诚而充沛，从他坚定的眼神中，我们能够感受到他的信念感，坚定而富有感染力。然而美中不足的是，整体状态偏紧，节奏相对有点规整，局部情感不够细腻丰富。总体来说，这部作品最吸引我们的就是铿锵有力和独特的个人风格。李野墨曾说："我不赞同模仿，你模仿得再像，充其量也就是个模仿秀。"他很好地诠释了自己的创作理念，让我们看到了一位不一样的演播艺术家。

掌故轶事

中央人民广播电台著名播音员雅坤评价李野墨说："野墨的演播能把人带进

其中，基调风格非常到位，是一种声音艺术的享受。"

著名表演艺术家蔡明说："李野墨的成功播讲源于自身的艺术功底。"李野墨的母亲是北京电影制片厂的演员，父亲是中央新闻纪录电影制片厂的作曲家，在家庭环境的熏陶下，李野墨具有深厚的文学、艺术功底。

中央人民广播电台资深编辑叶咏梅这样评价李野墨："野墨对艺术从不盲从，总爱有自己独到见解，野墨用声音的艺术奉献了自己的爱，这爱化作了真、情、美，给听众以陶冶和享受。野墨的聪颖在于他找到了艺术的真谛，艺术是创新绝不是模仿，而他的勤奋是涉足了艺术各个领域的实践。他的聪明与勤奋就在于与别人在同等条件同样时间里，吸取比别人更多的东西与感悟。"

对于小说演播，李野墨具有胸怀和情怀。他鼓励有声读物不设门槛，同时正在筹办公益网站，希望为残疾人提供学习演播的机会。

当被问及是否会回过头来听自己从前的作品时，李野墨回答说："从来不听。不要老回头，现在需要找点儿新鲜的东西。"这是一种"好汉不提当年勇"的气度，也是一位演播大师致力于与时俱进的责任感。

参考资料：

1. 叶咏梅. 中国长篇连播历史档案（上）作家作品卷［M］. 北京：中国广播电视出版社，2010 年.

2. 叶咏梅. 中国长篇连播历史档案（中）演播风格卷［M］. 北京：中国广播电视出版社，2010 年.

3. 叶咏梅. 中国长篇连播历史档案（下）传媒反馈卷［M］. 北京：中国广播电视出版社，2010 年.

4. 童世骏. 梦想和理性：中华腾飞的精神两翼［EB/OL］.（2013 - 06 - 09）. http：//greatchina. ecnu. edu. cn/d1/69/c2220a53609/page. html.

资料整理：

夏帅（中国传媒大学播音主持艺术学院 2017 级硕士生）

王瑞鹏（中国传媒大学播音主持艺术学院 2017 级硕士生）

马明扬（中国传媒大学播音主持艺术学院 2017 级硕士生）

孙良（山东师范大学播音主持艺术系副主任、讲师，中国传媒大学中国播音学博士）

九、永远的"国脸"——罗京

他是中国声音的代表，是观众公认的"国脸"；
他是新闻播音的典范，工作 26 年未见差错。
今天，让我们共同追忆罗京的播音生涯。

人物简介

罗京音质纯正、富有磁性、清晰明亮、控制自如，形象庄重儒雅，播音端庄持重、严谨认真、沉稳大气、儒雅内敛。在 26 年的播音工作中体现出了极高的新闻播音水平，内容准确、清晰到位、稳健大气，见证并记录了中国社会改革开放时代背景下的发展进程，被观众和专业人士公认为"国脸"。

人物生平

1961 年 5 月 29 日，生于北京市朝阳区。

1979 年，考入北京广播学院播音系。

1983 年，北京广播学院毕业，进入中央电视台主持《新闻联播》节目。

1996 年 1 月 1 日，《新闻联播》首次直播，与李瑞英搭档。

2008 年，罗京担任北京奥运会第 140 棒火炬手。

2008 年 7 月，被确诊为淋巴癌，暂停工作入院接受治疗。

2008 年 8 月 31 日，最后一次在《新闻联播》节目中播音。

2009 年 6 月 5 日，因病去世，终年 48 岁。

作品赏析

阅评作品：《邓小平讣告》

阅评人：孔亮

讣告难播是有共识的，题材重大是一方面，另一方面，讣告对于基调的把握、气息的控纵、节奏的推进都提出了近乎苛刻的要求，因而能播好讣告一定意味着政治嗅觉敏感、心理素质过硬、基本功扎实。观照现实，我们不难发现，能播讣告、播好讣告的只有那么几位。而国家最高领导人，尤其是具有划时代意义的国家最高领导人的讣告更是一项"政治大考"。

这篇讣告的标题为《中国共产党中央委员会、中华人民共和国全国人民代表大会常务委员会、中华人民共和国国务院、中国人民政治协商会议全国委员会、中国共产党和中华人民共和国中央军事委员会告全党全军全国各族人民书》，短短八十字用时超过 40 秒，可谓字字千钧，对气息的稳定持久提出了极高的要求，机构名称本不应有较明显停顿，但一来是生理换气的需要，二来以示严肃庄重，"中国共产党中央委员会""中华人民共和国全国人民代表大会常务委员会""中华人民共和国国务院""中国人民政治协商会议全国委员会""中国共产党和中华人民共和国中央军事委员会"都出现了较明显的停顿。

讣告通篇结构严谨，正文可分为沉痛悼念逝世、病因、评价、生平及功绩等，罗京对不同层次的内容有不同的处理，且都十分准确。处理沉痛悼念逝世及病因的内容时，基调以权威、沉痛、肃穆为主，节奏缓而气息深，近乎记录新闻速度；而处理人物评价、生平及功绩时，更接近日常口播，基调以高度肯定、热情赞颂、深切缅怀为主，节奏明快。不过，"卓有成效"的"卓"读音有误，应为阳平，但瑕难掩玉。

掌故轶事

李瑞英是罗京的大学同班同学，与罗京在《新闻联播》搭档工作了 26 年。她回忆说："党的十六届四中全会召开的时候，有一天稿子来得很多、很急，那也是罗京碰到的自认为有生以来最急、最难的一条稿子。稿子共有 12 页，复印得很不清楚，有的只打出了半个字，还有很多修改的痕迹。稿子递到罗京手上的时候，他已经在演播台上了，完全没有时间预览、熟悉，只能凭着经验读下来。作为搭档，我当时十分忐忑，整篇稿子长达 17 分钟，但他居然一个字都没有错，很顺畅地读了下来。罗京这些令人称奇的成绩背后体现的是他时刻待命的职业状态，是 26 年来近万个日夜从不懈怠的职业精神，这是非常值得我们学习的。"

2008 年 7 月底，罗京被确诊为淋巴癌，此时距离北京奥运会开幕还有不到十天时间，罗京坚守在工作前线。8 月 6 日他参加火炬传递时癌细胞已经扩散至背部，8 号、9 号圆满完成奥运会播音工作，成为其播音生涯中的经典作品。中央电视台新闻中心记者吴方回忆："2008 年 8 月 8 日晚上，我们拿着现场录像带，从开幕式现场回到工作间时已经是夜里 11 点了。当时罗京老师在工作间等着我们，他要做节目的配音工作。其实罗京老师完全没必要那么早到，我们完成新闻稿之后他再来配音就可以了。但他为了提高工作效率，给大家节约时间，所以也参与到新闻稿的形成、修订过程中。新闻稿修订完成时已是凌晨 1 点多，之后我们将配音与画面对接，有一些不匹配的地方又做出调整，他都很配合地反复重新配音，直到节目最终完成。为了保证嗓子的平稳状态，担心睡觉之后醒来嗓子就打不开，罗京老师一直陪我们熬夜。"

中央人民广播电台贾际也是罗京的大学同班同学，他回忆说："在北京肿瘤医院化疗一个疗程后，罗京还主持了一次 2008 年 8 月 31 日的《新闻联播》，这成了他人生中最后一次播音。从进医院那天开始，罗京就特别自信，心里特别有底，他认为自己的身体素质好，完全能迈过这个坎。每次他对问候他的人都会说：'没有大碍，完全能康复。'""播音一辈子，他就说错了这么一次。"贾际怅然地说。

参考资料：

1. 姚喜双，杨成. 谈罗京的播音风格 [J]. 现代传播，2010（1）：69－72.

2. 喻梅. 新中国播音创作简史中国 [M]. 北京：中国传媒大学出版社，2016：273－274.

3. 马海伟. 友人回忆罗京往事：播音一辈子他就说错了一次 [EB/OL]. (2019－06－09)[2017－11－10]. http：//health. sohu. com/20090609/n264421885. html.

4. 李丹，黎鸣，姚喜双，时统宇，张颂，沈力，李瑞英，郎永淳，王芙英，吴方，白岩松，张越. 罗京播音主持艺术论析 [J]. 电视研究，2009（9）：

45 - 48.

资料整理：

夏帅（中国传媒大学播音主持艺术学院 2017 级硕士生）

纪懋雷（中国传媒大学播音主持艺术学院 2017 级硕士生）

孔亮（中国传媒大学播音主持艺术学院 2017 级博士生）

后 记

2019年5月6日，立夏。

下午，学院应届夏季毕业博士生的学位论文预答辩。六点半结束后，便直接赶往32号楼102室"梦想书坊"。

推开门，一屋子的年轻人，青春的气息立刻包裹着我，一下午端坐六个多小时的腰酸腿疼瞬间遁形。

在这间"纵横五六之度，铺展四八之长"满是书香的屋子，第十五期"播博汇"如期举行，主题是"去主持人化"再辨析——新时期主持人的价值再现与功能拓展。

清楚地记得第一期"播博汇"的情形。

那是2015年的冬天，在47号楼东侧的大书房咖啡屋，我和孙良、冬阳、峻岭围桌而坐。四杯红茶，三两碟点心。从下午六点到晚上十点，就"文化传承视域下中国播音主持评价范式及流变"展开讨论。有轮值学者的阐述，有自由提问、发言，有最后的归纳总结，当然还有主持人。就这样，"播博汇"的研讨流程初具雏形。

一转眼，三年多过去了。"播博汇"由中国播音学博士生的小型学术沙龙，发展成为"播博汇"研讨论坛、"时代之音"学术分享、"师说"学术访谈等系列学术活动。2018年5月28日，作为"播博汇"的线上阵地，其同名微信公众号正式上线。

三年多的时间，"播博汇"在众声喧哗中独辟蹊径，努力"为学术发声，为专业张目"。年轻人埋头苦干，勤奋钻研；勇于承担，敢于实践。这个团队每年都有人毕业，也有人加盟，总是生机盎然，朝气蓬勃！

三年多的时间，"播博汇"从一个倡导、一个理念到落地实施，日渐丰盈，虽然还远未到"接天莲叶无穷碧，映日荷花别样红"的景致，但我们始终牢记张颂老师的教导：应该让有声语言的创作、研究和教学，形成鼎足而立的坚固支撑，把中国播音学的学科建设引向高远的时空，引向国家强势学科之林，引向世界公认学科之列！

一路走来，我们感受到了压力，更感觉到肩上的责任；我们坚守着对专业的赤子之心，更得益于众多专家、学者、同行、同学给予我们的支持与呵护——

感谢书法家刘守安先生为"播博汇"题字！

感谢高贵武老师多次的现场指导！

感谢杜晓红老师、全重建老师、卜晨光老师的关爱！

感谢线下参加我们的活动、接受我们采访的每一位专家、学者！

感谢线上为"播博汇"公众号每一篇推文点赞、发声、转发的朋友！

感谢光明日报出版社的编辑为本书的辛勤付出！

尤其要感谢参加"播博汇"活动校内、校外每一位风华正茂书生意气的研究生！

——"梦想书坊"里，张挂着一条横幅，上面写着"遇见最好的自己"。我想说，年轻人，你们是"播博汇"的中坚，能够遇见最好的你们，是我的福气，也是我快乐的源泉！

播者，播音主持；

博者，博采众长；

汇者，融汇贯通。

在我们的期待中，"播博汇"是一个学术训练的平台。学术前沿思想的汇集、学术理论观点的争鸣、学术实践活动的验证，始终是"播博汇"的学术目标。

在我们的期待中，"播博汇"是一个既专属又开放的学术家园。在这里，五湖四海的同行们可以沟通信息，碰撞观点，砥砺思想，凝聚共识；在彼此支持与包容中沉淀定力，激发活力，形成合力，为构建播音主持学科学术共同体而努力！

2019年的夏天刚刚拉开帷幕，让我们专注学术，炽热追梦！

——一切从心出发！

曾志华

2019 年 5 月 6 日